KB251997

살아있는 한자 교과서 **2**

살아있는 한자 漢字 교과서

2 문화와 한자

정 민
박 수 밀
박 동 욱
강 민 경

Humanist

한자, 문화를 읽는 힘

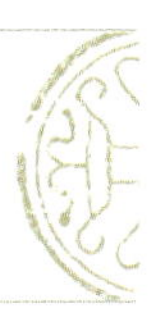

요즘 온 나라에 한자 공부 열풍이 불고 있습니다. 따지고 보면 한자는 원래 중국 사람의 글자이고, 우리에게는 자랑스런 한글이 있습니다. 기계화의 측면에서 보더라도 한자는 한글의 편리함을 도저히 따라올 수가 없습니다. 그런데도 왜 골치 아프고 쓰기 어려운 한자를 배우려는 사람들이 날이 갈수록 늘어 가는 걸까요?

한자는 외국말이 아니라 우리의 삶과 문화가 녹아 있는, 엄연한 우리말입니다. 사실, 한자는 동아시아 민족의 공통된 표현 수단이기도 합니다. 중국말이나 일본말을 몰라도, 한자만 알면 그들과 의사 소통을 하는 데 큰 문제가 없습니다. 더욱이 중국과의 교류는 날이 갈수록 늘어나고 있어, 앞으로도 한자의 중요성은 점점 더 커질 것이 분명합니다.

가뜩이나 배울 것이 많은데, 그 어려운 한자까지 배우라고 한다면 시간 낭비라고 생각하는 사람도 있을 겁니다. 하지만 어려서부터 한자를 차근차근 익혀 두면, 자기도 모르는 사이에 생각하는 힘이 무럭무럭 자라납니다. 어째서 그럴까요? 한자를 알면 사물의 의미나 말의 뜻을 분명하게 이해할 수 있고, 오래 잊지 않고 기억할 수 있기 때문입니다.

이 책은 우리 문화의 바탕에 깊이 뿌리내린 한자를, 우리가 일상생활에서 자주 쓰는 말을 중심으로 살펴본 것입니다. 처음 한자 공부를 시작하는 사람들이 늘상 쓰는 한자말의 다양한 쓰임새와 거기에 담긴 뜻을 이해하고, 이를 통해 우리 문화를 좀더 깊이 들여다볼 수 있도록 꾸민 것입니다.

　이 책의 구성은 이렇습니다. 각 권은 6장씩 모두 12장으로 이루어
져 있습니다. 낱낱의 장은 다시 3~4개의 절로 나누었고, 하나의 절
에는 4개씩의 표제어를 선정하였습니다. 표제어를 중심으로 소주제
를 설명하고, 이것들이 모여 전체 주제를 구성하는 방식으로 이루어
진 셈입니다. 설명이 더 필요하거나 연관되는 자료가 있을 경우, 별
도의 박스나 별면 구성을 통해 풀이하였습니다. 글자의 자원(字源)
이나 사자성어 등 본문에서 미처 설명하지 못한 알차고 유익한 관련
내용을 여기에 담았습니다.

　또 절이나 장이 끝나는 곳에는 주제별 시리즈를 두었습니다. 제1
권 각 장의 끝에는 '문자 여행' 시리즈를 실었습니다. 원시 시대의 암
각화에서 갑골문과 전서, 예서와 초서에 이르기까지 한자가 어떻게
변화해 왔는지 한눈에 알 수 있도록 그림과 함께 설명을 붙였습니다.
제2권 각 장의 끝에는 '옛 그림 읽기' 시리즈를 두었습니다. 옛 그림
에 등장하는 다양한 소재들을 한자의 원리로 읽은 것인데, 신기하고
재미난 내용이 많이 들어 있습니다.

　중간중간에는 '한자와 문화' 시리즈가 실려 있습니다. 한자와 관
련된 다양한 문화 현상들을 책 속의 내용과 연관지어 설명하였습니
다. 이러한 몇 가지 시리즈들이 읽는 기쁨을 훨씬 더해 줄 것입니다.

　책의 내용을 살펴볼까요? 제1권은 '생활과 한자'를, 그리고 제 2권
은 '문화와 한자'를 주제로 합니다. 제1권에서는 일상 생활에서 자
주 쓰는 말과, 신체와 정신, 생로병사(生老病死), 가족과 윤리 등의 주
제를 살펴보았고, 제2권에서는 기호와 상징, 동식물, 의식주(衣食住),

사회 제도, 예술과 과학을 주제로 한 한자들을 알아보았습니다.

책 속의 내용들은 우리를 둘러싼 삶의 모든 측면과 연결되어 있는 셈입니다. 글을 읽어 나가면서, 여러분은 그동안 모르고 지나쳤거나, 잘못 알고 있던 사실들을 계속 확인하는 즐거움을 맛보게 될 것입니다. 한자라는 유리창을 통해 세상을 들여다볼 때, 익숙한 사물들이 갑자기 낯설어지거나, 낯설던 사물들이 가깝게 여겨지는 신기한 경험을 할 수 있을 것입니다.

어찌 보면 문화는 이야기입니다. 사람들이 살아오면서 그때 그때 깨달은 지혜들이 모여 언어가 되고 습관이 되며, 이것이 오랜 세월 쌓이다 보면 바로 문화가 되는 것입니다. 한자 속에는 옛사람들의 삶과 지혜가 녹아들어 있습니다. 그러니까 한자를 공부하는 것은 단순히 교양과 상식을 높이는 것 이상의 큰 의미가 있습니다.

우리는 여러분이 이 책을 통해 한자 속에 담긴 선인들의 문화와 바른 삶의 자세를 깊이 음미하는 지혜를 갖추게 되기를 바랍니다. 무엇보다 이 책을 읽으면서 한자를 왜 배워야 하는지, 한자를 아는 것이 어째서 중요한지를 깨달을 수 있다면 좋겠습니다. 나아가 우리 문화의 우수성을 깨닫는 동시에, 세계 시민으로서의 교양도 함께 길러 보시기 바랍니다.

2004년 여름 행당 동산에서
정민, 박수밀, 박동욱, 강민경 함께 적음.

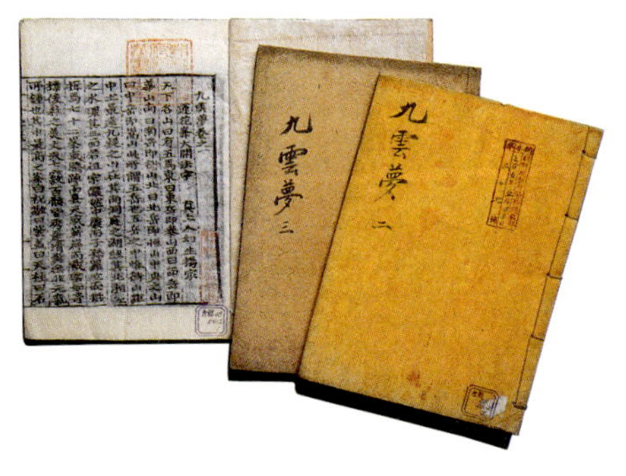

三 식물과 한자

植物

四
의식주 문화

衣食住

五
제도와 생활

制度

六 예술과 과학

살아있는 한자 교과서 -1권 생활과 한자

一 기호와 상징

엘리베이터를 타면 4층은 아예 없거나 F로 써 있다. 13층도 없다. 12층에서 13, 14를 지나 15층으로 건너뛰기도 한다. 왜 그럴까? 4(四) 자가 죽을 사(死)와 발음이 같아서이고, 13일 의 금요일은 예수가 십자가에 못 박혀 죽은 날 이기 때문이다. 또한, 붉은색은 공산당을 떠올 리게 하고, 검은색은 죽음을 연상시킨다. 서양 사람들은 푸른색을 보면 우울함을 떠올리지 만, 우리는 그 반대의 느낌을 갖는다. 이렇게 숫자나 색깔 속에는 관습화된 상징이 숨어 있 다. 시간을 나타내는 표현에도 여러 가지가 있 다. 시간 또한 상상력의 한 표현이다.

1 숫자에 담긴 뜻

다같이 힘차게 만세 삼창합시다.
사해동포의 아름다운 목표를 향해 나아가자.
음양오행의 이치가 참 오묘하다.
구중궁궐 깊은 곳의 설움을 누가 알랴.

| 만세(萬歲)는 왜 세 번 부를까 |

萬歲

만세를 부를 때는 삼창(三唱), 즉 세 번을 거듭해서 외친다. 약속을 걸고 가위바위보를 하면 삼 세 번 한다. 유비(劉備)는 제갈공명(諸葛孔明)을 얻기 위해 그의 초가집으로 세 번 찾아갔다. 삼고초려(三顧草廬)란 고사가 여기에서 나왔다. 하늘과 땅과 사람, 곧 천지인(天地人)을 삼재(三才)라 한다. 사람이 꼭 지켜야 할 강령(綱領)은 삼강(三綱)이고, 해·달·별 세 빛을 합쳐 삼광(三光)이라 한다. 세 나라가 솥발처럼 맞서 겨루는 것을 삼국 정립(三國鼎立)이라 하고, 군대 전체를 일러 삼군(三軍)이라 한다. 태평성대를 말할 때는 하(夏)·은(殷)·주(周) 삼대(三代)를 말한다. 동해 바다에 떠 있다는, 신선(神仙)들이 산다는 산은 삼신산(三神山)이다. 유익한 벗과 해로운 벗도 삼우(三友)를 꼽고, 군자의 즐거움을 꼽아도 삼락(三樂)에서 그쳤다. 즉, 부모가 살아 계시고 형제가 무고한 것, 하늘과 사람에게 부끄러워할 일이 없는 것, 천하의 영재를 얻어서 가르치는 것이 군자의 세 가지 즐거움이다. 부처님의 세 가지 보물은 삼보(三寶)이니, 불보(佛寶, 석가모니불과 모든 부처)와 법보(法寶, 깊고 오묘한 불교의 진리를 적은 불

세 사람 또는 세 개의 세력이 옆의 솥발처럼 맞서 겨루는 것을 정립(鼎立)이라 한다.

경), 승보(僧寶, 부처의 가르침을 받들어 실천하는 사람들)를 이른다. 나쁜 짓을 해서 죽은 뒤에 가는 괴로운 세계는 지옥도, 축생도, 아귀도의 삼악도(三惡道)이다. 작심(作心)은 3일을 넘겨야 굳은 결심으로 쳐준다. 단군 신화에서 환인(桓因)은 아들 환웅(桓雄)에게 천부인(天符印) 3개와 3천 명의 무리를 주어 인간 세상에 내려보낸다.

　이렇게 3이란 숫자는 우리 나라뿐만 아니라 중국 사람들도 가장 좋은 숫자로 여긴다. 이는 동양의 전통적인 음양(陰陽) 사상과 관련이 깊다. 음양의 이치로 보면 1은 최초의 양수(陽數)이고, 2는 최초의 음수(陰數)이다. 3은 양수 1과 음수 2를 합한 완전한 숫자이다. 만세를 외쳐도 한 번은 부족하고, 두 번은 어중간하니, 꼭 세 번을 채워야 가득 찬 느낌을 받는다. 술자리에 늦게 오면 후래자(後來者) 삼배(三

8·15 해방 때의 만세 삼창 (萬歲三唱)

동양에서는 3을 가장 좋은 숫자로 여긴다. 그래서 만세를 부를 때도 세 번을 외쳐야 가득 찬 느낌을 받는다.

죠)라 하여, 꼭 석 잔 술을 연거푸 마시게 한다. 그래야 정이 가득 찬다고 믿기 때문이다.

| 사방으로 통하는 사통팔달(四通八達) |

    4라는 숫자는 죽을 사(死)자와 발음이 같다고 해서 건물의 엘리베이터에는 '4' 대신 'F'를 적는다. 하지만 사(四)는 사방(四方)·사시(四時)·사과(四科)·사단(四端)·사서(四書)·사유(四維)·사주(四柱)·사해(四海) 등에서 보듯 전체를 포괄, 망라하는 뜻으로 많이 쓰였다. 동서남북(東西南北)의 방위(方位)가 넷이고, 춘하추동(春夏秋冬)의 계절(季節)이 넷이다. 매란국죽(梅蘭菊竹)을 사군자(四君子)로 꼽고, 지필묵연(紙筆墨硯)은 문방사보(文房四寶)로 친다. 큰 절의 입구에는 사천왕(四天王)이 지키고 서 있다. 이제마(李濟馬)는 사람의 체질을 넷으로 나누어 사상의학(四象醫學)을 제창하였다. 사해동포(四海同胞)는 온 세상 사람들이 모두 한 형제라는 뜻이다.

사과(四科)

유학의 네 가지 덕목. 곧, 덕행(德行)·언어(言語)·정사(政事)·문학(文學).

사유(四維)

건(乾)·곤(坤)·간(艮)·손(巽), 곧 서북·서남·동북·동남의 네 방위, 또는 사람의 밑바탕이 되는 네 가지 덕목인 예(禮)·의(義)·염(廉)·치(恥)를 가리킨다.

四通八達

사천왕(四天王)

사방을 지켜 불법에 귀의한 중생을 수호하는 네 신. 절을 지킨다는 뜻으로 절의 입구 좌우에 둘씩 세운다.

사군자(四君子)로 꼽는 매란국죽(梅蘭菊竹)

시람의 운명을 좌우하는 사주(四柱)는 태어난 연(年)·월(月)·일(日)·시(時)의 네 기둥이다. 간지로 각 기둥마다 두 글자씩 써서 전부 여덟 글자가 되므로, 사주팔자(四柱八字)라 하였다.

사(四)는 이렇듯 나를 둘러싸고 있는 전체를 뜻한다. 사(四)가 들어가는 말은 모두 전체성과 질서를 지향한다. 사방으로 툭 터져 아무 장애가 없는 것은 사통팔달(四通八達)이다. 우리의 매일매일이 이렇기만 하다면 얼마나 좋겠는가?

| 오음(五音)·오상(五常)·오행(五行) |

5는 천지의 조화를 상징하며, 우주의 이치가 모두 담겨 있는 신비로운 숫자이다. 5는 3과는 또다른 의미에서 완전수(完全數)이다. 3과 호응하면 그 의미가 더 커진다. 삼강(三綱)에 오륜(五倫)이 갖춰지면 인륜(人倫)이 서고, 삼황오제(三皇五帝)는 태고적 이상적인 군주(君主)의 총칭(總稱)이다. 이들이 전한 책은 《삼분오전(三墳五典)》˙이란 책이다.

서양의 무지개는 빨주노초파남보의 7색이지만, 동양에서는 청적황백흑(青赤黃白黑)의 5색을 기본색으로 한다. 서양의 음계(音階)는

五音

《삼분오전(三墳五典)》

중국 민족 문화의 근원이 된 신화와 전설, 민족의 지혜가 담긴 책이다.

五常

도레미파솔라시도의 7음계이나, 동양은 궁상각치우(宮商角徵羽)의 5음계를 쓴다. 발음 기관도 어금니[牙]·혀[舌]·입술[脣]·이[齒]·목구멍[喉] 등 오성(五聲)으로 구분한다. 우주의 운행은 음양(陰陽)의 이치 위에 금목수화토(金木水火土)의 오행(五行)이 겹쳐 운행된다.

음식의 맛도 맵고[辛], 시고[酸], 짜고[鹹], 쓰고[苦], 단[甘] 5가지 맛으로 구분하였다. 오미자(五味子)라는 열매는 이 다섯 가지 맛을 모두 조금씩 지녀서 이런 이름을 얻었다. 사람이 살면서 누구나 누리고픈 오복(五福)은 오래 살고[壽], 부유하며[富], 건강하고[康寧], 덕을 닦고[攸好德], 편안히 죽음을 맞는 것[考終命]이다. 벼슬의 등급도 공작(公爵)·후작(侯爵)·백작(伯爵)·자작(子爵)·남작(男爵)의 오의(五儀)로 나누었다. 인간의 내장은 폐장(肺臟)·심장(心臟)·비장(脾臟)·간장(肝臟)·신장(腎臟)의 오장(五臟)을 갖추었다. 사람은 오장만 갖추어서는 안 되고 인의예지신(仁義禮智信)의 오상(五常)을 갖추어야만 육

오색 송편

이 작은 송편에도 오방색의 조화가 들어 있다.

오행으로 나누어 본 오목(五目) 분류표

오행(五行)	목(木)	화(火)	토(土)	금(金)	수(水)
오방(五方)	동(東)	남(南)	중앙(中央)	서(西)	북(北)
오색(五色)	청(靑)	적(赤)	황(黃)	백(白)	흑(黑)
오상(五常)	인(仁)	예(禮)	신(信)	의(義)	지(智)
오성(五聲)	아(牙)	설(舌)	순(脣)	치(齒)	후(喉)
오음(五音)	각(角)	치(徵)	궁(宮)	상(商)	우(羽)
오장(五臟)	간(肝)	심(心)	비(脾)	폐(肺)	신(腎)
오미(五味)	산(酸)	고(苦)	감(甘)	신(辛)	함(鹹)
오기(五氣)	풍(風)	열(熱)	습(濕)	조(燥)	한(寒)
절기(節氣)	춘(春)	하(夏)	계하(季夏)	추(秋)	동(冬)

체와 정신이 조화를 이룬 이상적인 인격체로 보았다. 오방(五方)은 동서남북(東西南北)의 사방에 중앙(中央)을 보탠 것이다. 이런 다섯 가지 요소들은 오행(五行)의 원리로 통제되고 질서화되었다.

오행(五行)의 원리는 방위와 빛깔, 윤리와 음악, 그리고 의학과 맛, 계절에 이르기까지 일관되게 적용된다. 예를 들어 서울의 4대문을 보면, 동대문은 흥인문(興仁門)이다. 인(仁)이 동쪽을 가리키므로 인(仁)을 일으키는 문이다. 남대문은 숭례문(崇禮門)이다. 예(禮)가 남쪽을 가리키므로, 예를 숭상하는 문이라 하였다. 서대문은 돈의문(敦義門), 즉 의를 도탑게 하는 문이고, 북내문은 홍지문(弘智門), 곧 지혜를 넓히는 문이다. 이렇게 동서남북의 4대문에 인의예지(仁義禮智)를 대응시켰다. 중앙은 보신각(普信閣)의 신(信)을 쳐서 오상(五常)을 갖추었다. 또 경복궁의 동쪽 옆문은 계절로 치면 봄에 해당하

五行

경복궁의 건춘문(建春門)과
영추문(迎秋門)

오행의 원리에 따라 동쪽 문은 '춘(春)' 자를 붙여 건춘문, 서쪽 문은 '추(秋)' 자를 붙여 영추문이라 하였다.

처용무와 오방 처용

처용탈을 쓴 다섯 사람이 오방색의 옷을 입고 처용무를 추고 있다. 〈담락연도〉 부분.

처용무(處容舞)와 오방 처용

처용무는 조선 시대에 인기 있던 궁중 무용의 하나였다. 처용탈을 쓴 다섯 사람이 다섯 가지 빛깔의 오방색(五方色)옷을 입고, 각 빛깔에 해당하는 방위에 따라 서서 춤을 추었다. 오목(五目) 분류표에 따라 위의 그림 속 오방색의 빛깔을 대비해 보자.

중앙에는 노란색 옷을 입은 사람이 춤을 추고, 오른편 동쪽에는 파란색 옷을 입은 사람이 춤을 추고 있다. 왼편 서쪽에는 빨간색 옷, 아래편 남쪽에는 흰색 옷, 위편 북쪽에는 검은색 옷을 입은 사람이 춤추고 있다. 원래는 서쪽에 흰색 옷, 남쪽에 빨간색 옷이 놓여야 하는데, 위 그림에서는 두 빛깔의 위치가 바뀌어 있다. 사람들은 이렇게 다섯 빛깔의 처용이 나와 춤을 추면 온갖 사악한 기운이 물러가고 기쁘고 경사스러운 일이 생긴다고 믿었다.

므로 건춘문(建春門), 즉 봄을 세우는 문이라 하였고, 서쪽 문은 가을이라 영추문(迎秋門), 곧 가을을 맞이하는 문이라 하였다. 이렇게 대문 이름 하나에 이르기까지 우리의 생활에서 오행(五行)의 이치가 베풀어지지 않는 곳이 없다.

| 겹겹이 싸인 구중궁궐(九重宮闕) |

구(九)는 숫자로 치면 만수(滿數), 즉 가득 찬 수이다. 그 다음은 십(十)인데 다시 0(零)으로 돌아간 것이다. 그래서 9에는 사상 많다는 뜻이 담겨 있다. 깊은 궁궐을 구중궁궐(九重宮闕)이라 한다. 중(重)은 우리말로 '겹'을 뜻하니, 구중궁궐은 '아홉 겹'의 담장으로 둘러쳐진 궁궐이라는 뜻이다. 더없이 꼬불꼬불한 고개는 구절양장(九折羊腸)이라 하고, 맺히고 쌓인 시름은 구곡간장(九曲肝腸)이 다 녹는다고 한다. 여러 차례 죽을 고비를 겪고 겨우 살아난 것은 구사일생(九死

九重宮闕

창덕궁

겹겹의 담장으로 둘러쳐진 깊은 궁궐을 구중궁궐(九重宮闕)이라고 한다.

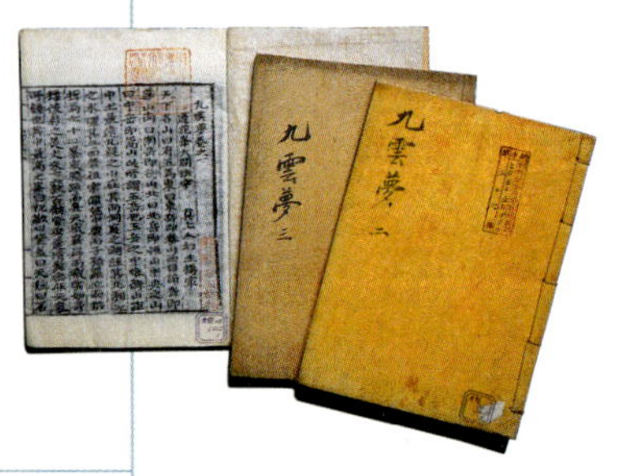

김만중의 《구운몽》

一生)이다.

수백 년 된 여우는 마음대로 둔갑(遁甲)해서 사람을 홀린다. 천 년 묵은 여우를 구미호(九尾狐)라고 하는데, 꼬리가 아홉 개 달렸다는 말이다. 실제로 세어서 아홉 개가 아니라 굉장히 많다는 뜻으로 이렇게 표현하였다. 하늘은 겹겹이 쌓인 기운이 뭉친 것인데 구천(九天), 즉 아홉 겹의 하늘로 이루어져 있다고 생각하였다. 하늘 나라에 있는 신선 세계에는 아홉 빛깔의 구름, 즉 구운(九雲)이 감돈다고 믿었다. 그래서 하늘 나라에서 귀양 온 성진(性眞)이 꾼 꿈이 바로 '구운몽(九雲夢)'이다. 구주(九州)는 예전에 중국 전역을 총칭하는 말이었다. 고대에 천하를 다스리던 큰 법인 홍범(洪範)은 구주(九疇), 즉 아홉 가지 범주로 구분하였다.

9는 양수 중에 가장 크고 높은 수다. 그래서 음력 9월 9일은 중구(重九) 혹은 중양절(重陽節)이라 해서 중국에서는 지금도 큰 명절로 친다. 구(九)는 오랠 구(久)자와 음이 같아 장구(長久)하다, 변치 않는다는 뜻도 있다. 구(九)자가 들어가면 두루 다 갖추어진 만족스런 상태가 길이 이어질 것으로 믿었다.

중국 사람들은 8이란 숫자를 아주 좋아한다. 팔(八)의 중국음은 '파'로, 펼 발(發)자와 발음이 같다. 숫자 168이 새겨진 팔찌도 즐겨 찬다. 일육팔(一六八)이 일로발(一路發)과 발음이 같기 때문이다. 그래서 168은 일로(一路) 발전하기를 바란다는 뜻이 되고, 일로발재(一路發財), 즉 계속해서 돈을 많이많이 벌기를 바란다는 뜻도 된다.

168 팔찌

三(삼)―셋

나무 막대 세 개를 가로로 놓은 모습이다. 천(天)·지(地)·인(人) 삼재(三才)를 표현하였다고 보기도 한다.

五(오)―다섯

하늘과 땅을 × 모양으로 교차시킨 모습이다. 만나는 지점이 1과 10의 중간이란 뜻으로 보인다.

六(육)―여섯

원래는 집의 외곽(外廓)을 나타낸 글자였다. 중국인들이 손가락으로 숫자 여섯을 나타낸 모양으로 보기도 한다.

숫자의 기원

七(칠)―일곱

칼끝으로 물건을 십자형으로 자르는 모습이다. 본자(本字)는 끊을 절(切)이다.

八(팔)―여덟

사물을 둘로 나눈 모양이다. 칼 도(刀)를 더해 나눌 분(分)자를 만들고, 팔(八)은 여덟이란 뜻으로 쓰게 되었다.

九(구)―아홉

원래는 사람의 팔꿈치를 상형한 글자이다. 후에 아홉이라는 뜻으로 바뀌었다.

十(십)―열, 네거리

길게 늘어뜨린 줄에 매듭을 한 번 지음으로써 한 단위로서의 열을 나타냈다.

千(천)―일천, 많다

사람 인(人)과 열 십(十)이 결합했다. 한 사람의 수명이 백 살이라면 열 사람의 수명은 일천 살이 된다는 뜻을 담았다.

萬(만)―일만, 전갈

처음엔 독침을 가진 곤충을 본뜬 글자였다. 풀 초(艹)는 집게, 가운데 밭 전(田)은 몸체, 나머지 글자는 꼬리와 독침을 나타냈다.

만년설(萬年雪)에 덮인 에베레스트 산

만년(萬年)은 아주 오랜 세월을 뜻하는 말이니, '만년설'이란 긴 세월에도 절대로 녹지 않는 눈을 말한다.

백화점(百貨店), 천리마(千里馬), 만년설(萬年雪)

아주 많다는 뜻을 말할 때는 백(百)·천(千)·만(萬)을 쓴다. 백화점(百貨店)이란 꼭 백 가지 물품만이 아니라, 온갖 것을 다 파는 가게라는 뜻이다. 인간의 온갖 지식이 다 들어 있는 사전은 백과 사전(百科事典)이고, 많은 꽃이 핀 것을 백화만발(百花滿發)이라 한다. 중국 춘추 시대 말기부터 전국 시대에 걸쳐 등장한 여러 학자들을 제자백가(諸子百家)라 하고, 수많은 사람들이 실력을 겨루는 것을 백가쟁명(百家爭鳴)이라고 한다.

천(千)은 아주 먼 거리나 오랜 시간을 나타낼 때 쓴다. 천리마(千里馬)는 하루에 천 리를 달리는 말이다. 하지만 말은 지구력(持久力)이 약해 하루에 천 리를 달릴 수가 없다. 그만큼 빠르다는 뜻이다. 천추(千秋)는 오랜 세월을 일컬으며, 천재일우(千載一遇)도 천 년에 한 번 만날까 말까한 기회를 말한다. 천편일률(千篇一律)은 모두 똑같은 것을 말한다.

만년필(萬年筆)은 잉크를 찍지 않고 오래 쓸 수 있는 펜이고, 만년설(萬年雪)은 긴 세월에도 녹지 않는 눈이다. 못 하는 게 없는 사람을 만능(萬能)이라 하며, 만고(萬古)는 한없는 세월을 뜻한다. 만물(萬物)은 온갖 사물을, 만수무강(萬壽無疆)은 오래 사시라는 뜻을 담고 있다.

천과 만이 합쳐져서 아주 많다는 뜻을 강조하기도 한다. 천만(千萬)의 말씀은 당치도 않다는 말이고, 천부당만부당(千不當萬不當)은 절대 있을 수 없는 일을 강조할 때 쓰는 말이다. 천신만고(千辛萬苦)나 천고만난(千苦萬難)은 견디기 힘든 역경을 뜻한다. 천변만화(千變萬化)는 종잡을 수 없는 변화를, 천군만마(千軍萬馬)는 엄청난 규모의 군대를 말한다. 천차만별(千差萬別)과 천태만상(千態萬象)은 어느 것 하나 같지 않고 제가끔 다른 것을 가리킬 때 쓴다.

낙화암(落花巖)

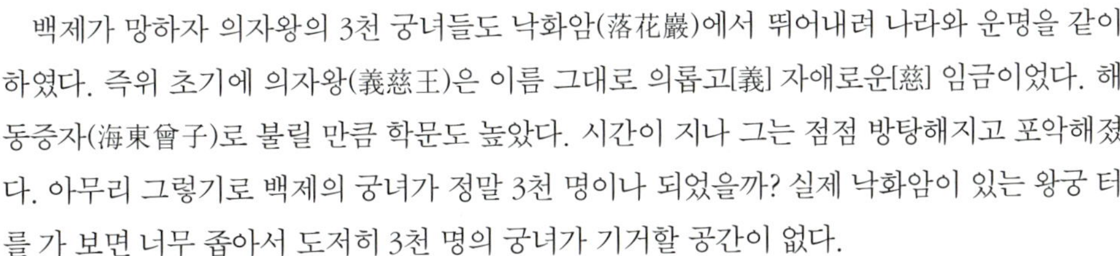

정말 의자왕의 궁녀는 삼천 명이었을까?

　백제가 망하자 의자왕의 3천 궁녀들도 낙화암(落花巖)에서 뛰어내려 나라와 운명을 같이 하였다. 즉위 초기에 의자왕(義慈王)은 이름 그대로 의롭고[義] 자애로운[慈] 임금이었다. 해동증자(海東曾子)로 불릴 만큼 학문도 높았다. 시간이 지나 그는 점점 방탕해지고 포악해졌다. 아무리 그렇기로 백제의 궁녀가 정말 3천 명이나 되었을까? 실제 낙화암이 있는 왕궁 터를 가 보면 너무 좁아서 도저히 3천 명의 궁녀가 기거할 공간이 없다.

　삼천 궁녀(三千宮女)는 중국 역사서에서 으레 수많은 궁녀를 지칭할 때 통용해서 쓰던 표현일 뿐이다. 한자에는 평측(平仄), 즉 높낮이가 있는데, 많은 숫자를 나타내는 말로 평성과 평성이 나란히 놓인 글자는 삼천(三千)이란 숫자뿐이었다. 그러니까 삼천이란 숫자는 리듬을 고려해서 굉장히 많은 숫자를 지칭하였다. 불교에서 삼천 세계(三千世界)를 말하는 것도 같은 의미다. 그러니까 의자왕의 삼천 궁녀도 실제로 숫자를 헤아려 3천이 아니라, 굉장히 많은 수의 궁녀가 낙화암에서 뛰어내려 죽었다는 뜻일 뿐이다.

2 색깔과 빛깔

그녀는 소복 차림이었다.
청출어람하는 사람이 되어야지.
그 모임에서 그녀는 홍일점이었다.
무슨 흑막이 있는 것이 틀림없어.

白色
素服

| 백색(白色) 과 소복(素服) |

세상에는 여러 가지 색이 있다. 색에서 빛이 나온다. 색깔에서 빛깔이 나온다. '깔'은 '성깔' '태깔' 등에서 보듯 그 사물이 지닌 고유의 성질을 나타내는 우리말이다. 흰색에도 여러 가지 빛깔이 있다. 흰색을 나타내는 한자에는 흰 백(白)과 흴 소(素)가 있다.

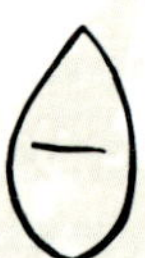

흰 백(白)

흰색은 순수(純粹)와 신성(神聖)을 상징한다. 흰 백(白)은 지는 해의 빛깔이 흰 데서 나온 글자이다. 햇빛, 쌀알, 사람의 머리를 가리킨다는 주장도 있다. 우리 민족을 백의민족(白衣民族)이라 한 것을 보면 전통적으로 흰색을 숭상하였음을 알 수 있다. 흰색은 방위로 치면

서쪽에 해당한다. 흰 호랑이인 백호(白虎)는 서방(西方)을 지켜 주는 신령스러운 동물이었다. 신라 때 김알지(金閼智)의 탄생을 알린 것은 백계(白鷄), 즉 흰 닭이었다. 경주 천마총(天馬冢)의 천마(天馬)도 백마(白馬)이다. 예전 역사서에는 백록(白鹿) 즉 흰 사슴이나, 백치(白雉) 곧 흰 꿩이 나타나면 태평성대를 알리는 길조(吉兆)로 보아 온 나라가 기뻐하였다는 기록을 자주 볼 수 있다. 아기의 백일상이나 돌상에도 눈처럼 흰 백설기를 쪄낸다.

　소(素)는 아직 염색하지 않은 원래 빛깔 그대로의 흰 빛을 말한다. 그래서 소(素)에는 '본디' 노는 '바탕'이라는 뜻도 있다. 소질(素質)은 타고난 자질이고, 소복(素服)은 염색하지 않은 흰 옷이다. 서양에서는 상중(喪中)에 검은 옷을 입었지만, 우리 나라에서는 상복(喪服)으로 소복을 입었다. 죽음을 끝이 아니라 또다른 세계로의 출발로 생각하였기 때문이다.

조속(趙涑)의 〈금궤도〉

흰색은 순수와 신성을 상징한다. 천마총에서 출토된 〈천마도〉(바탕 그림)의 천마(天馬)도 흰색이고, 〈금궤도〉에서 신라 김알지의 탄생을 알리고 있는 것도 흰 닭이다.

青出於藍

| 쪽풀에서 나온 푸른빛, 청출어람(靑出於藍) |

역사를 청사(靑史)라고 한다. 말 그대로 '푸른 역사'이다. 종이가 발명되기 전에는 대나무 조각을 쪼개어 이를 묶어 책을 만들었다. 대나무를 쪼개어 반반하게 깎으면 푸른빛이 나는데, 이것을 불에 쬐어 기름기를 빼고 여기에 역사를 기록하였기 때문에 청사(靑史)란 말이 나왔다.

서양 사람들은 푸른색에서 우울을 읽지만, 동양에서 푸른색은 희망과 발전을 상징한다. 푸른색은 해가 뜨는 동방을 뜻하는 색깔이다. 중국에서 우리 나라를 청구(靑丘), 즉 푸른 언덕이라고 한 것은 우리 나라가 해뜨는 동쪽 땅이었기 때문이다. 청운(靑雲)은 푸른 구름만이 아니라 입신출세(立身出世)해서 높은 관직에 오르는 것을 말한다. 지금도 젊은이들은 청운의 꿈을 이루기 위해 밤낮으로 노력한다.

파란색 물감은 쪽풀에서 원료를 채취하였다. 한자로는 남(藍)이다. 그래서 짙은 청색을 남색(藍色)이라 한다. 파란 가을 하늘을 쪽빛 하늘이라고 한다. 하지만 사실 쪽은 평범한 녹색 풀이다. 이것에 석회를 타고 잿물에 담그는 등 복잡한 과정을 거치면 선명한 짙은 청

쪽풀(왼쪽)과 쪽물들인 옷감 (오른쪽)

청출어람(靑出於藍)이란 쪽에서 나온 물감이 쪽보다 더 푸르다는 뜻으로, 제자가 스승보다 더 뛰어난 것을 비유한다.

색, 즉 남색의 물감을 얻게 된다.

청출어람(靑出於藍)이란 말이 있다. 말 그대로 '푸른색은 쪽(藍)에서 나왔다'는 뜻이다. 그런데 쪽보다 더 푸르다. 쪽을 보면 평범한 초록색의 풀인데, 거기서 이렇게 짙은 푸른색을 얻은 것이 신기할 정도이다. 그래서 이 말은 제자가 스승보다 훌륭한 것을 비유하는 말로 흔히 썼다. 스승을 닮지 못해 스승의 이름에 먹칠하는 불초(不肖)한 제자가 되어서는 안 된다. 청출어람하여 스승의 이름을 빛내는 제자가 되도록 힘써야겠다. 사람이 청운(靑雲)의 높은 뜻을 품고, 노력으로 청출어람(靑出於藍)하여, 청사(靑史)에 길이 남을 훌륭한 업적을 세울 수 있다면 인생의 보람이 크지 않겠는가?

| 홍일점(紅一點)과 일편단심(一片丹心) |

홍일점(紅一點)은 여러 명의 남자들 중에 여자가 한 사람뿐일 때 쓰는 말이다. 홍일점은 '붉은 점 하나'란 뜻인데, 어째서 많은 남자들 속에 하나뿐인 여자를 가리키는 말이 되었을까? 여기에는 재미난 이야기가 있다. 중국 송나라 휘종 황제는 뛰어난 화가였다. 뿐만 아니라 그는 궁정의 화가들에게 유명한 시 구절을 제목으로 주어 그림 대회를 자주 열었다. 한번은 당나라 사람의 시 중에 "여린 초록 가지 끝에 붉은 점 하나, 감동스런 봄빛은 굳이 많을 것 없다네[嫩綠枝頭紅一點 動人春色不須多]."라는 구절을 제목으로 주었다.

화가들은 모두 초록빛으로 무성하게 풀과 나무를 그리고, 그 위에 한 송이 붉은 꽃을 그려 넣음으로써 시의 본뜻에 충실하였다. 그런데 한 화가의 그림은 그렇지가 않았다. 연두빛 버드나무 그늘이 드리워진 곳에 높은 정자가 세워져 있는데, 한 아름다운 여인이 난간에 기대어 먼 데를 바라보는 풍경이었다. 화면 어디에도 붉은빛은 하나도

紅赤丹朱絳

붉은빛을 뜻하는 한자

위와 같이 붉음의 정도를 나타
내는 한자가 다르다.

보이지 않았다. 시 속의 홍일점을 그는 한 명의 아름다운 여인으로
표현해 냈던 것이다. 그 날의 1등은 당연히 그가 차지하였다. 이후
홍일점이란 말은 무리 가운데 단 한 사람의 아름다운 여자를 가리키
는 말로 쓰게 되었다.

붉다는 뜻을 지닌 한자에는 홍(紅) 외에 단(丹)과 주(朱), 그리고 적
(赤)과 강(絳)이 있다. 홍(紅)이 가장 옅고, 그 다음은 적(赤)이다. 가
장 붉은색은 진홍색을 나타내는 강(絳)이다. 단(丹)과 주(朱)는 적
(赤)과 강(絳)의 중간색이다. 주(朱)는 가시나무처럼 속이 붉은 나무
의 빛깔을 나타낸 글자다.

절이나 대궐에 온갖 화려한 빛깔로 색칠하는 것을 단청(丹靑)을 입
힌다고 한다. 빨간색과 파란색을 온갖 색깔의 대표색으로 말한 것이

화려한 단청

단청(丹靑)은 빨간색과 파란색
을 온갖 색깔의 대표색으로 말
한 것이다.

다. 단순호치(丹脣皓齒)는 '붉은 입술과 흰 이'라는 뜻으로, 미인을
형용한 말이다. 일편단심(一片丹心)은 한 조각 붉은 마음이니, 깊은
속에서 우러나온 거짓 없는 마음을 말한다. 단심(丹心)은 적심(赤心)
으로도 쓴다.

빨간색은 불이나 피, 그리고 태양을 떠올리는 양(陽)의 빛깔이다.
이는 모두 생명과 관계 있다. 빨간색은 어둠을 물리치고 광명을 가져
다 주는 색이다. 그래서 옛 사람들은 빨간색에 나쁜 기운이나 귀신,
악령을 물리치는 주술적인 힘이 있다고 믿었다. 귀신을 내쫓는 부적
은 빨간색으로 썼고, 동짓날 끓여먹는 팥죽도 그 붉은빛이 상서롭지
못한 나쁜 기운을 물리쳐 줄 것으로 믿었다. 도장의 인주(印朱)도 같
은 이유로 붉은색을 썼다.

그런데 남북 분단 이후에 우리 나라 사람들은 레드 콤플렉스(red
complex)란 말이 생겨날 정도로 빨간색에 대해 거부감을 갖게 되었

작가 미상의 〈미인도〉
미인의 붉은 입술이 도드라져
보인다.

붉을 적(赤)을 포함한 어휘를 알아보자. 적수공권(赤手空拳)은 '맨손과 빈 주먹'이라는 뜻
이다. 손에 아무것도 가진 것 없는 빈털터리를 가리킬 때 쓴다. 적자(赤子)는 핏덩이 어린아
이를 가리킨다. "백판(白板) 아무것도 안 하고 논다."라고 할 때의 '백판'도 아무것도 없거나
모르는 상태를 가리켜 쓴다. 적나라(赤裸裸)는 맨몸뚱이를 드러낸 것을 말하고, 적빈(赤貧)
은 찢어지게 가난한 살림을 가리킨다.

신문을 보면 "국가 경상수지(經常收支)의 적자폭이 커지고 있다." 또는 "반도체 기업이
흑자를 냈다." 등 적자(赤字)니 흑자(黑字)니 하는 말을 자주 접하게 된다. 수입과 지출을 기
록하는 장부(帳簿)에, 지출(支出)이 수입(收入)을 초과하면 경고(警告)의 표시로 붉은 글자로
썼다. 그러다가 다시 수입이 더 많아지면 다시 흑자(黑字), 즉 검은색 글씨로 바꿔 썼다. 말
하자면 경제에 적신호(赤信號)가 들어오면 적자(赤字)가 되고, 청신호(靑信號)가 켜지면 흑
자(黑字)로 돌아서게 된다.

黑心 ― 黑幕

다. 공산당을 빨갱이라 부르고, 질 나쁜 거짓말은 새빨간 거짓말이라고 말한다. '저 사람은 생각이 빨갛군!' 하면 그가 공산주의자란 말과 같은 의미였다. 하지만 2002년 월드 컵 때 우리 나라에서 '붉은 악마'라는 응원단 이름을 쓴 이후 빨간색에 대한 거부감은 많이 사라졌다. 이렇게 색깔 속에도 한 민족의 역사가 살아 있다.

| 흑심(黑心)과 흑막(黑幕) |

검은 마음이 흑심(黑心)이다. 흑심을 품었다고 하면 음흉하고 나쁜 생각을 감추고 있다는 뜻이다. 흑(黑)은 창이나 굴뚝을 뜻하는 창(囱)과 불꽃[炎]을 합한 글자이다. 불꽃이 굴뚝으로 연기를 내뿜어 검게 그을린 모습에서 검다는 뜻이 나왔다. 흑백(黑白)을 가린다고 하면, 누가 옳고 그른지를 따져 보자는 말이다. 검은 것은 그르고 흰 것은 옳다는 뜻이 전제되어 있다.

무엇인가 흑막(黑幕)이 있다고 하면, 겉으로 잘 드러나지 않은 음흉한 속임수가 있다는 뜻이다. 흑막(黑幕)은 말 그대로 검은 커튼이다. 연극이나 공연을 할 때 무대 중간에 치는 커튼이 바로 흑막이다. 흑막을 치게 되면 무대 뒤에서 일어나는 일을 관객들이 알 수가 없다. 무대 중간에 흑막을 치고 배경도 바꾸고 소품도 교체한다. 흑막이 걷히고 나면 그제서야 관객들은 어둠 속에서 일어난 변화를 눈치챈다.

이렇게 검은색은 어둠과 악(惡)의 세계로 인식되었다. '까마귀 싸우는 골에 백로야 가지 마라'라는 시조에서 보듯, 까마귀는 날개 깃이 검어 나쁜 새가 되고, 백로는 깃털이 하얗다고 해서 착한 새가 되었다. 까마귀는 반포(反哺), 즉 어미를 먹여 은혜를 갚는 효성스러운 새인데, 흰색 앞에서는 소용이 없다.

그렇다고 검은색이 모두 부정적 의미로만 쓰인 것은 아니다. 검을 현(玄)자는 부정적 의미로 쓰이지 않는다. 검붉은색을 가리키는 현(玄)은 원래 실[糸]을 허공에 매단 모양을 표현한 글자이다. 실을 오래 걸어 두면 색이 검게 변하므로 검다는 뜻이 나왔다. 또 허공에 매달므로 아득하다는 뜻도 있다. 검은색은 온갖 색을 다 합쳐 놓은 색이다. 검은 색 안에는 없는 색이 없다. 그래서 현묘(玄妙)하다는 말을 한다. 이 때 현(玄)은 아득하고 신비스럽다는 뜻이다.

《천자문》은 천지현황(天地玄黃)으로 시작한다. 하늘은 검고 땅은 누르나고 하였다. 이 때 현(玄)은 색깔이 검다는 의미보다는 아득하고 신비하다는 뜻에 가까운 말이다. 유현(幽玄)하다는 말은 그윽하고 아득해서 언어로는 꼬집어 표현할 수 없다는 뜻이다. 노자(老子)는 《도덕경(道德經)》에서 도(道)의 본질을 설명하면서 '현지우현(玄之又玄)', 즉 현(玄)하고 또 현하다고 하였다. 검다 못해 시커멓다는 뜻이 아니라 심오하고도 깊다는 뜻으로 썼다.

현(玄)이 검붉은빛을 나타낸다면, 푸른 기운을 띤 검은색, 즉 검푸른빛은 대(黛)자를 썼다. 또 햇볕에 검게 탄 얼굴처럼 검은데 누런 빛을 띤 것은 검을 리(驪)자를 쓴다. 또 그릇에는 옻칠을 하면 아주 검게 되는데, 옻칠의 칠(漆)자도 검다는 뜻이 있다. 칠흑(漆黑) 같은 밤은 옻칠을 한 것처럼 캄캄한 밤이라는 뜻이다. 검은 것에도 수준이 있고 차이가 있다. 시커먼 흑심(黑心)을 품지 말고, 유현(幽玄)한 생각의 깊이를 지닌 사람이 되어야겠다.

천지현황(天地玄黃)

하늘이 검대[玄]는 것은 아득하고 신비스럽다는 의미이다.

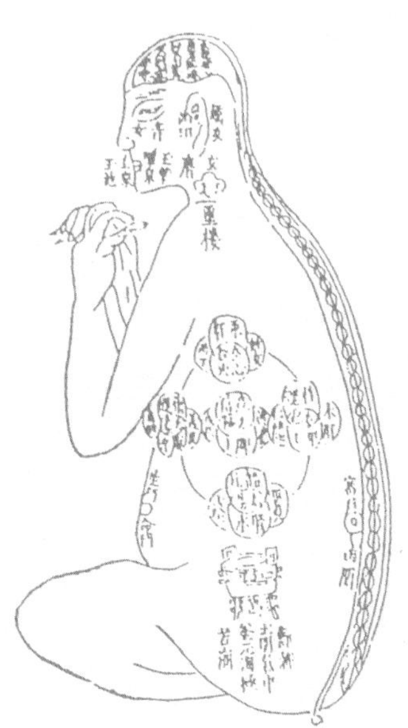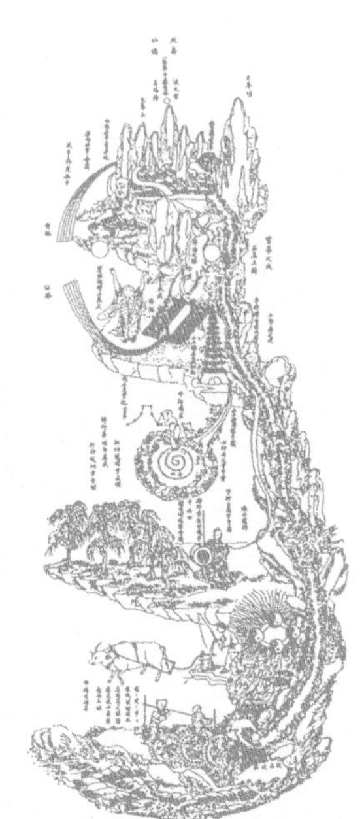

기의 순환을 나타낸 시조도(時照圖)

단전 아래 솥이 있고, 오장육부를 물과 불,
음양의 원리에 따라 설명하고 있다.

단전(丹田)과 단학(丹學) 수련

　　주변에서 건강을 위해 단전 호흡을 하거나 단학 수련을 하는 사람을 자주
볼 수 있다. 그런데 왜 하필 붉을 단(丹)자를 썼을까? 광물 중에 단사(丹砂)란
것이 있다. 수은과 유황 성분이 화합하여 이루어진 물질로, 그 빛깔이 매우 붉
다. 고대인들은 이 단사와 여러 가지 금속 광물을 합성해서 단약(丹藥)을 만들
었다. 이 단약을 먹으면 몸 속에 우주의 신령스런 기운이 깃들어 영원히 늙지
도 않고 죽지도 않는다고 믿었다. 중국의 진시황제(秦始皇帝)가 그토록 찾았
다는 불사약(不死藥)도 사실은 이 단사(丹砂)를 주성분으로 한 단약이었다.

　　하지만 과학적으로 볼 때 인체에 해롭기 짝이 없는 수은을 주성분으로 한
단약을 먹고, 수많은 제왕들이 수은 중독에 걸려 죽었다. 단약의 폐해는 후대
로 갈수록 점점 더 커져서, 당나라 때는 단약을 잘못 먹어 죽은 황제가 무려 7
명이나 될 정도로 심각한 사회 문제를 일으켰다. 이후 사람들은 점차 먹는 단

도태도(道胎圖)

단전에 도태(道胎)가 이루어진 상태를 나타낸 그림. 내단 수련을 통해서도 도태를 이룰 수 있지만, 고대에는 단약(丹藥)과 외물의 힘을 빌려서 태를 이룬다는 외단적 사고가 강하였다.

약(丹藥)의 해로움을 인식하게 되었다. 또 옛 문헌에 나오는 단약을 제조하는 방법은 사실은 금속 광물질을 화로에 녹여 합성하는 것이 아니라, 우리 몸 속의 여러 기관과 거기서 분비되는 물질들을 상징적으로 비유하는 것이고, 화로 또한 우리 몸을 상징적으로 말한 것이라고 생각하게 되었다. 그래서 약물의 도움을 받지 않고, 육체의 수련과 호흡의 조절을 통해 우주의 기운을 받아들여 늙지도 죽지도 않는 에너지를 얻을 수 있다고 생각하였다. 약물을 먹어 죽지 않는 신선이 되는 것을 외단(外丹)이라 하고, 육체의 수련을 통해 신선을 이루는 것을 내단(內丹)이라 구분하였다.

단전(丹田)은 배꼽 조금 아랫부분에 있다. 단전은 내단(內丹)을 이루는 생산 공장과 같은 곳이다. 욕심 때문에 자꾸만 위로 올라오는 기운을 가라앉히려고 단전 호흡을 하고, 신체 속의 에너지가 활발하게 순환되도록 기체조나 몸을 굽혔다 폈다 하는 굴신(屈伸) 운동을 한다. 내단을 이루기 위한 이런 운동을 모두 단학 수련이라고 한다. 단(丹)은 원래 단사(丹砂)라고 하는 붉은빛을 띤 광물에서 나온 말인데, 뒤로 오면서 이렇게 의미가 바뀌었다.

3 시간의 길이

촌각을 다투는 화급한 상황이다.
모두 순식간에 벌어진 일이었다.
고개를 돌리는 찰나, 주먹이 날아왔다.
억겁의 세월이 지나도 결코 잊을 수가 없다.

| 촌각(寸刻)과 경각(頃刻) |

시각(時刻)은 시간(時間)의 흐름 속에서 특정한 순간을 가리키는 말이다. 1시(時)는 하루를 12 또는 24로 나눈 시간의 단위이다. 하루는 12시 또는 24시로 이루어진다. 각(刻)은 예전에 물시계로 시간을 잴 때, 물시계의 눈금 한 단위마다 새겨 놓은 표시를 가리킨다. 길이는 시대에 따라 일정치 않은데, 통상 하루를 100 또는 120으로 쪼개어 나눈 시간의 단위이다. 청나라 때 시계가 들어온 뒤로는 15분을 1각으로 삼아, 4각을 1시간으로 쳤다.

매우 급한 일이 생겼을 때 촌각(寸刻)을 다툰다고 말한다. 촌각(寸刻)은 1각(刻)의 10분의 1에 해당한다. 1각이 15분이니, 촌각은 1분 30초 가량의 아주 짧은 시간이다. 이와 비슷한 표현에 경각(頃刻)이 있다. 경(頃)은 본래 토지의 단위를 나타내는 말이다. 하지만 경각(頃刻)이라 해서 시간을 나타내는 말로 쓰면 아주 짧은 시간을 뜻한다. 그래서 목숨이 경각에 달렸다고 하면 몹시 위태롭다는 뜻이다.

"그가 언제 오지?" "응! 2시경에 온댔어." 이 때 2시경(頃)은 2시 전후를 의미한다. 이렇게 경(頃)에는 언저리 또는 앞뒤의 뜻도 있다.

물시계

각(刻)은 물시계의 눈금 한 단위마다 새겨 놓은 표시를 가리킨다.

瞬
息
間 ─ 瞥
眼
間

| 순식간(瞬息間)과 별안간(瞥眼間) |

경각(頃刻)이나 촌각(寸刻)보다 더 짧은 시간을 나타낼 때 순간(瞬間)이란 말을 쓴다. 공든 탑이 한순간[一瞬間]에 무너졌다고 말한다. 순(瞬)은 눈을 깜빡거리는 것이다. 그러니까 한순간[一瞬間]은 눈을 한 번 감았다가 뜨는 정도의 짧은 시간을 말한다.

순간을 순식간(瞬息間)이라고도 한다. 식(息)은 숨을 쉰다는 뜻이다. 숨을 내쉬는 것을 호(呼)라 하고, 숨을 들이마시는 것은 흡(吸)이다. 이 둘을 합한 것이 호흡(呼吸)이다. 호흡을 소리내어 읽어 보면 자연스레 숨을 한 번 내쉬었다가 들이마시게 된다. 한 번 숨을 내쉬고 다시 들이마시는 시간이 호흡지간(呼吸之間)이다. 1식(息)은 바로 한 번 호흡하는 사이를 말한다. 따라서 순식간이란 눈을 한 번 감았다 뜨고, 숨을 한 번 내쉬고 들이마시는 사이에 해당하는 시간이다. 즉, 아주 짧은 시간이다.

이와 비슷한 표현에 별안간(瞥眼間)이 있다. 별(瞥)은 언뜻 스쳐 지나듯 보는 것이다. 별안(瞥眼)은 한 번 눈길을 돌려 흘깃 바라보는 것이고, 별안간(瞥眼間)은 눈 한 번 돌릴 사이의 짧은 시간을 가리킨다. 갑자기, 난데없이와 같은 뜻으로도 쓴다.

| 찰나(刹那)와 잠시(暫時) |

찰나(刹那)는 순식간이나 별안간보다 더 짧은 시간이다. 인도말 크사나(kṣaṇa)를 한자로 옮긴 것이다. 찰나는 고대 인도에서 쓰던 가장 작은 시간 단위를 나타내는 말이다. 원래는 여자가 바느질할 때 바늘 한 땀 뜨는 데 드는 시간을 가리키는 말이었다. 하지만 불경에 따라 설명에 차이가 있다.

刹那 — 暫時

일반적으로 120찰나를 1달찰나(一呾刹那 : tat-ksana, 약 1.6초), 60달찰나를 1납박(一臘縛 : lava, 약 96초), 30납박을 1모호율다(一牟呼栗多 : muhrta, 약 48분), 30모호율다를 1주야(一晝夜 : 24시간)로 친다. 그러니까 1찰나는 75분의 1초(약 0.013초)에 해당하는 극히 짧은 시간이다. 《대비바사론(大悲婆娑論)》에서는 찰나에 대하여 이렇게 설명한다. 가는 명주실 한 올을 양쪽에서 팽팽히 당긴 채 칼로 명주실을 끊는다고 치면, 명주실이 끊어지는 데 걸리는 시간이 64찰나라는 것이다. 찰나가 얼마나 짧은 순간의 비유인지 잘 알 수 있다.

불교에서는 모든 사물이 1찰나마다 생겨났다가 사라지고, 사라졌다가 생겨나면서 무한(無限)의 시간으로 이어진다고 설명한다. 찰나생멸(刹那生滅)이 이것이다. 또 찰나의 순간에도 늘 변하므로 찰나무상(刹那無常)이라고도 한다. 그러니까 찰나는 거의 의식할 수 없을 정도로 짧은 시간 또는 상태를 뜻한다.

잠시(暫時) 또한 그다지 오래지 않은 아주 짧은 시간을 가리킬 때 쓰는 말이다. 비슷한 뜻으로 쓰는 '잠깐'은 시간(時間)이나 순간(瞬間)처럼 잠간(暫間)에서 나온 말인 듯하다. 즉시(卽時), 바로의 뜻도 있다. 이와 비슷한 말에 삽시(霎時)가 있다. 삽(霎)은 가랑비 또는 이슬비를 말하고, 그냥 비 오는 소리를 본뜬 말이기도 하다. 빗방울이 하늘에서 땅으로 떨어지는 시간이 삽시(霎時)고, 그 사이가 삽시간(霎時間)이다.

| 억겁(億劫)과 영원(永遠) |

겁(劫)은 찰나와는 반대로, 인간이 상상해 낼 수 있는 가장 긴 시간의 단위를 말한다. 인도말 칼파(kalpa)를 한자로 옮긴 것이다. 겁파(劫波) 또는 겁파(劫簸)라고도 한다. 한 세계가 만들어져서 존속되다

가 파괴되어 무(無)로 돌아가는 한 주기를 겁(劫)이라 한다. 다시 말해, 천지가 한 번 개벽(開闢)한 뒤부터 다음 개벽할 때까지 걸리는 시간이다.

겁(劫)에 대한 비유는 매우 많다. 선녀가 사방 사십 리에 걸쳐 있는 돌산을 백 년에 한 번씩 내려와 비단 치마를 스쳐, 그 바위가 다 닳아 없어질 때까지 걸리는 시간이 1겁이다. 이를 달리 반석겁(盤石劫)이라고 한다. 또 사방 40리의 성(城)에 겨자를 가득 채워 놓은 뒤 백 년마다 한 알씩 집어 내어 겨자씨가 다 없어져도 끝나지 않는 시간이라고도 하며, 이를 겨자겁[芥子劫]이라고 한다.

억겁(億劫)은 그 겁이 다시 억 번이나 포개진 것이니, 도무지 말로는 설명할 수 없는 시간이다. 달리 아승기겁(阿僧祇劫)이라고도 한다. 아승기(asamkhya)는 무수(無數)의 뜻이다. 굳이 숫자로 나타내면 10의 64승이고, 갠지스 강의 모래알 수를 의미하는 항하사(恒河沙)의 만(萬) 배에 해당하는 시간이다. 중국 사람들의 과장도 대단하지만 인도 사람에 비하면 아무것도 아니다.

영원(永遠)은 글자 그대로 풀면 길고[永] 아득히 먼[遠] 시간이다. 억겁처럼 실감나는 비유는 아니지만, 따져 헤아리는 것이 무의미할 만큼 긴 시간을 가리킬 때 쓴다.

億劫—永遠

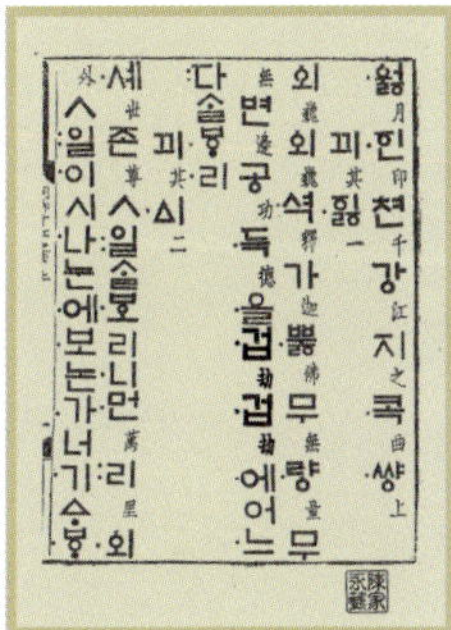

《월인천강지곡(月印千江之曲)》

석가모니의 공덕을 기리는 노래. 본문 중에 '겁겁'이란 표현이 나온다.

예전 학생들의 공부 모습

널리 알려진 단원 김홍도의 〈서당〉이란 그림이다. 그림을 찬찬히 살펴보면 옛날 서당의 풍경이 그대로 떠오른다. 훈장 선생님이 책상 옆에 회초리를 놓아 두고 앞쪽에서 훌쩍거리고 있는 학생에게 야단을 친다. 그런데 왠지 그 표정은 무섭지가 않고 오히려 친근감(親近感)이 간다. 이 학생은 책을 등 뒤에 놓고 돌아앉아 있다. 예전에는 전날 배운 것을 다음 날 선생님 앞에서 외워야 했다. 이것을 공부 바친다고 하는데, 그 방법은 전날 배운 내용을 펼쳐 놓고 뒤로 돌아앉아 책을 보지 않고 다 외우는 것이었다. 등을 돌리고 앉아 외운다고 해서 이것을 등돌릴 배(背), 외울 송(誦)자를 써서 '배송(背誦)'이라고 하였다.

그러니까 훈장님 앞에서 훌쩍거리고 있는 녀석은 어제 배운 내용을 외우지

김홍도의 〈서당〉

예전 서당의 공부하던 모습이다. 낱낱의 표정을 찬찬히 살펴보면 화가의 관찰이 얼마나 세심한지 놀라게 된다.

못해 야단을 맞았다. 그런데 왜 한 손은 왼쪽 발목의 대님을 풀고 있을까? 이제 매를 맞으려고 종아리를 걷고 있는 중이다. 매 맞을 일이 겁이 나서 녀석은 지금 찔끔거리고 있다.

그 옆에 다른 친구들은 고소하다는 듯이 낄낄거리며 웃는다. 가만히 살펴보면 그 표정들이 모두 조금씩 다르다. 왼쪽 가장자리에 앉은 녀석은 눈이 책 위를 맴돌고 있는 것으로 보아 아직 제 차례가 오지 않은 모양이다. 혹 우는 녀석에게 슬쩍 외울 대목을 짚어 주고 있는 것도 같다. 그 옆에 앉은 학생도 눈은 울고 있는 친구를 보면서 부지런히 책장을 넘기고 있는 것을 보아 제 차례를 기다리고 있는 중이다. 아래쪽에서 두 번째로 앉은 녀석도 웃을 겨를이 없이 눈길을 아래에 놓고 열심히 외우고 있다. 나머지 활짝 웃고 있는 녀석들은 아마도 숙제 검사를 다 마친 듯하다.

그런데 화면의 오른쪽 맨 위에 앉은 학생은 혼자서 갓을 쓰고 있다. 다른 학생들은 모두 길게 땋은 더벅머리인데……. 얼굴은 앳되어 보이는데 왜 그랬을까? 녀석은 어린 나이에 벌써 장가를 든 모양이다. 장가를 들었기 때문에 어른 대접을 해서 제일 윗자리에 앉지 않았을까? 맨 아래쪽의 꼬맹이는 몸집이 유난히 작은 것으로 보아, 서당의 막내임을 알 수 있다.

이렇게 꼼꼼히 살펴보면 화가가 얼마나 세심하게 배려하여 화면을 구성하고 있는지 느

아이들의 세부 표정

二 동물과 한자

동물에는 들짐승, 날짐승, 물고기와 파충류 및 곤충 등이 있다. 이러한 실제 동물 외에 인간이 상상으로 만든 허구의 동물도 있다. 동물은 인간과 가까운 친구면서 또 먹이가 되어 주기도 한다. 사람들은 동물을 인간의 가치 기준으로 보아, 그들의 생태나 행동에서 교훈적 의미를 찾으려 하였다. 이런 태도는 때로 자연에 대한 폭력으로 나타나기도 한다. 하지만 동물의 행동을 하나하나 관찰해서 자신의 삶을 돌아보는 사람들의 태도는 사뭇 진지하다. 인간의 눈에 비친 동물의 모습은 어떨까? 한자 문화 속에 동물들은 어떤 모습으로 그려져 있나?

1 들짐승과 관련된 한자말

그는 앞뒤 가리지 않고 저돌적으로 밀고 들어갔다.
하룻밤 사이에 그녀는 마치 딴 사람처럼 표변하였다.
퇴직 후 그는 잔뜩 위축되어 지냈다.
그건 도무지 상상조차 할 수 없는 일이야.

| 저돌(猪突)과 맹목(盲目) |

돼지를 나타내는 한자말은 여러 가지가 있다. 돈(豚)·시(豕)·체(彘)·저(猪·豬)·희(豨)가 그것이다. 그만큼 돼지가 인간의 생활 속에 깊이 들어와 있었다는 뜻이다. 집 가(家)는 우리[宀] 안에 돼지[豕]가 들어 있는 모양이다. 그러니까 집 가(家)자는 돼지를 기르는 우리라는 뜻으로 만들어진 말이다. 돈(豚)·시(豕)·체(彘)가 집돼지를 말한다면, 저(猪·豬)와 희(豨)는 멧돼지를 가리킨다. 또 저(猪)는 멧돼지 중에서 몸집이 조금 작은 놈을 말하고, 희(豨)는 몸집이 큰 녀석을 지칭한다.

집 가(家)
우리 안에 돼지[豕]가
들어 있는 모양이다.

돈(豚)

시(豕)

체(彘)

상대의 주먹을 겁내지 않고 안으로 파고들며 싸우는 복서(boxer)를 저돌적인 인파이터(infighter)라고 말한다. 저돌적(猪突的)이라는 말은 앞뒤 가리지 않고 막무가내(莫無可奈)로 돌진하는 것을 말한다. 글자대로 풀면 멧돼지가 돌진하는 것 같다는 뜻이다. 멧돼지는 부상을 당하거나 위기를 만나면 상대를 가리지 않고 돌진한다. 멧돼지의 날카로운 송곳니에 받히면 동물이든 사람이든 뱃가죽이 찢어지거나 뼈가 노출될 만큼 치명적인 상처를 입는다. 그래서 무작정 물불을 가리지 않고 덤비는 사람을 두고 저돌적(猪突的)이라고 말하게 되었다. 저돌희용(猪突稀勇)이란 말도 있는데, 이 또한 앞으로만 돌진하는 무모한 용맹을 뜻하는 말이다.

이와 비슷한 표현에 맹목(盲目)이 있다. 맹(盲)은 눈[目]이 없는[亡] 것이니 눈이 보이지 않는 것을 말한다. 맹목적이라 하면 저돌적과 마찬가지로 오로지 한 가지 목표를 향해 돌진할 뿐, 다른 것은 돌아보지 않는다는 뜻이다.

멧돼지는 주로 산이나 들에서 생활하는 야생 동물(野生動物)이므로 산저(山猪) 혹은 야저(野猪)라고도 한다. 멧돼지가 단순하고 무식하게 돌진(突進)할 줄밖에 모른다고 생각할지 모르나, 사냥꾼들에게는 어떤 맹수보다도 두려운 상대이다. 부상당한 멧돼지 앞에 놓인 사물은 무엇이든 산산조각이 날 정도로 멧돼지는 무서운 파괴력을 지녔다.

식당에 가면 돼지고기를 맵게 볶은 제육볶음이라는 음식이 있다. 제육은 바로 저육(猪肉), 즉 돼지고기를 말한다. 돈(豚)은 뚱뚱하고 미련한 모양의 집돼지이다. 돈아(豚兒)는 돼지처럼 미련한 아이라는 뜻으로, 남 앞에서 겸손의 뜻을 담아 자기 자식을 낮추어 말할 때 쓴다. 돈어지신(豚魚之信)이란 돼지나 물고기에까지 미친 신의(信義)라는 뜻으로, 지극한 신의를 일컫는다.

멧돼지

저돌적(猪突的)이란 글자대로 풀면 멧돼지가 돌진하는 것 같다는 뜻이다.

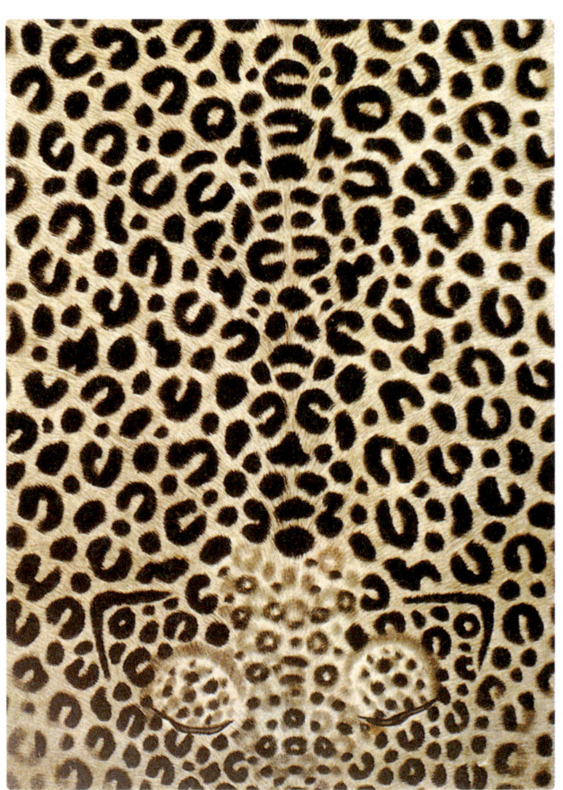

김홍도의 〈표피도(豹皮圖)〉

섬세한 붓질로 아름다운 표범 무늬를 그렸다.

표변(豹變)과 돌변(突變)

　어느 순간 언행이나 태도가 돌변(突變)하여 마치 딴사람같이 구는 사람을 보게 된다. 이처럼 마음이나 행동이 갑자기 변하는 사람을 일러 표변(豹變)하였다고 말한다. 표(豹)는 표범이다. 표변이란 그러니까 표범으로 변하였다는 뜻이다.

　표범은 고양이과 동물로, 여러 동물 중에서 가장 민첩하다. 어린 표범은 여러 차례 털갈이를 하면서 흐리던 매화꽃 모양의 무늬가 점

민화 〈표작도(豹鵲圖)〉

표범과 까치

　표범이 단골로 등장하는 그림이 있다. 소나무가 있고, 가지 위에는 으레 까치가 앉아 있다. 그리고 그 아래에 표범 한 마리가 그려진 그림이다. 민화 속에는 표범으로 그려진 것도 있고, 호랑이로 그려진 것도 있다. 그래서 호작도(虎鵲圖)라고도 한다.

　하지만 이 그림은 호랑이가 아니라 표범이라야 한다. 중국어로 표범 표(豹)는 소식을 알린다는 보(報)자와 같이 '바오'로 발음된다. 까치는 한자로는 작(鵲)인데, 보통 까치가 울면 기쁜 소식이 온다고 해서 희작(喜鵲)이라고 한다. 그러니까 까치와 표범이 만나면 보희(報喜), 즉 기쁜 소식을 알린다는 하나의 문장이 된다.

　소나무는 정월(正月)을 뜻한다. 그래서 소나무 위에 까치가 앉고 그 아래 표범이 앉으면 신춘보희(新春報喜), 즉 새봄에 기쁜 소식을 알린다는 멋진 글이 된다. 이 그림은 보통 새해에 대문 앞에 한 해 동안 기쁜 소식이 많기를 바라면서 붙이던 것이다. 그러던 것이 점차 그림의 원래 뜻이 잊혀지면서 표범 대신 호랑이 그림이 많이 그려지게 되었다. 어떤 그림은 머리는 표범인데, 몸에는 호랑이 무늬를 그린 것도 있다.

突變

차 선명해진다. 털갈이 전에 부스스한 모습과 털갈이 이후의 아름다운 무늬는 전혀 다르다. 그래서 표변이란 말은 몰라볼 정도로 훌륭한 변화를 가리킨다. 이처럼 자랄수록 아름다움을 더해 가는 무늬는 군자의 아름다운 언행에 비유되곤 하였다. 곧 군자가 지난날의 부족한 점을 고쳐 선한 사람으로 변화해 가는 모습이 표범이 털갈이를 해가며 아름다움을 더해 가는 모습과 같다고 본 것이다. 그러니까 표변의 본래 의미는 '표범의 무늬와 같이 잘못을 고쳐 새롭게 바꾸어 가다'는 뜻이다.

이 말은 《주역(周易)》에서 "군자는 표범처럼 변하니, 그 무늬가 촘촘하다[君子豹變 其文蔚也]."라고 한 데서 나왔다. 이렇게 좋은 뜻을 지닌 표변이란 말이 오늘날은 돌변(突變)과 같은 뜻으로 주로 쓰인다. '승객이 갑자기 강도로 돌변하여 돈을 강탈하였다.'라는 말에서 보듯 돌변은 대체적으로 좋지 않은 뜻으로 쓴다. 표변도 원래는 자신의 과실을 신속하게 고쳐 언행이 전과 뚜렷이 달라진다는 좋은 뜻이었으나, 지금은 행동이나 말을 순식간에 싹 바꾸는 행위로 바뀌고 말았다.

| 위축(蝟縮)과 위축(萎縮) |

萎縮

위세에 눌려 바싹 움츠러든 것을 두고 위축되었다고 말한다. 위축은 한자로는 위축(蝟縮) 또는 위축(萎縮)이라고 쓴다. 위(蝟)는 고슴도치이고, 축(縮)은 줄어든다 또는 오그라든다는 뜻이다. 그러니까 위축(蝟縮)은 고슴도치처럼 오그라든다는 말이다. 고슴도치는 적에게 위협을 당하면 가시 털을 곧추세운 채 몸을 공처럼 움츠러뜨린다. 고슴도치를 물려고 하면 먼저 가시에 찔리게 되므로 고슴도치는 가만히 있기만 해도 적의 해에서 벗어날 수 있다.

蝟
縮

보통 때의 고슴도치(왼쪽)
와 위축된 모습의 고슴도치
(오른쪽)

고슴도치가 가시털을 곧추세운
채 몸을 공처럼 움츠러뜨린 모
습이 위축(蝟縮)이나.

위축(萎縮)의 위(萎)는 식물이 말라 시드는 것을 말한다. 식물이 바짝 말라 쪼그라든 것을 두고 하는 말이다. 그러니까 겁먹고 움츠러든 것은 위축(萎縮)보다 위축(蝟縮)이란 표현이 더 알맞다. 사람은 조금 어려운 처지에 놓이면 자신감을 잃고 위축되기 쉽다. 어려움 속에서도 주눅들지 않는 실력을 길러 조금도 위축되지 않고 당당하게 제 길을 걸어가는 사람이 되어야겠다.

위기(蝟起) 또는 위립(蝟立)이란 말도 있다. 기(起)나 립(立)은 모두 일어선다는 뜻이다. 고슴도치의 털이 위험을 만나면 바짝 일어서는 것을 두고 하는 말이다. 고슴도치 털은 한 개만 건드리면 모든 털이 한꺼번에 곤두서서 경계 태세로 들어간다. 위기(蝟起)는 한꺼번에 어지러이 일어서는 모양을 형용하기도 하지만, 사람이 어려움에 처했을 때 도움을 청하지 않았는데도 곁에서 한 마음으로 도와 준다는 뜻으로 쓰기도 한다. 또 위모(蝟毛)는 고슴도치 털인데, 그 수효가 몹시 많은 것을 뜻하는 말로 쓴다.

| 상상(想象)과 상상(想像) |

사실 동물 중에 코끼리처럼 괴상하게 생긴 동물이 없다. 쓸데없이 길기만 한 코, 기형적으로 긴 어금니가 그렇다. 조물주의 장난이 아니고서야 어떻게 이런 모습일 수가 있을까?

코끼리는 더운 나라에서 사는 동물이다. 옛날 중국에는 황하(黃河) 유역에도 코끼리가 많았다. 그런데 이 지역의 기후가 점점 추워지면서 코끼리는 완전히 자취를 감추게 된다. 《한비자(韓非子)》란 책에는 재미있는 이야기가 실려 전한다. 한비자 시대의 사람들은 이미 살아 있는 코끼리를 볼 수가 없었다. 그래서 죽은 코끼리의 뼈를 얻어다가

코끼리에서 나온 위(爲)자

위(爲)는 '하다' 또는 '되다', '위하다'의 뜻을 지닌 한자이다. 고대 상형 문자를 보면 위(爲)자는 손으로 코끼리를 끌어당기는 모습을 본뜬 글자이다. 아주 예전에는 중국 남쪽 지역에도 코끼리가 많았다. 사람들은 이 엄청나게 덩치가 큰 짐승이 의외로 성격이 온순하다는 것을 알아 차츰 코끼리를 길들였다. 상태의 변화를 나타내는 될 위(爲)자는 손으로 코끼리를 끌어당기는 모습에서 나왔다. 즉, 코끼리를 길들여 변화시키는 모양을 나타낸다. 이것이 점차 행위(行爲)를 나타내는 동사로 쓰이게 되었다.

《고문자의 기원》에 실려 있는 코끼리의 상형자 그림

살아 있는 코끼리의 모습을 떠올려 보곤 하였다. 머릿속으로 만들어 낸 코끼리를 생각한다고 하여 이를 상상(想象)이라고 하였다. 상상이란 코끼리 뼈를 가지고 코끼리를 머릿속으로 그려 내는 행위였던 것이다. 뼈다귀 몇 개를 앞에 두고 저마다 생각 속에 떠올린 코끼리의 모습은 얼마나 가관(可觀)이었을까?

맹인무상(盲人撫象)이라는 말도 있다. 장님 코끼리 만지기라는 말이다. 장님이 집채만한 코끼리를 더듬으면서[撫] 코끼리의 모습을 그려 본다면 어떻게 될까? 코끼리 코를 만진 장님은 코만 이야기할 것이고, 코끼리의 앞발만 더듬은 장님은 발이 대궐 기둥만하다며 혀를 내둘렀을 것이다. 이 사람 저 사람의 이야기를 다 합쳐 봐도 끝내 제대로 된 코끼리의 모습은 그려 낼 수가 없었을 테니, 이 또한 상상(想象)으로밖에는 해결할 수 없었을 것이다.

지금은 상상(想象)이라고 쓰지 않고, 상상(想像)이라고 쓴다. 상상(想像)은 형상을 그려 본다는 의미이다. 상상 속에서는 할 수 없는 일이 없다. 그래서 상상은 꿈과 같은 뜻으로도 쓴다. 상상력은 상상하는 힘이다. 현실에서 이룰 수 없는 일들이 상상 속에서는 아무 문제 없이 이루어진다. 젊은이는 상상력을 길러야 한다. 그리고 그 상상 속의 꿈을 현실로 바꿀 수 있는 능력을 길러야 한다.

犬(견)—개

앞발을 들고 있는 개의 모습이다. 犭이 쌍둥이 글자이다. 개는 짐승을 대표하므로 犭이 들어간 글자는 짐승의 일종이거나 짐승의 성격을 나타낸다.

犯(범)—범하다

개가 사람을 물려고 하는 모습을 나타냈다. 여기서 '범하다'의 뜻이 나왔다.

狗(구)—개

구절 구(句)가 음의 역할을 한다. 몸을 굽히고 있는 개의 모습을 나타냈다.

견(犬, 犭)을 부수로 하는 한자

狩(수)—사냥하다

지킬 수(守)가 음의 역할을 한다. 사냥개를 표현하였다.

獄(옥)—감옥

가운데 부분의 말씀 언(言)은 본래 칼이나 죄수를 뜻하는 신(辛)이다. 죄수를 감옥에 가두고 개 두 마리가 지키는 모습이다.

獨(독)—홀로, 외롭다

누에류를 상형한 나라이름 촉(蜀)이 음의 역할을 한다. 개와 머리가 큰 누에의 모습을 나타냈다.

獸(수)—짐승

왼쪽은 V자로 된 사냥 막대를, 오른쪽은 사냥개를 나타냈다. 따라서 본래 뜻은 사냥이며, 후에 짐승의 뜻으로 쓰이게 되었다.

흑구도(黑狗圖)

獻(헌)—바치다

짐승을 큰 솥에 넣는 모습이다. 여기서 '바치다'의 뜻이 나왔다.

동물의 행동과 관련된 말

경복궁 근정전 주위의 원숭이상

狙擊
저 격

저격(狙擊)은 노려서 치거나, 날쌔게 습격한다는 말이다. 저격수(狙擊手) 또는 저격병(狙擊兵)은 목표로 하는 적을 저격하기 위해 뽑힌 뛰어난 사수(射手)를 가리킨다. 저(狙)는 원래 꾀 많고 교활한 긴팔원숭이를 말한다. 긴팔원숭이는 딴청을 피워 상대를 방심하게 만든 뒤 느닷없이 먹이를 낚아채 달아난다. 그 동작이 워낙 빨라서 손쓸 틈도 없이 당하고 만다. 그래서 '저격(狙擊)당하다'라는 말은 속수무책(束手無策)으로 상대의 공격을 당한다는 뜻이 되었다.

反芻
반 추

어떤 일을 곱씹어 되새겨 보는 것을 두고 반추(反芻)한다고 한다. 반추는 우리말로 하면 되새김질이다. 추(芻)는 소가 먹는 꼴이다. 소는 씹어 삼킨 꼴을 입 속으로 되올려 천천히 다시 씹은 뒤에 삼킨다. 소의 되새김질을 뜻하는 이 말이 생각을 되새겨 보고 깊이 음미한다는 의미로 변하였다. 세상일은 한 번 보아서는 제대로 알 수 없는 것이 많기 때문이다.

秋毫
추 호

추호(秋毫)는 짐승들의 가을 털을 말한다. 짐승들은 가을이 되면 겨울을 나기 위해 털갈이를 한다. 이 때 새로 나는 털은 너무 가늘어서 눈에 잘 보이지도 않을 정도이다. 그래서 추호는 아주 적거나 조금인 것을 비유적으로 이른다. 일상에서는 "추호도 거짓말할 생각은 말아!"나 "그의 결심은 추호도 흔들리지 않았다."와 같이 쓰인다. 추호(秋毫)로 붓을 매면 아주 작은 글씨도 잘 써졌다. 그래서 추호에는 '붓'이란 뜻도 있다.

2 날짐승과 관련된 한자말

그는 반역죄로 효수형에 처해졌다.
정곡을 뚫는 대답이 돌아왔다.
나는 방학이 되기만을 학수고대하고 있다.
거짓을 응시하는 저 분노의 눈길을 보라.

| 나무에 목매다는 효수형(梟首刑) |

올빼미 효(梟)자를 보면 새 조(鳥)자 아래 나무 목(木)자를 받쳐 놓은 모양이다. 왜 이렇게 이상한 모양의 글자를 썼을까? 까마귀는 반포조(反哺鳥)라 한다. 부모에게 먹이를 가져다 먹이는[哺] 효성스러운 새란 뜻이다. 반대로 올빼미는 은혜를 저버리고 제 어미를 잡아먹는 불효를 상징하는 새로 알려져 왔다. 새에 대해 기록한 《금경(禽經)》이라는 책에는 "올빼미는 둥지에 있을 때 어미가 먹여 기른다. 날개가 생기면 어미의 눈알을 쪼아먹고 날아가 버린다."라고 적혀 있다. 물론 아무런 과학적 근거가 없는 말이다.

梟首刑

올빼미 효(梟)

어미를 잡아먹는 불효한 새라는 엉뚱한 속설 때문에 올빼미는 많

은 수난을 겪었다.《둔재한람(遯齋閒覽)》이라는 책에는 또 이런 이야기가 실려 있다. "올빼미는 어미를 잡아먹는 불효를 행하는 까닭에 옛 사람이 국을 끓이고, 또 나무에다 그 머리를 내걸었다. 그래서 후세 사람들이 적의 머리를 나무에 매달아 무리에게 보여 주는 것을 효수(梟首)라고 하였다." 효수(梟首)란 말은 글자 뜻대로 풀이하면 '올빼미 머리'이다. 그런데 죄수나 적의 머리를 베어 나무에 매다는 것을 가리키는 뜻으로 쓴다. 올빼미를 잡아 국을 끓인 후 머리를 나무에 매달던 일을 본뜬 것이다. 올빼미 고기는 특별히 맛이 좋은 것으로 유명하다.

서양 사람들은 올빼미나 부엉이를 지혜의 상징으로 여긴다. 만화 영화에도 올빼미는 언제나 지혜로운 스승의 모습으로 나타난다. 올빼미는 어둠 속에서도 대낮과 같이 똑똑히 사물을 볼 수 있기 때문이다. 그런데 중국과 우리 나라에서는 불효의 새일 뿐 아니라 재수 없

김윤보의 《형정도첩》

참형(斬刑)을 당하는 죄수의 목 둘레에 끈을 묶고, 목 아래에는 나무 토막을 괸 뒤, 언월도로 내리쳐서 목을 벤다. 베인 머리는 도르래로 끌어올려 매달았다. 이것이 효수(梟首)이다.

는 새로 여겨 보기만 하면 잡아 죽였다. 올빼미가 집에 와서 울면 집에 불이 난다거나, 재앙이 생긴다고 믿었기 때문이다. 깊은 어둠 속에서 반짝반짝 빛나는 올빼미의 눈에서 어둠을 틈타 나쁜 짓 할 기회를 엿보는 악인(惡人)의 모습을 떠올린 것이다. 이렇듯 같은 새를 두고도 문화의 차이에 따라 보는 방식이 달라진다.

| 정곡(正鵠)을 뚫은 명궁(名弓) |

일 처리나 대답이 핵심을 찔렀을 때 흔히 '정곡을 뚫었다'고 말한다. 정곡(正鵠)은 화살을 쏘는 과녁의 중심을 가리키는 말이다. 곡(鵠)은 고니, 즉 백조이다. 백조가 어떻게 과녁의 중심을 가리키는 말이 되었을까?

사서삼경(四書三經) 가운데 하나인 《중용(中庸)》에 이런 말이 있다. "활쏘기는 군자(君子)와 비슷한 점이 있다. 정곡(正鵠)을 잃으면 자신을 돌이켜 문제를 찾는다." 그 설명에는 삼베에 표적을 그려 놓은 것을 정(正)이라 하고, 표적에 가죽을 붙여 놓은 것을 곡(鵠)이라 한다고 하였다. 이로 보아 정(正)과 곡(鵠)은 모두 과녁의 한가운데 있는 표적을 말한다.

활을 쏠 때 자세를 바로하고 호흡을 가다듬어 시위를 당긴다. 화살이 과녁을 맞추지 못하고 엉뚱한 곳을 맞추면 화살에 문제가 있는 것이 아니라 나의 활 쏘는 자세에 문제가 있다. 군자는 이처럼 다른 곳으로 탓을 돌리지 않고, 스스로 반성(反省)하여 다시 향상하는 기회를 삼는다.

정곡(正鵠)은 원래 새의 이름이었다. 정(正)은 제견조(題肩鳥)라 불리는 몸집이 아주 작은 새로, 행동이 워낙 민첩하고 영리해서 활을 쏘아도 좀체 맞추기가 어려웠다. 또 곡(鵠), 즉 고니는 이동할 때 아

정곡(正鵠)

화살을 쏘는 과녁의
중심을 정곡이라 한다.

주 높고 멀리 날기 때문에 역시 화살을 쏘아 맞추는 것이 쉽지 않았다. 화살의 과녁 한복판은 아무리 활을 잘 쏜다 해도 정확하게 맞추기가 어려웠으므로 화살을 쏘아 잡기 힘든 두 새의 이름을 따서 정곡(正鵠)이라 하였다는 것이다.

과녁을 나타내는 한자에 적(的)이 있다. 정확하게 맞추는 것을 적중(的中)하였다고 하는데, 적중은 과녁[的]을 맞춤[中]을 뜻한다. 중(中)에는 '가운데'라는 뜻 외에 '맞다', '맞추다'의 뜻이 있다. 중독(中毒)은 독에 맞은 것이고, 중상모략(中傷謀略)은 나쁜 꾀를 써서 상대방을 겨냥하여 다치게 하는 것이다.

고니

정곡(正鵠)에서 '곡(鵠)'은 높고 멀리 날아 화살로 쏘아 맞추기 어려운 고니를 말한다.

목이 빠져라 기다리는 학수고대(鶴首苦待)

학은 긴 다리에 긴 목을 지녔다. 다리와 목만 긴 것이 아니라 타고난 수명도 길다. 그래서 예부터 선인들은 학을 장수(長壽)의 상징으로 꼽았다. 뿐만 아니라 학은 하늘나라 신선들이 그 등에 올라타 허공을 날아다닌다고 믿었다. 고구려 고분 벽화 속에도 학의 등을 타고 하늘로 올라가는 선인(仙人)의 모습을 그린 것이 있다.

鶴首苦待

고구려 오회분 5호묘 고분 벽화의 부분

신선이 학을 타고 날아가고 있다.

이재관의 〈낮잠〉

소나무 아래 학 두 마리가 졸며 서 있고, 방에는 책을 등에 고인 채 고사(高士)가 낮잠이 곤하다. 마당에서는 총각(總角) 머리를 한 아이가 화로에 차를 끓인다. 이렇게 마당에서 노니는 학의 모습은 예전 그림에서 흔히 보인다.

또 학은 천 살이 넘으면 흰 깃이 점차 푸르게 되고, 이천 살이 넘으면 검게 된다고 생각하였다. 지리산에 가면 청학동(靑鶴洞)이 있는데, 청학동은 천 살이 넘어 깃이 푸르게 변한 학이 살던 골짜기라는 뜻이다. 학은 천 살이 넘어야만 비로소 신선들의 탈 것으로 쓸 수가 있다.

학은 목이 길기 때문에 학수(鶴首)는 학처럼 목을 길게 빼고 본다는 말이다. 고대(苦待)는 말 그대로 괴롭게 기다린다는 뜻이다. 우리가 일상 생활에서 자주 쓰는 학수고대(鶴首苦待)라는 말은 무엇인가 간절히 기다리는 정황을 나타낸다. 그냥 학수(鶴首) 또는 학발(鶴髮)이라 하면 하얗게 센 머리를 뜻한다.

학은 고결한 성품을 지녔다고 해서 예전에는 선비들이 마당에서 학을 길렀다. 마당에는 닭도 놓아 기른다. 여기서 군계일학(群鷄一鶴)이란 말이 나왔다. 여러 마리 닭 가운데 서 있는 한 마리 학이란 뜻이니, 무리 중에 단연 우뚝하게 뛰어난 인재를 가리킬 때 쓰는 말이다.

응시(凝視)와 응시(鷹視)

사물을 뚫어지게 바라본다는 말에 응시(凝視)와 응시(鷹視)가 있다. 응시(凝視)는 엉겨 붙은 것처럼 한 지점을 뚫어지게 보는 것을 말한다. 응시(鷹視)는 매눈처럼 사납게 노려보는 것을 말한다. 응(鷹)은 매다. 매는 시력이 워낙 좋아 높은 하늘 위에서 땅 위

를 기어가는 생쥐의 움직임을 포착할 수 있을 정도
이다. 그래서 매의 시선에 걸려들면 꿩이든 들쥐든
간에 달아날 길이 없다.

날카로운 눈과 용맹하고 날쌘 기질 때문에 삼국
시대부터 매사냥이 성행하였다. 고구려 삼실총(三室
塚) 고분 벽화 속에도 팔뚝에 매를 얹고 꿩을 사냥하
는 말 탄 고구려 무사(武士)의 모습이 그려져 있는
것을 볼 수 있다.

매사냥이 워낙 널리 유행하다 보니, 매의 수요가
많았다. 고려 시대에는 아예 응방(鷹坊)을 두어 매를
기르고 매사냥을 제도화하였다. 우리 나라 해동청
(海東靑) 보라매는 특히 용맹하기로 천하에 이름나
서 원나라 지배기에는 고려의 매를 공물(貢物)로 바
치라는 요구가 끊이지 않았다.

매사냥은 예전부터 있었지만, 특히 성행한 것은
고려 때 몽고를 통해서였다. 그래서 매의 종류를 말
하는 보라매, 산진이, 수진이, 송골매, 익더귀, 난추
니, 방달이 같은 이름은 대부분 몽고말에서 온 것이
다. 앞서도 보았지만 사냥매의 꼬리에 다는 이름표
인 시치미와, 매 잡는 사람을 뜻하는 시파치 같은 말
도 모두 몽고말이다.

정홍래의 〈해응도(海鷹圖)〉

세찬 파도 위에서 먼 곳을 응시(鷹視)하는 매의 눈매가 날
카롭다.

3 물고기와 벌레

나도 모르는 사이에 조금씩 잠식해 들어왔다.
성난 민중들이 일제히 봉기하였다.
그가 오랜 칩거를 마치고 밖으로 나왔다.
마치 신기루를 보는 것만 같았다.

| 뽕잎을 갉아먹는 잠식(蠶食) |

蠶食

잠식(蠶食)은 누에가 뽕잎을 갉아먹는 것을 두고 하는 말이다. 잠(蠶)은 누에이다. 누에는 왕성한 식욕으로 뽕잎을 갉아먹는다. 누에가 뽕잎을 갉아먹을 때 잠실(蠶室), 즉 누에를 치는 방 밖에서 들으면 마치 비 오는 것 같은 소리가 들린다. 제법 큰 뽕잎도 누에의 왕성한 식욕 앞에서는 얼마 못 가 흔적도 없이 사라진다. 한 귀퉁이부터 먹어 들어가기 시작해서 야금야금 순식간(瞬息間)에 다 먹어치운다. 그래서 잠식이란 말은 남의 영토(領土)를 조금씩 침략해 들어오는 것을 비유하기도 한다.

뽕잎을 먹은 누에는 체내에 지방질이 충만해져서 피부가 투명해지고 윤기가 돌게 된다. 그러면 실을 토해 제 몸을 고정시키고 고개만 들고 잠을 잔다. 얼마 후에 다시 고치를 벗고 나와 또 뽕잎을 먹는다. 이렇게 다섯 번을 되풀이한 뒤에는 고치로 집을 짓고 집 속에 들어앉는다.

누에고치에서 켜낸 실은 잠사(蠶絲), 즉 명주실이다. 명주실로는 최고급의 비단을 짠다. 그래서 예전에는 집집마다 뽕나무를 길렀다.

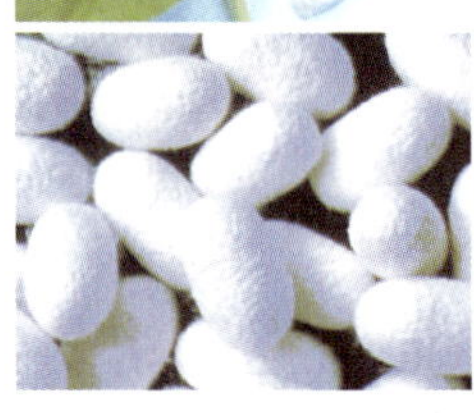
누에(위쪽)와 누에고치(아래쪽)

농상(農桑) 또는 농잠(農蠶)이라 하여 어느 집이건 밥 먹고 옷 입기 위해 농사짓고 양잠(養蠶)을 하였다.

민화 〈경직도(耕織圖)〉의 부분

누에 치는 모습이 잘 나타나 있다.

| 봉기(蜂起)와 궐기(蹶起) |

봉기(蜂起)는 벌떼처럼 일어난다는 뜻이다. 벌은 집단 생활을 한다. 여왕벌의 명령 아래 일벌들은 일사불란(一絲不亂)한 지휘 계통을 가지고 꿀을 모으고 벌집을 지킨다. 벌집은 한자로는 봉방(蜂房) 또는 봉소(蜂巢)라 한다. 소(巢)는 둥지라는 뜻이다. 여왕벌이 여기에 알을 까고 먹이와 꿀을 저장하면 이 곳에서 벌들이 생활한다. 일벌들은 가슴 부분에서 밀랍 같은 물질을 분비하여 벌집을 만든다. 벌집은 매우 복잡한 층층의 방으로 만들어져 있다.

속담에 너무 소란스러워 도대체 어찌해 볼 수가 없을 때 '벌집을 쑤신 것 같다'고 말한다. 가을에 조상의 무덤에 벌초(伐草)하러 갔다

蜂起—蹶起

백산봉기 기록화

동학 농민 혁명 때 지배 계층의 횡포와 착취에 항거하여 봉기(蜂起)한 농민들의 모습이다.

가 잘못해서 벌집을 건드리는 수가 있다. 그러면 말벌에 쏘여 응급실로 실려 가거나 심할 경우 목숨을 잃기도 한다.

벌집을 건드리면 벌집 안에 있던 벌들이 외부의 침입에서 자신들을 지키기 위해 떼를 지어 일어난다. 이것이 바로 봉기(蜂起)이다. 벌은 자신이 위험을 당하거나 벌집이 위협받는 상황이 되면 몸 안에 있는 독침으로 상대방을 찌른다. 그런데 벌은 침을 한 번 쓰면 곧 죽고 만다. 침을 쏘는 순간 내장의 일부분이 파열되기 때문이다. 한 마디로 목숨을 걸고 상대를 공격하는 것이다.

“성난 민중들이 일제히 봉기하였다.” 이런 표현을 자주 접하게 되는데, 봉기는 마치 벌떼가 일어나듯이 약하고 억눌린 사람들이 자신의 권익을 지키기 위해 일제히 일어나는 정황을 표현하는 말이다. 봉기와 비슷한 말로 궐기(蹶起)가 있다. 요즘에도 이런저런 궐기 대회(蹶起大會)가 이따금씩 열리는데, 궐기(蹶起)는 벌떡 일어난다는 뜻이다. 그러니까 궐기 대회는 참고 참다가 더 이상은 참을 수가 없어 ‘벌떡 일어나 크게 모이는 것’을 말한다.

| 칩거(蟄居)와 경칩(驚蟄) |

蟄居

칩거(蟄居)는 두문불출(杜門不出), 즉 문을 닫아걸고 틀어박혀 밖으로 나오지 않는 것을 두고 하는 말이다. '칩(蟄)'은 벌레나 개구리, 뱀 등이 땅속에 숨어 겨울잠 자는 것을 가리키는 말이다. 겨울잠을 자는 동물들은 땅속에 숨어 엎드린 채 먹지도 않고 움직이지도 않고 겨울을 난다.

그러다가 날씨가 따뜻해지면 마침내 기지개를 켜고 땅 위로 올라온다. 경칩(驚蟄)은 24절기(節氣) 중에서 우수(雨水) 다음에 있는 절기인데, 양력으로는 대개 3월 5일을 전후한 날짜이다. 이 때에는 칩거(蟄居)에 들어갔던 곤충이나 개구리 등이 따뜻해진 날씨에 놀라 잠에서 깨어나 활동을 시작한다. 그래서 놀랄 경(驚)자를 써서 경칩(驚蟄)이라고 한다.

곰이나 다람쥐 같은 동물들도 겨울잠을 잔다. 이들은 곤충이나 개구리, 뱀처럼 꼼짝도 하지 않는 것은 아니지만 가수면(假睡眠) 상태

驚蟄

경칩(驚蟄)

양력 3월 5일을 전후하여 곤충이나 개구리 등이 따뜻해진 날씨에 놀라 잠에서 깨어나는 것을 경칩(驚蟄)이라고 한다.

로 동굴 속에 들어가 겨울을 난다. 바깥 세상의 일에 관심을 끊고 마치 겨울잠을 자는 동물처럼 집 안에만 꽁꽁 틀어박혀 있는 것을 칩거(蟄居)라고 한다.

칩복(蟄伏)도 칩거와 같은 뜻이다. 복(伏)은 엎드려 꼼짝도 하지 않는 것이다. 글자 모양을 보면 개가 사람 옆에 납작 엎드린 형상이다. 칩룡(蟄龍)이라는 말도 있는데, 뛰어난 능력을 지닌 인물이 시대를 만나지 못해 자기 역량(力量)을 마음껏 펴지 못하고 묻혀 있는 상태를 뜻한다. 《삼국지(三國志)》에 나오는 제갈공명(諸葛孔明)의 별명은 와룡(臥龍) 선생이다. 와룡(臥龍), 즉 누워 있는 용도 칩룡(蟄龍)과 같은 의미로 쓴다. 지금은 가만히 엎드려 있지만 때가 되면 승천(昇天)하여 비바람을 몰고 다닐 것이라는 의미이다.

| 신기루(蜃氣樓)와 공중누각(空中樓閣) |

蜃氣樓

신기루(蜃氣樓)는 밀도가 같지 않은 공기층을 광선이 통과하면서 굴절이 일어나 먼 곳의 사물이 허공이나 지면 위에 나타나는 현상이다. 신(蜃)은 무명조개를 가리킨다. 또는 용의 일종인 이무기라고도 한다. 옛 사람들은 바다 위에 나타나는 신기루를 보고, 이것이 바다 속에 살고 있는 무명조개나 이무기가 토해 내는 기운이 뭉쳐 나타난다고 생각하였다. 그러니까 신기루(蜃氣樓)는 무명조개 또는 이무기의 기운으로 만들어진 누각(樓閣)이라는 말이다.

신기루는 바다 위에 건립된 도시란 뜻으로 해시(海市)라고도 하고, 허공에 세워진 집이라 해서 공중누각(空中樓閣)이라고도 한다. 신기루는 잠시 나타났다가 이내 사라진다. 전혀 예상치 못한 바다 위나 사막에서 멋진 집들과 나무들이 솟아나므로 신기루는 고대인(古代人)들의 상상력을 부추겼다.

空中樓閣

**마그리트의
〈피레네 산맥의 성채〉**

신기루는 공중에 떠 있어 아무
도 올라갈 수 없는 성채와 같은
허상(虛像)이다.

하지만 신기루는 실제의 모습이 아니라, 빛의 굴절이 만들어 낸 허
상(虛像)일 뿐이다. 있지도 않은 신기루를 찾아, 노력하지 않고 일확
천금(一攫千金)을 꿈꾸는 젊은이들이 있다. 신기루는 가까이 다가서
는 순간 눈앞에서 사라진다. 사막에서 길 잃고 헤매던 여행자들은 오
아시스의 신기루에 속아 제자리를 빙빙 돌다가 죽기도 한다. 공중에
세워진 누각은 아무도 올라갈 수가 없다.

동아일보 현상 공모에서 3등으로 입상한
'뽕잎으로 나타낸 한반도 모양 지도'

육당 최남선이 그린
'한반도 호랑이 지도'

한반도의 형상과 호랑이 지도

1903년 한반도의 형상을 두고 일본 지질학자 고토 분지로(小藤文次郎)는 중국을 향해 네 발을 모으고 일어선 토끼의 모양이라고 말하였다. 육당 최남선은 1908년 《소년》지 창간호에서 한반도의 형상을 호랑이로 그려 이 주장에 대항하였다.

1921년 12월 동아일보사에서는 우리 나라 지도의 윤곽 안에 세 가지 이내의 사물을 그려 채운 그림을 현상 공모한 일이 있다. 그 해 12월 말까지 전국에서 7천 장이 넘는 응모가 답지했다. 그 때 3등으로 당선된 그림이 〈근화(槿花)〉와 〈잠(蠶)〉이다. 근화는 무궁화의 한자 이름이다. 한반도 지도를 무궁화 나무 한 그루에 그리고 열세 송이 꽃으로 13도를 나타냈다. 〈잠〉은 뽕잎을 갉아먹어 들어가는 모습으로 한반도 지도를 그렸다.

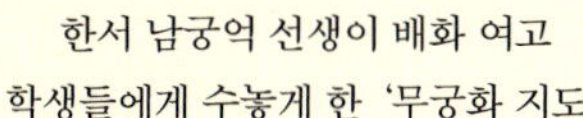

한서 남궁억 선생이 배화 여고
학생들에게 수놓게 한 '무궁화 지도'

필자가 재구성해 본, 한서 남궁억 선생의
'일본을 향해 포효하는 호랑이 지도'

　이 그림을 본 일제는 한반도를 잠식(蠶食)해 들어가는 그림이 주는 상징성에 착
안해서 보통학교 교과서에 이 그림을 싣기까지 하였다. 민족 운동가인 한서 남궁
억 선생은 이 그림을 볼 때마다 격분하곤 하였다. 선생은 여학생들에게는 무궁화
지도를 수놓게 하는 한편, 〈조선지리가〉를 작사하여 우리 나라 지도를 맹호로 그
려 노래로 부르게 하였다. 육당 최남선이 그린 호랑이 지도는 머리가 북쪽을 향하
고 있는 데 반해, 남궁억 선생의 호랑이 지도는 일본을 향해 포효하는 형상으로 그
린 것이었다.

　한반도의 형상에 어떤 의미를 부여하느냐에 따라 이렇게 다양한 모습을 찾아낼
수 있다. 오늘날 우리는 한반도의 모습에서 어떤 형상을 찾아낼 수 있을까?

4 상상 속의 동물들

나는 마치 용수철처럼 튀어올랐다.
그는 문단의 기린아로 촉망 받는 신인이다.
광화문 앞 해태상의 부릅뜬 눈!
이런 낭패가 있나!

龍鬚鐵

| 용수철(龍鬚鐵)과 역린(逆鱗) |

용은 상상 속의 동물이다. 12간지 열두 동물 가운데 유일하게 실재하지 않는 동물이다. 상상 속에서만 존재하면서도 그 어떤 동물보다도 더 친근하게 느껴지는 동물이 바로 용이다. 아무도 본 일이 없으면서도 모르는 사람이 없다. 낙타 머리에 사슴의 뿔을 달고, 토끼의 눈에 소의 귀를 가졌다. 목덜미는 뱀이고, 배는 이무기와 같다. 물고기 비늘에 호랑이의 발, 매의 발톱을 가진 동물이다.

용은 온몸이 모두 81개의 비늘로 덮여 있다. 구리 쟁반을 울리듯 우렁찬 소리를 낸다. 입 주위에는 탄력 있는 꼬불꼬불한 긴 수염이 나 있다. 턱 밑에는 신비한 능력을 갖춘 여의주(如意珠)가 있다. 이 구슬에서 무궁무진한 신통력이 나와 마음대로 조화를 부린다.

옛 사람들은 용이 물과 구름을 만들어 낸다고 믿었다. 용이 땅 속에 들어가 생물을 만들고, 생물의 기운이 하늘로 올라가 구름을 만든다고 생각하였다. 구름을 박차고 하늘로 오르는 용을 가장 신령스럽고 존귀한 이미지로 받아들였다. 용은 언제나 임금을 상징하였다. 임금이 입는 옷은 곤룡포(袞龍袍)라고 하고, 임금의 얼굴은 용안(龍

顔)이라 하였다. 임금이 타는 수레는 용어(龍馭), 임금이 앉는 의자는 용상(龍床)이라고 하였다. 〈용비어천가(龍飛御天歌)〉는 '용이 날아 하늘로 올라가는 노래'라는 뜻이다.

용의 신체 부위와 관련해 만들어진 말도 많다. 용수철(龍鬚鐵)은 용의 수염처럼 탄력 있는 쇠붙이다. 아래 그림에서 보듯 용의 수염은 꼬불꼬불하면서 강한 탄성을 지녔다. 그래서 동그랗게 말아 올라가 충격을 완충시켜 주는 철선(鐵線)을 용수철이라고 이름 붙였다.

역린(逆鱗)이라는 말도 있다. 린(鱗)은 물고기나 동물의 비늘이고, 역린(逆鱗)은 결을 거슬러 난 비늘이다. 용의 턱 아래에는 다른 비늘과 반대 방향으로 난 역린이 있다고 한다. 용은 성격이 온순해서 길들여 탈 수가 있다. 다만 실수로 이 역린을 건드리면 용은 성을 내어 그 사람을 죽인다고 한다. 역린은 신하가 잘못을 범해 임금의 노여움을 사는 것을 가리킬 때 쓰는 말이다.

영조대왕
(英祖大王, 1694~1776)

용은 임금을 상징하므로, 임금이 입는 옷은 곤룡포(袞龍袍), 임금의 얼굴은 용안(龍顔)이라 하였다.

逆鱗

용수철(龍鬚鐵)

용의 수염이 꼬불꼬불한 모양이라서 용수철(龍鬚鐵)이라는 말이 생겼다.

어변성룡(魚變成龍)과 용문점액(龍門點額)

어변성룡(魚變成龍)이라는 말은 물고기가 변하여 용이 되었다는 뜻이다. 노력 끝에 전과는 완전히 다른 훌륭한 사람이 된 것을 비유하는데, 보통은 과거에 급제해서 벼슬길에 들어선 것을 가리킨다. 이 말은 잘 알려진 등용문(登龍門)의 고사에서 나왔다.

등용문(登龍門)은 말 그대로 용문(龍門)을 오른다는 뜻이다. 용문은 황하(黃河) 상류에 있는 협곡 이름이다. 이곳은 여울이 매우 세차고 빨라 웬만큼 큰 물고기도 여간해서는 상류로 거슬러 오르지 못한다. 하지만 일단 이곳을 오르기만 하면 용으로 변해 하늘로 날아올라간다는 전설이 있다. 그래서 등용문은 힘겨운 난관을 뚫고 과거에 급제하여 벼슬길에 오르는 것을 비유하는 말로 쓴다.

용문을 오르기만 하면 이전의 물고기는 용으로 변하여 하늘로 솟구쳐 날아오르지만, 오르지 못한 물고기는 점액(點額), 즉 이마[額]에 점이 찍힌다. 무슨 말인고 하니, 용문을 솟아오르려다가 떨어질 때 바위에 이마를 부딪쳐 큰 상처를 입고 하류로 떠내려가는 것을 말한다. 점액은 과거에 낙방한 것을 빗대어 하는 말이다.

같은 노력을 하였는데 하나는 용문을 올라 용이 되고, 하나는 바위에 부딪쳐 상처를 입고 하류로 떠내려간다. 과거에 급제한 사람과 낙방한 사람의 차이는 그리 크지 않지만, 그 결과는 하늘과 땅 차이만큼이나 다르다. 한 사람은 하류의 더러운 물에서 놀고, 한 사람은 상류의 맑고 깊은 물에서 놀게 된다.

잉어 조각상

창덕궁 후원에 있는 부용지 일대는 조선 시대에 과거 시험을 치던 곳이다. 석축에 돌을 새김으로 조각한 잉어는 과거 합격을 축원하는 어변성룡(魚變成龍)의 고사를 상징한다.

어변성룡(魚變成龍)을 표현한 민화

▌촉망 받는 기린아(麒麟兒) ▌

麒麟兒

　　기린(麒麟) 하면 누구나 동물원에서 흔히 보는 목이 긴 동물을 떠올린다. 하지만 원래 기린은 긴 목과는 전혀 상관없는, 고대 중국인들이 상상해 낸 상서(祥瑞)로운 동물이다. 성군(聖君)이 이 세상에 나올 전조(前兆)로 나타난다고 한다. 수컷을 기(麒), 암컷은 린(麟)이라 하여 암수 한 쌍을 합쳐 기린이라 하였다. 기린은 성품이 어질고 의로운 짐승이다. 태생(胎生)도 난생(卵生)도 아닌 신비한 동물로, 걸음걸이가 법도에 어긋남이 없고, 살아 있는 벌레조차 밟지 않는다. 걸을 때도 풀을 밟아 꺾는 법이 없다. 의롭지 않은 것은 입에 대지도 않고, 더러운 물은 마시지 않는다. 함정이나 그물이 있는 데는 가지 않는다.

　　기린의 생김새를 두고는 여러 가지 주장이 있다. 실제 그려진 모습도 제각기 다르다. 기린의 신체적 특징을 보면 이마에 살로 된 외뿔이 솟았으며 용의 머리에, 몸에는 비늘이 나 있다. 사슴의 몸뚱이에 사자의 꼬리, 말의 발굽을 지녔다. 태평한 시대에 거룩한 임금이 백성을 사랑으로 다스리면 이 기린이 나타난다고 하였다.

　　기린아(麒麟兒)는 재주와 능력이 무리 중에 탁월한 젊은이를 일컫는 말이다. 기린같이 상서롭고 세상에 기쁨을 가져다 줄 인재(人材)라는 뜻이다. 공자(孔子)가 태어날 적에 기린이 옥서(玉書)를 토하여 공자가 비범한 자질을 타고난 아이임을 암시하였다는 전설 때문에 이 말이 생겨났다. 즉, 기린아는 기린이 탄생을 알린 비범한 아이라는 뜻이다.

　　기린각(麒麟閣)은 한나라 때 대궐에 있던 누각 이름이다. 여기에는 한나라에 큰 공을 세운 위대한 공신(功臣)들의 얼굴을 그림으로 그려 걸어 두고 국가를 위해 세운 그들의 공덕(功德)을 기렸다. 그래서 후대에 기린각은 우뚝한 공적 또는 최고의 영예를 가리키는 의미로 쓰이게 되었다.

기린(麒麟)

기린은 상상의 동물이라서 그려진 모습이 여러 가지이다.

암수가 합쳐 이름이 된 동물들

유계고의 〈하화원앙(荷花鴛鴦)〉

부부 금슬이 좋은 원앙의 모습이 그려져 있다.

새 중에도 기린처럼 암수의 이름을 합쳐 만든 이름이 있다. 원앙(鴛鴦)은 부부의 금슬이 좋은 새로 유명하다. 수컷은 '원(鴛)' 하고 울고, 암컷은 '앙(鴦)' 하고 울어, 원앙이라는 이름을 갖게 되었다. 옛 사람들은 원앙의 암컷과 수컷은 한번 짝을 맺으면 절대로 떨어지지 않고, 한 마리를 사람들이 잡아가면 남은 한 마리는 제 짝을 그리다가 죽고 만다고 생각하였다. 그래서 원앙을 필조(匹鳥), 즉 배필새라고 하였다.

상상 속의 새인 봉황(鳳凰)은 백조(百鳥)의 왕으로 일컬어지는데, 수컷이 봉(鳳)이고, 암컷은 황(凰)이다. 깃털이 5색을 갖추었고, 소리는 피리 소리와 같다고 하였다.

봉황(鳳凰)

상상의 새 봉황(鳳凰)은 수컷이 봉(鳳)이고 암컷이 황(凰)이다.

| 퉁방울 같은 눈을 지닌 해태(獬豸) |

해태(獬豸) 또한 상상 속의 동물이다. 몸뚱이는 사자와 비슷한데 머리 가운데 뿔이 하나 나 있는 일각수(一角獸)이다. 해채(獬豸)로 읽어야 맞지만 관습적으로 '해태'로 읽는다. 해태는 옳고 그름을 능히 판단할 줄 아는 능력을 지닌 신통한 동물이다. 사람이 서로 싸우고 있으면 뿔로 나쁜 사람을 받아 버리고, 논쟁을 벌일 때도 잘못된 사람을 물어뜯는다고 하였다. 임금이 형벌을 바르게 다스리면, 해태가 조정에 나타나 나쁜 사람을 받아 버린다는 말도 있다. 해태는 말하자면 정의(正義)의 수호자인 셈이다.

고대에 법관들은 해태의 머리 모양을 본떠 뿔 모양을 만들어 붙인 해채관(獬豸冠)을 썼다. 해태처럼 시비(是非)와 선악(善惡)을 올바르게 판단해서, 착한 사람은 상 주고 나쁜 사람은 벌주는 권선징악(勸善懲惡)의 바른 법도를 세워 달라는 당부였던 셈이다.

해채관(獬豸冠)

해태의 뿔 모양을 만들어 붙인 관

광화문 앞의 해태상

정의를 수호하고 형벌을 바르게 다스리겠다는 의지의 표현이다.

獬豸

경복궁 영제교 좌우에 있는
웅크린 해태상

서울 광화문(光化門) 양 옆에는 커다란 해태상이 서 있다. 정의를 수호하고 형벌을 바르게 다스리겠다는 굳은 의지를 표현한 것이다. 경복궁 근정전 앞뜰에 있는 영제교 양편 석축 위에도 웅크린 해태상이 넷 있다. 대궐을 들어서는 사람 중에 바르지 못한 사람, 나쁜 사람은 해태상의 부릅뜬 두 눈과 우뚝 솟은 뿔 앞에 저절로 위축되어 바른 마음을 가지게 되리라는 바람을 담았다.

│ 낭패(狼狽)와 낭자(狼藉) │

狼狽

"이것 참 낭패(狼狽)로군."

"저걸 어째! 유혈(流血)이 낭자(狼藉)하군."

'낭패'와 '낭자'라는 말에는 모두 '낭(狼)'자가 들어간다. 낭(狼)은 '이리'이니, 개과에 속하는 산짐승이다. 늑대보다는 조금 크고 귀가 쫑긋하며, 성질이 사나워 사람과 가축을 해치는 포악한 짐승이다.

　사전을 보면 낭패(狼狽)는 '일이 실패로 돌아가 매우 딱하게 됨'이라고 풀이되어 있다. 낭(狼)은 이리이고, 패(狽)도 이리의 한 종류이다. 낭(狼)은 앞발이 길고 뒷발은 짧은데, 패(狽)는 앞발이 짧고 뒷발이 길다. 따라서 낭(狼)은 패(狽) 없이는 서지 못하고, 패는 낭 없이는 가지 못한다. 물론 낭과 패는 실제가 아닌 상상 속의 동물이다. 둘은 항상 같이 다녀야 제구실을 할 수 있었다. 한편 낭은 꾀는 부족하지만 용맹하고, 패는 꾀는 많지만 겁쟁이이다. 둘이 호흡이 잘 맞으면 문제 없지만, 서로 떨어지기라도 하는 날에는 아무 일도 할 수 없다. 그래서 낭패는 계획한 일이 실패로 돌아가거나 일이 어렵게 된 것을 가리키는 말이 되었다.

　낭자(狼藉)의 '자(藉)'는 풀을 엮어 짠 깔개 또는 자리라는 뜻이다. 낭자는 그러니까 '이리의 잠자리'라는 뜻이다. 이리는 깔고 자는 풀로 장난치는 것을 좋아해서 그 잠자는 굴을 들여다보면 온통 뒤죽박죽 지저분하기 짝이 없다. 그래서 낭자는 어지러이 흩어진 모양을 가리키는 말로 쓴다.

《산해경》에 그려져 있는 '교(狡)'

《산해경》에서는 교(狡)가 들판에서 소리쳐 울면
오곡이 풍성하게 익어 풍년이 든다고 적혀 있다.

그 밖의 흥미로운 상상 속 동물들

교활(狡猾)과 유예(猶豫) 역시 상상 속의 동물이다. 교활하다는 말은 속임수를 잘 써서 믿을 수 없다는 뜻이다. 교(狡)는 모습은 개와 같고 몸에는 표범 무늬가 있으며, 소처럼 뿔이 나 있는 짐승으로, 개 짖는 소리를 낸다. 활(猾)은 뼈가 없는 동물이다. 호랑이 앞에서 얼쩡거리면 호랑이가 먹이인 줄 알고 냉큼 삼킨다. 하지만 뼈가 없으므로 활(猾)을 삼킨 범은 씹을 수가 없다. 활은 호랑이 뱃속에 들어앉아 안에서부터 호랑이를 파먹어 들어간다. 이 얼마나 교활한가?

또한, 무슨 일을 결정하지 못해 망설이거나 시일을 미루는 것을 유예(猶豫)라고 한다. 유(猶)와 예(豫)도 모두 전설 속의 동물들이다. 유(猶)는 원숭이, 예(豫)는 코끼리의 일종으로 알려져 있다. 두 짐승 다 의심도 많고 겁도 많아 주위에서 작은 소리만 나도 깜짝 놀라 나무 위로 기어 올라가거나, 우물쭈물 앞으로 나아가지 못한다. 소리가 더 이상 들리지 않아도 의심이 많아서 차마 내려오지 못하고 매달려 있거나, 내려왔다가 다시 얼른 올라가기를 반복한다. 그래서 유예는 무엇인가 결단을 내려야 할 때 머뭇거리는 것을 가리키는 말로 쓴다.

법률 용어로 쓰는 집행유예(執行猶豫)라는 말은 잘못을 저질러 형을 집행해야겠는데, 형의 집행을 잠시 연기해서 지켜보는 것을 뜻한다. 다시 말해, 죄인을 감옥에 보내지 않고, 사회 생활을 하면서 자신의 잘못을 반성할 기회를 주는 것이다.

이런 이야기 중에는 후대 사람이 글자에 맞추어 억지로 만든 견강부회(牽强附會)의 내용이 많다. 하지만 이런 이야기 속에서 옛 사람들의 상상력을 들여다보는 것도 흥미롭다.

동물이 등장하는 四字成語
사 자 성 어

수렵 전의 토끼

경북 경주 영묘사지 출토. 7세기. 신라 시대

兔死狗烹
토 사 구 팽

토끼를 잡고 나면 사냥개를 삶는다는 뜻이다. 사냥개는 토끼 사냥을 위해 기른다. 산에 토끼가 다 없어지면 사냥개는 더 이상 기를 이유가 없으므로 삶아 먹는다. 즉, 쓸모가 있을 적에는 요긴하게 쓰다가 목적을 다 이루고 나면 헌신짝처럼 버린다는 말이다. 초나라 항우(項羽)를 멸한 한(漢)나라 유방이 전쟁에 큰 공을 세운 한신(韓信)을 제거하려 하자 한신이 한 말이다.

狐假虎威
호 가 호 위

여우가 호랑이의 위세를 빌린다는 뜻이다. 남의 권세에 빌붙어 거들먹거리는 태도를 비웃는 말이다. 여우가 호랑이에게 잡히자, 먹히지 않으려고 자신은 하늘의 사자(使者)이니, 다른 짐승의 행동을 보면 알 것이라고 하였다. 호랑이가 여우를 앞세우고 따라가 보자 과연 다른 동물들이 호랑이를 보고 다 달아났다. 그러나 어리석은 호랑이는 다른 동물들이 여우를 보고 달아나는 줄 알고 겁을 먹고 여우를 놓아 주었다.

龍虎相搏
용 호 상 박

용과 호랑이가 서로 치고 받는다는 뜻이다. 용과 호랑이가 싸우면 누가 이길까? 용은 하늘의 왕이고 호랑이는 땅 위의 왕이다. 강자(强者)와 강자의 싸움이니 누가 이길지는 아무도 장담할 수 없다. 그래서 실력이 엇비슷한 맞수의 대결을 두고 용호상박이라 한다.

나비와 고양이 그림에 숨은 뜻

아래 그림은 김홍도(金弘道)의 〈나비를 희롱하는 고양이〉이다. 노란 고양이가 꽃을 향해 가다가 날아드는 검은 호랑나비를 보며 장난스런 표정을 짓는다. 고양이의 가는 눈동자와 고개 돌린 몸짓이 살아 있다. 고양이 앞쪽에는 바위가 있고 두 종류의 꽃이 피었다. 위쪽 바위 사이에 핀 것은 패랭이꽃이다. 화면 아래쪽에는 제비꽃이 고개를 숙인 채 피어 있다.

이 그림에는 무슨 뜻이 담겨 있을까? 옛 그림 속에 등장하는 사물들은 모두 특별한 의미를 담고 있다. 그림의 의미는 사물의 한자 이름과 관련되는 경우가 많다. 따라서 한자의 원리를 가지고 읽어 보면 그림

김홍도(金弘道)의
〈나비를 희롱하는 고양이〉

속에 담긴 의미를 명확히 알 수 있다.

그림 속에는 고양이, 나비, 패랭이꽃, 바위, 제비꽃이 등장한다. 고양이는 한자로 묘(猫)라 쓴다. 중국 발음은 '마오[mao]'이다. 그런데 70세 먹은 노인을 나타내는 모(耄)자의 발음도 이와 같다. 그래서 옛 그림 속 고양이는 70세 노인을 나타낸다. 나비는 한자로 접(蝶)자를 쓰고, '디에[die]'로 읽는다. 그런데 80세 노인을 뜻하는 질(耋)자의 중국 음이 또한 '디에'여서 그림 속의 나비는 80세 노인을 의미한다. 그러니까 고양이와 나비는 70세, 80세 노인을 뜻한다.

패랭이꽃은 한자로는 석죽화(石竹花)로 부른다. 그 옆의 바위도 한자로는 석(石)이다. 바위는 세월이 흘러도 변치 않기 때문에 대부분 오래 살라는 장수(長壽)를 상징한다. 또 대나무 죽(竹)자는 중국 음으로 '주[zhu]'로 읽는데, 축하한다는 뜻을 지닌 축(祝)자와 소리가 같다. 그러니까 패랭이꽃과 바위는 오래오래 건강하게 사시라는 축수(祝壽)의 뜻을 갖는다.

맨 아래 제비꽃은 꽃대를 가만히 살펴보면 낚시 바늘처럼 휘어져 있다. 중국 사람들이 효자손처럼 가려운 곳을 긁을 때 쓰는 여의(如意)라고 부르는 물건과 생김새가 꼭 같다. 그래서 이 꽃을 한자로 여의초(如意草)라고 불렀다. 여의란 말은 글자 그대로 '뜻과 같이'라는 의미이다. 그러니까 제비꽃은 모든 일이 뜻대로 다 이루어지기를 바란다는 뜻이 된다.

이것을 한자리에 모아 한 문장으로 만들면 이렇다.

"할아버지, 할머니! 70세, 80세까지 마음먹은 일 다 이루시고 건강하게 오래오래 사세요."

아마도 노부부의 건강과 장수를 축복하기 위해 그린 그림인 듯하다.

패랭이 꽃[석죽화(石竹花)]

장수(長壽)를 상징하는 꽃이다.

제비꽃[여의초(如意草)]

모든 일이 뜻대로 이루어지기를 바란다는 뜻을 담고 있다.

여의(如意)

가려운 곳을 긁는 데 쓰는 장신구의 일종이다.

1. 풀과 관련된 한자말

2. 나무와 관련된 한자말

3. 채소와 관련된 한자말

4. 곡식과 관련된 한자말

三 식물과 한자

언 땅이 녹으면 봄이 온다. 땅 속 깊이 숨었던 새싹이 돋고, 새 움이 튼다. 대지는 기지개를 켜고, 풀꽃과 나무들은 하루가 다르게 모습이 달라진다. 마당에는 화단이 있고 채마밭이 있으며, 들판으로 나서면 논밭에서 온갖 농작물들이 무럭무럭 자란다. 산과 들에는 풀, 나무들이 계절 따라 꽃 피우고 열매 맺는다. 사람들은 자연이 주는 이 풍성한 먹거리들을 먹고 푸르게 살아간다. 지금은 그렇지 않지만 우리의 일상은 대부분 푸른 식물에 둘러싸여 있었다. 그러니 이들과 관련되어 만들어진 한자말은 또 얼마나 많을까? 이번에는 풀과 나무, 꽃과 열매, 그리고 채소와 연관된 한자말을 알아본다.

1 풀과 관련된 한자말

어차피 부평 같은 인생이 아니던가.

불신이 만연한 이 사회에 믿음의 불씨를 지펴 보자.

그는 나라를 위해 자신의 목숨을 초개와 같이 버렸다.

그는 머리를 빗지 않아 늘 봉두난발이다.

浮萍草

개구리밥

| 물 위로 떠다니는 부평초(浮萍草) |

'부평초(浮萍草) 같은 인생'은 한곳에 뿌리내리지 못하고 바람 따라 발길 따라 이리저리 떠도는 인생을 말한다. 부평초는 우리말로는 개구리밥이라 한다. 논이나 연못에 가면 지금도 흔히 볼 수 있는 풀로, 물 위에 떠 있는 것이 잎처럼 보이지만 사실은 줄기와 잎의 구실을 다 한다. 뿌리는 착근(着根)하지 못한 채 물 위로 떠다닌다. 줄여서 부평(浮萍) 또는 부초(浮草)라고 한다.

백빈(白蘋)도 개구리밥이라고 부른다. 원래 부평과 백빈은 같지 않지만, 옛 사람들은 따로 구분하지 않았다. 잎이 큰 것을 빈(蘋)이라 하고, 작은 것은 부평(浮萍)이라 하였다. 백빈은 잎사귀가 네 잎 클로버처럼 밭 전(田)자 모양으로 생겨 전자초(田字草)라고도 한다. 하지만 백빈은 물 속 진흙층 속에 뿌리를 내려 고정되어 있어 부평처럼 떠다니지 않는다.

사람이 성장하면 품은 뜻을 펴고자, 나고 자란 고향을 떠나 타관 땅을 떠돌게 마련이다. 하지만 세상일은 뜻대로 되는 법이 없다. 결국 한곳에 정착하지 못하고 이리저리 떠돌며 고향을 그릴 뿐이다.

하고 싶은 일은 하지 못하고, 가고 싶은 곳은 갈 수가 없다. 언제 어디서 무슨 일이 일어날지 알 수 없어 늘 불안해 전전긍긍(戰戰兢兢)하며 살아간다. 이러한 우리네 삶은 부평초(浮萍草)와 너무도 닮았다. 평종(萍蹤) 또는 평적(萍迹)은 부평초처럼 사방을 이리저리 떠돌아다니며 일정한 거처가 없는 생활을 가리키는 말이다.

만연(蔓延)과 면면(綿綿)

만연(蔓延)은 널리 뻗어서 퍼지는 모양이다. 만(蔓)은 위로 오르지 못하고 땅으로 뻗어 가는 덩굴풀을 가리키고, 연(延)은 연명(延命)이나 연장(延長) 같은 말에서 보듯 길게 늘인다는 뜻이다. 그러니까 만연은 덩굴이 뻗어 퍼지듯 널리 퍼진 모양을 말한다. 전염병이 널리 번지면 전염병이 만연하였다고 하고, 불신이 사회에 가득하면 불신이 만연하다고 한다.

만연(蔓延)을 만연(蔓衍)이라고도 쓴다. 연(衍)은 흘러넘친다는 뜻이니, 만연(蔓衍)이라 하면 덩굴져 뻗어 나간 것이 너무 지나친 것을 말한다. 문장에는 만연체(蔓衍體)가 있고 간결체(簡潔體)가 있다. 만연체는 말이 쓸데없이 길게 늘어져 군더더기가 많은 문체로, 간결하게 할 말만 하는 간결체에 비해 설명이 되풀이되고 수식이 많다. 글은 늘 간결한 것이 좋지만, 때로는 글에 따라 만연체로 써야 효과적인 경우도 있다. 만사(蔓辭)는 읽어도 무슨 소리인지 알 수 없는 번잡한 글을 깎아내려서 하는 말이다.

만연과 비슷한 말에 면면(綿綿)이 있다. 이 말은 끊이지 않고 이어지는 모양을 가리킨다. '면면히 이어져 온 우리 역사'는 끊어질 듯하면서도 끊어지지 않고 이어져 왔다는 뜻이다. 면(綿)은 솜인데, 면화 솜을 타서 실을 뽑는 장면을 보면 말 그대로 면면히 끊어지지 않고

蔓延

쓸데없이 길게 늘어져 군더더기가 많은 문체를 만연체(蔓衍體)라고 한다.

綿綿

김홍도의 〈자리짜기〉 부분

고치에서 나온 실이 면면히 끊어지지 않고 길게 이어져 나오는 모습이 나타나 있다.

실이 길게 이어진다. 만연(蔓延)은 썩 좋지 않은 것이 걷잡을 수 없이 여기저기 뻗은 상태를 말하는 데 반해, 면면(綿綿)은 끊길 듯 이어져 온 것을 긍정적으로 말할 때 쓴다.

| 초개(草芥) 같은 목숨 |

草芥

초개(草芥)는 하잘것 없다는 말로 쓴다. 초(草)는 풀이고, 개(芥)는 티끌 또는 먼지를 말한다. 초개(草芥)를 합쳐 검불이나 지푸라기로 보기도 한다. 바람에 날리는 마른 풀이나 흙먼지는 아무도 거들떠보지 않는 천한 물건이다. 목숨을 초개와 같이 버렸다고 하면, 가볍게 버렸다는 뜻이 된다. 한 걸음 더 나아가 초개(草芥)라는 말 속에는 살육(殺戮)의 의미도 들어 있다. 초개와 같이 함부로 대우한다는 뜻에서 백성을 마구 죽인다는 의미로 쓰기도 하였다.

개(芥)는 원래 겨자란 뜻이다. 겨자씨는 톡 쏘는 매운 맛이 있어 양

넘으로 썼다. 하지만 그 씨가 하도 작아서 '미소(微小)하다', '하찮다'는 의미가 생겨 나왔다. 《천자문(千字文)》에 '채중개강(菜重芥薑)'이라는 말이 있는데, 채소 중에는 겨자와 생강을 중하게 여긴다는 뜻이다. 겨자는 위장을 따뜻하게 해 주고, 기운을 원활하게 소통시켜 주는 효능이 있다. 불교에서는 겨자씨 안에 수미산(須彌山)*이 들어간다고 하여, 작은 마음 안에 우주와도 같은 큰 깨달음을 깃들인 것을 말하기도 한다. 《성경》에서도 겨자씨 한 알이 땅에 떨어져 큰 나무가 되어 새들이 깃들인다고 하였다.

▌봉두난발(蓬頭亂髮)과 쑥대밭 ▌

봉(蓬)은 쑥이다. 쑥은 봄에 돋아나, 이름 그대로 '쑥쑥' 자란다. 갓 나온 쑥의 새싹은 향기롭고 피를 잘 돌게 하여 식용(食用)으로 많이 쓰인다. 쑥은 척박한 땅에서도 잘 자란다. 땅 속의 뿌리 줄기가 옆으로 퍼져 나가면서 새싹을 틔우므로 무리지어 자란다.

가을이 되면 풀덤불이 둥글게 공처럼 뭉쳐져 이리저리 바람 따라 굴러다니는 것을 볼 수 있다. 뿌리가 약한 쑥이 가을에 키만 너무 커져 바람이 불면 뿌리째 뽑혀 굴러다니는 것이다. 이렇게 흔들려서 안정되지 못함을 비유하여 비봉(飛蓬)이라고 한다.

쑥쑥 자란 쑥의 대궁, 즉 줄기는 쑥대궁이, 또는 줄여서 쑥대라고 한다. 쑥은 생명력이 워낙 강해서 밭을 그저 묵혀 두면 온통 쑥대로 가득 차 말 그대로 쑥밭 또는 쑥대밭이 된다. 쑥대밭이 되었다는 말은 폐허로 변하였다는 뜻이다. 사람의 손길이 오래 닿지 않으면 마당에도 쑥대가 허리춤까지 자란다.

봉두(蓬頭)는 글자 그대로 쑥대머리이다. 빗지 않아 헝클어진 머리를 어지러이 무성한 쑥의 잎 모양에 견주어 형용한 것이다. 봉두난발

수미산(須彌山)
고대 인도의 우주관에서 세계의 중심에 높이 솟아 있다는 상상 속의 산이다.

蓬頭亂髮

봉두난발(蓬頭亂髮)

오랫동안 빗지 않아 쑥대처럼 헝클어진 머리를 말한다.

(蓬頭亂髮)은 쑥대처럼 뒤죽박죽 헝클어진 머리를 가리킨다. 예전에는 머리를 빗은 뒤 상투를 쫓아 머리를 틀어 올렸다. 그런데 오랫동안 빗질하지 않으면 머리털이 삐죽삐죽 솟아나와 지저분하기 짝이 없었다. 그 모양이 가을에 웃자란 잎이 어지러이 뒤엉킨 쑥대 같았으므로 이런 표현이 생겨났다.

苗(묘)―싹, 모종

밭[田]에서 싹이 솟아나는 모습을 나타냈다.

若(약)―같다, 만일

손으로 새싹을 뽑는 모습에서 어리다는 뜻을 지녔다. 새싹의 모습이 서로 엇비슷하므로 '같다'는 뜻이 나왔다.

草(초)―풀

이를 조(早)가 음의 역할을 한다. 이른 봄 가장 일찍 돋아나는 것을 의미한다.

풀 초(艸)를 부수로 하는 한자

莫(막)―없다, 저물다

원래는 해가 풀숲으로 지는 모습을 나타냈다. 막(莫)이 없다는 뜻으로 쓰이게 되자 일(日)을 덧붙여 저물 모(暮)자를 만들었다.

葉(엽)―잎

얇을 엽(枼)이 음의 역할을 한다. 나무에 달린 얇은 것이라는 의미이다.

蓋(개)―덮다

뚜껑 있는 그릇을 풀로 덮고 있는 모습이다.

華(화)―빛나다, 화려하다

나뭇가지에 꽃이 무성하게 핀 모습에서 화려하다는 뜻이 나왔다.

蒼(창)―푸르다, 무성하다

창고[倉] 위에 풀더미[艸]를 쌓은 모습에서 푸르다는 뜻이 나왔다.

藥(약)―약, 치료하다

사람을 즐겁게[樂] 해 주는 풀[艸]이라는 뜻이다.

2 나무와 관련된 한자말

계층 간의 갈등이 점점 깊어지고 있다.
그들은 파죽지세로 상대방을 공격하였다.
그는 목표를 이루려고 형극의 고통도 견뎌 냈다.
상전벽해라더니 참 변화가 무상하네그려.

┃깊어지는 갈등(葛藤)의 골┃

葛藤

갈등(葛藤)은 칡덩굴과 등나무 덩굴처럼 일이 엉망으로 뒤엉켜서 풀기 어려운 상태를 가리켜 쓰는 말이다. 칡은 덩굴지면서 다른 나무를 감아 올라간다. 다른 나무의 가지를 감고 올라간 덩굴줄기를 보면 정말이지 너무 복잡하게 뒤엉켜 있어서 풀래야 풀 수가 없다. 덩굴줄기는 10m가 넘게 뻗어 나가 다른 식물을 타고 올라 완전히 덮어 버린다. 등나무도 칡과 마찬가지로 장미목 콩과에 속한 식물이다. 줄기를 길게 뻗어 가지를 치면서 다른 물체를 타고 감아 올라가는데 줄기가 비비 꼬여서 엉키게 된다.

칡이나 등나무 덩굴이 한번 뒤엉키면 어찌 해 볼 수가 없다. 고부간(姑婦間)의 갈등, 즉 시어머니와 며느리 간의 갈등이나, 나이 든 세대와 젊은 세대 사이의 세대 간(世代間) 갈등, 잘사는 사람과 못사는 사람 사이의 계층 간(階層間) 갈등처럼 우리 사회에는 복잡하게 얽혀 있어 어디서부터 풀어야 할지 실마리를 찾지 못하는 문제들이 많다.

칡의 줄기에서는 질긴 섬유질을 뽑을 수 있다. 칡에서 뽑은 실로 짠 옷감이 갈포(葛布)이고, 이 옷감으로 만든 옷은 갈의(葛衣)다. 칡

葛藤

청나라 오창석의 〈등만(藤蔓)〉

등나무가 바위를 칭칭 감고 있다.

의 가는 줄기는 엮어서 삼태기나 광주리를 만들기도 한다. 칡뿌리는 갈근(葛根)이라 하는데, 땅 속 깊이 덩굴져서 길게 뻗어 간다. 칡뿌리는 소화를 돕고 감기를 낫게 하며, 갈증을 해소시켜 준다. 칡뿌리를 달인 갈근탕(葛根湯)은 감기약으로 쓰인다.

해묵은 갈등(葛藤)을 해소하려면 어려움이 적지 않다. 갈근(葛根)이 갈증(渴症)을 해소해 주듯이 우리 사회의 뿌리 깊은 갈등도 말끔히 해결되었으면 좋겠다.

| 파죽지세(破竹之勢)와 우후죽순(雨後竹筍) |

죽귀유절(竹貴有節)이라는 말이 있다. 대나무가 절개 있는 것을 귀하게 여긴다는 뜻이다. 절(節)은 마디를 가리킨다. 대나무는 마디 하나를 뻗을 때마다 수많은 잔가지를 내민다. 그 중 가장 중심에 놓인 하나만 선택되고, 나머지 곁가지는 그저 붙어 있다가 슾아지고 만다. 속이 텅 빈 대나무가 매운 바람에도 꺾이지 않는 것은 바로 이 마디의 힘 때문이다.

죽간(竹簡)을 만들거나 부채살을 만들 때, 칼을 대고 위에서 내리치면 대나무는 그대로 아래까지 길게 쪼개진다. 이것이 파죽지세(破竹之勢)이니, 말 그대로 대나무를 쪼개는 기세(氣勢)라는 뜻이다. 이는 손써 볼 겨를도 없이 순식간에 이루어진 맹렬한 기세를 가리키는 말이다.

대나무가 처음 땅 위로 올라오는 새순을 죽순(竹筍)이라고 한다. 봄날 비가 오고 나면 대나무 숲 여기저기서 죽순이 땅을 뚫고 올라오는데 그 성장의 기세가 어찌나 맹렬한지 하룻밤만 자고 나면 십 센티미터도 넘게 자란다. 그래서 어떤 일이 한꺼번에 여기저기서 왕성하게 일어나는 것을 비유하여 우후죽순(雨後竹筍)이라고 한다.

雨後竹筍

우후죽순

비 온 뒤 대나무 새순이 쑥쑥 돋아난다.

| 형극(荊棘)의 고통 |

안중근(安重根) 의사가 쓴 붓글씨 가운데 "일일부독서(一日不讀書), 구중생형극(口中生荊棘)"이라는 글귀가 있다. '하루라도 책을 읽지 않으면 입 속에 가시가 돋는다'는 말이다. 예전의 독서는 가락을 얹어 크게 소리내어 읽었다. 그래서 하루라도 책을 읽지 않으면 입이 굳어 어근버근해져서 마치 입 속에 가시가 돋은 것처럼 소리가 유창하게 나지 않는다는 뜻이다. 여순(旅順) 감옥에서 사형을 앞두고도 의연하게 이런 글씨를 쓴 것을 보면 안중근 의사의 고결한 정신이 새삼 뜨겁게 느껴진다.

'형극(荊棘)'은 원래 가시나무를 뜻한다. 산길을 가다가 가시나무 숲을 만나면 나아갈 수가 없다. 가시가 살을 찌르기 때문이다. 그래서 형극(荊棘)이란 말은 흔히 고난 또는 고통이란 뜻으로 쓴다. 인생은 가시밭길의 연속이라고 말할 때, 가시밭길은 형극(荊棘)에 둘러싸인 길이요, 고난의 길이라는 뜻이다. 또한, 형극은 많은 가시로 사람을 찌르므로 임금에게 아첨하여 남을 헐뜯는 소인(小人)의 비유로 쓰이기도 한다.

荊棘

안중근 의사의 글씨

桑田碧海─扶桑

| 상전벽해(桑田碧海)와 부상(扶桑) |

상(桑)은 뽕나무이고, 상전(桑田)은 뽕나무밭이다. 명주실을 뽑아내는 누에는 뽕잎을 먹고 자란다. '상(桑)'자의 생김새를 보면 나무목(木)에 손을 나타내는 우(又)가 여러 개 얹혀 있다. 뽕나무는 손이 많이 간다. 누에가 밤낮으로 뽕잎을 먹어 치우므로 쉴새없이 뽕잎을 따서 누에에게 먹여야 하기 때문이다. 상(桑)은 이런 사정을 잘 보여 주는 글자이다.

상전벽해(桑田碧海)는 뽕나무밭이 푸른 바다가 되었다는 말이다. 뽕나무밭이 변하여 푸른 바다가 되려면 도대체 얼마나 긴 세월이 필요할까? 아마 살아서 이런 변화를 지켜볼 수 있는 사람은 없을 것이다. 그래서 상전벽해라는 말은 도무지 상상조차 할 수 없는 변화를 가리킬 때 쓴다.

세상의 변화는 참으로 빠르고 덧없어서 영원히 변하지 않으리라고 생각하던 것이 잠깐 사이에 흔적도 없이 사라지고 만다. 어제까지 분명히 뽕밭이었는데, 어느 순간 정신을 차려 보니 바다로 변해 있더라는 것이 바로 상전벽해(桑田碧海)이다.

부상(扶桑)이라는 말도 있다. 중국 고대의 신화를 기록한 《산해경(山海經)》˙을 보면, 동쪽 바다 해가 뜨는 곳에 신령스런 나무가 있는데, 그 이름이 부상(扶桑)이라고 하였다. 이 나무는 높이가 무려 3백 리나 되고, 둘레는 자그마치 2백 아름이 넘는다는, 상상 속의 신성한 나무이다. 〈심청전(沈淸傳)〉에는 심청이가 남경 상인에게 끌려가기 전날 밤에 "내일 아침 돋는 해를 부상(扶桑)에 매었으면 하늘 같은 우리 부친 더 한 번 보련마는" 이라고 말하는 대목이 있다. 옛 사람들은 부상 나무가 햇님을 잡아 두었다가 아침이 되면 놓아 주는데, 해가 부상에서 풀려나면 천지가 환하게 동터 온다고 믿었던 것이다. 그래서 부상(扶桑)은 동쪽 바다 위 해 뜨는 곳을 상징하는 표현이 되었다.

산해경(山海經)

작자·연대 미상인 고대 중국의 지리책. 낙양(洛陽)을 중심으로 산맥·하천·산물(産物)·산신(山神)·전설 등이 기록되어 있다.

本(본)—근본, 뿌리

나무의 밑둥에 일(一)을 그어 나무의 뿌리를 나타냈다.

東(동)—동녘

해가 나뭇가지에 걸쳐 있는 모습을 그림으로써 해가 뜨는 곳이 동쪽임을 나타냈다.

植(식)—심다

오른쪽의 곧을 직(直)이 음의 역할을 한다. 나무를 곧바로 서게 하는 모습이다.

나무[木]를 부수로 하는 한자

杖(장)—지팡이

어른 장(丈)이 음의 구실을 한다. 나이든 어른이 의지하는 나무라는 뜻이다.

析(석)—쪼개다, 나누다

도끼[斤]로 나무를 쪼개는 모습을 나타냈다.

杳(묘)—어둡다, 멀다

해가 나무 밑에 숨어 있는 모습이다. 이것을 통해 어둡다는 뜻을 나타냈다.

果(과)—열매, 과연

나무 위에 열매가 주렁주렁 달린 모습을 표현하였다.

案(안)—책상, 생각하다

편안할 안(安)이 음의 역할을 한다. 편안히 앉아서 책을 읽을 수 있도록 나무로 만든 것을 나타냈다.

森(삼)—산림, 울창한 나무숲

부수가 셋이면 매우 많음을 의미한다. 숲에 나무가 많은 모양을 나타냈다.

3 채소와 관련된 한자말

나박김치가 참 맛있구나.
호리병 가득 술을 담아 오너라.
배추가 달고 맛있으니 김치 맛도 좋다.
뽀빠이는 시금치만 먹으면 힘이 난다.

| 무와 나박김치 |

蘿蔔

　나박김치는 무를 얇고 네모지게 썰어 절인 뒤에 고추나 파, 마늘, 미나리 등을 넣고 국물을 부어 익힌 김치를 말한다. 나박은 무의 한자어인 나복(蘿蔔)의 음이 변한 것이다. 그러니까 나박김치는 무로 담근 김치이다.

　무는 오장의 나쁜 기운을 씻어 내고 가래와 기침을 낮게 하는 약효가 있다. 무에는 크게 나복(蘿蔔)과 만청(蔓菁) 두 종류가 있다. 고어(古語)로 나복은 '댓무우', 만청은 '쉿무우'라 하였다. 나복은 오늘날 우리가 먹는 무이고, 만청은 붉은 빛이 감도는 순무를 가리킨다. 노산 이은상 선생의 〈동무 생각〉은 "봄의 교향악이 울려 퍼지는 청라 언덕 위에 백합 필 적에"로 시작한다. 여기서 청라(菁蘿) 언덕은 바로 무밭에 장다리꽃이 핀 언덕을 말한다.

　보통 무를 가리키는 댓무우를 한자로는 당청(唐菁)이라고 썼다. 당(唐)은 중국이다. 예전에는 중국 것이라면 무조건 크고 좋은 것으로 여겼다. 그래서 중국에서 들여온 품종인 당청(唐菁)을 크고 실한 무라는 뜻으로 댓무우라고 하였다. 홍당무(紅唐—)도 있다. 중국에서 들어

온 붉은 무라는 뜻이다. 줄여서 당근(唐根)이라고도 한다. 얼굴이 홍
당무가 되었다고 하면 부끄러워서 새빨갛게 변한 것을 말한다.

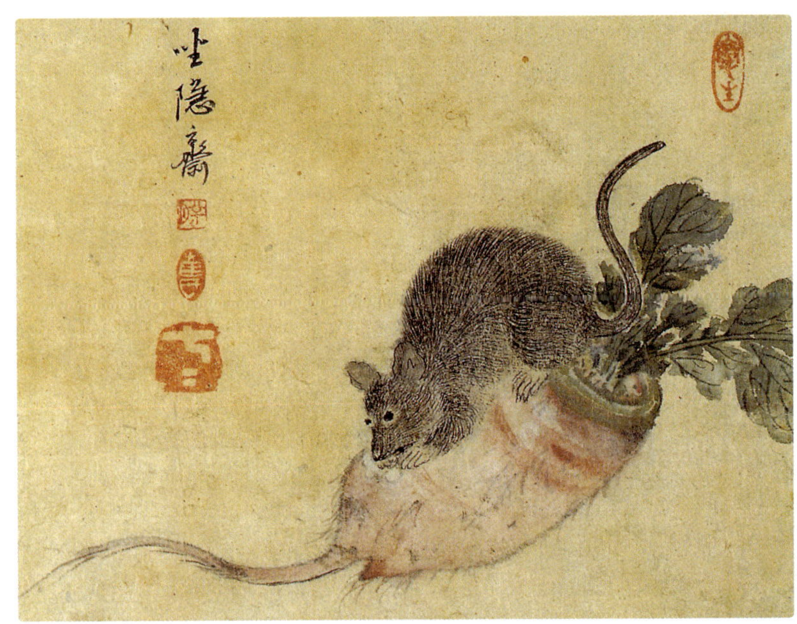

**최북(崔北)의
〈순무를 갉아먹는 쥐〉**
다산과 풍요를 기원하는 뜻이
담겨 있다.

깍두기의 유래

   무로 만든 김치 중에 나박김치 말고도 깍두기가 있다. 깍두기는 정조 때 홍현주(洪顯
周)의 부인이 만든 음식이다. 궁중 종친 회식 때 한 가지씩 요리를 만들어 올리기로 하
였는데, 홍현주의 부인이 깍두기를 만들어 올렸다. 모두들 먹어 보니 맛이 참 좋았다.
임금이 음식의 이름을 묻자, 이름은 없고, 평소에 무를 깍둑깍둑 썰어 버무려 먹었더니
맛이 있길래 이번에 정성껏 만들어 올린 것이라고 하였다. 그래서 그 이름이 깍두기가
되었다.
   다른 부인들이 온갖 진귀하고 값비싼 재료를 가지고 화려한 음식을 만드느라 정신
없을 때, 아주 흔한 무를 버무려 익혀 전혀 새로운 음식을 만들어 낸 지혜가 참 아름답
다. 이후 깍두기는 온 백성이 즐겨 먹는 음식이 되었다.

당(唐)자가 들어가는 말

당(唐)은 우리 나라로 치면 삼국 시대에 해당하는 중국의 왕조 이름이다. 요즘 사람들이 미제(美製) 물건을 좋아하듯, 예전에는 당나라 것이라면 최고로 쳤다. 그래서 중국에서 들여온 좋은 물건 앞에는 으레 '당(唐)'자가 붙었다.

당나귀는 중국에서 들여온, 귀가 토끼처럼 긴 나귀의 종류이고, 당계(唐鷄), 즉 당닭은 몸집이 작은 완상용 닭이다. 당금(唐錦)은 중국에서 수입해 온 고급 비단이고, 당면(唐麵)은 중국 사람들이 즐겨 먹는, 감자 가루로 만든 마른 국수로 잡채를 만들 때 쓴다. 식물 이름 앞에도 당(唐)자가 붙은 것이 많은데, 모두 중국에서 수입된 종들이다. 당악(唐樂)은 중국 음악이고 향악(鄕樂)은 시골 음악, 즉 우리 음악이다. 향가(鄕歌)는 신라 사람들이 부르던 우리 노래인데, 여기에는 촌스럽다는 뜻도 얼마간 담겨 있다. 충남 당진(唐津)은 예전 당나라로 가던 배가 여기서 출발하였기 때문에 '당나라로 가는 나루'란 뜻으로 부르던 지명이다.

그런데 중국 글자는 당문(唐文)이라 하지 않고 한문(漢文)이라고 한다. 또한 중국 문화는 한문화(漢文化), 중국 민족은 한족(漢族)이라고 한다. 이것은 한나라 때 중국이 비로소 세계적인 제국으로 발돋움하여 예악문물(禮樂文物)을 갖추었기 때문이다.

| 호리병과 호박 |

호리병은 호리병박으로 만든 병(瓶)이다. '호리'는 한자 호로(葫蘆)의 음이 변한 것이다. 호로(葫蘆)박은 가운데가 잘록하게 들어간 박이다. 맛이 써서 속을 먹지는 못하지만, 껍질이 단단하여 쪄서 말려 술그릇으로 쓴다. 그래서 호리병은 술병과 같은 뜻으로 쓰였다. 실제로 술병의 모양도 호리병박을 본떠 만들었다.

박은 한자로는 포(匏)로 쓴다. 신라의 시조 박혁거세는 박처럼 큰 알에서 태어났기 때문에 우리말 음을 따서 박(朴)씨 성을 갖게 되었다. 박에는 호박도 있고 수박도 있다. 호박은 호(胡), 즉 오랑캐 땅에서 들어온 품종의 박이다. 한자로는 왜과(倭瓜) 또는 남과(南瓜)라 한다. 수박은 한자로 서과(西瓜)라 한다. 서양에서 들어온 품종이기 때문이

호리병박

葫蘆

청나라 오창석의 〈호로도(葫蘆圖)〉

송나라 무명씨의 〈참외〉

다. 참외는 합밀과(哈蜜瓜), 진과(眞瓜) 또는 첨과(甛瓜)라고 한다.

박을 반으로 쪼개 속을 파내고 삶아서 말리면 바가지가 된다. 바가지를 만드는 박은 표주박이다. 한자로는 표(瓢)자를 쓴다. 조롱박이나 둥근박을 반으로 쪼개 만든 작은 바가지로, 물이나 술을 떠 먹을 때 쓴다. 바가지는 싸가지와 마찬가지로 '박'에 어미 '-아지'가 결합된 형태이다.

호(胡)자가 들어가는 말

앞서 본 당(唐)자가 들어가는 말처럼 호(胡)자가 들어가는 말도 적지 않다. 호박 말고도 호떡, 호빵, 호밀, 호콩, 호도(胡桃), 호각(胡角), 호로(胡虜), 호마(胡馬), 호분(胡粉), 호초(胡椒：후추) 등이 있다. 호(胡)는 북방 오랑캐를 가리키는 말이지만, 그냥 중국에서 들어온 물건이나 품종 앞에 모두 붙여 썼다. 나중에는 호박처럼 일본에서 들어온 외국산에도 호(胡)자를 붙였다.

호떡은 중국식 떡이고, 호로(胡虜)는 북방 오랑캐인 흉노(匈奴)를 가리키는 말이다. 호로자식(胡虜子息)은 오랑캐 자식이란 말이니 대단히 모욕적인 표현이다. '호로'는 '호래' 또는 '후레'로 음이 변하여, '호래아들'이니 '후레자식'이니 하는 표현이 생겨났다.

실상사 약수암에 놓인 표주박

바가지와 관련된 관용적 표현

바가지 긁는다

아내가 남편에게 잔소리하는 것을 두고 하는 말이다. 옛날에는 전염병이 돌면 바가지를 긁어 시끄러운 소리를 내어 전염병 귀신을 쫓았다. 바가지를 긁으면 시끄러운 소리가 나므로, 잔소리를 심하게 하는 것을 바가지 긁는다고 하게 되었다.

바가지를 쓰다

물건을 터무니없이 비싸게 샀을 때 바가지를 썼다고 말하며, 비싸게 판 사람은 바가지를 씌웠다고 한다. 바가지를 머리에 뒤집어쓰면 제대로 보이지 않기 때문에 물정 모르고 시세보다 비싼 값을 준 것을 이렇게 말하였다.

쪽박을 차다

거지가 되어 동냥질을 하고 다닌다는 말이다. 예전에는 거지가 쪽박을 차고 다니면서 밥을 구걸하였다. 그러면 그 쪽박에다가 식은 밥을 담아 주었다. 그래서 쪽박을 찼다는 말은 거지가 다 되었다는 뜻이다.

배추와 부추, 그리고 상추

채소 중에는 '추'자로 끝나는 것이 셋 있다. 배추와 부추, 그리고 상추가 그것이다. 이 '추'는 모두 '채(菜)'가 변한 것이다.

김치는 배추로 담근다. 배추는 한자로 백채(白菜) 또는 숭채(菘菜)라고 한다. 혹은 생긴 모양이 소 밥통 같다고 해서 우두채(牛肚菜)라고도 불렀다. 백채를 중국음으로 읽으면 '바이차이'이다. 바이차이를 빨리 읽으면 '배채'가 된다. 배채는 중세 문헌에 나오는 표기이다. 배춧잎은 밑둥이 희기 때문에 '흰 채소'란 뜻으로 백채(白菜)라는 이름을 얻었다. 배추는 잎이 푸르기에 중국에서는 청백채(靑白菜)라고 부르기도 한다.

청나라 제백석의 〈배추와 버섯〉

부추는 전라도에서는 '솔'이라 하고, 경상도에서는 '정구지'라고
부른다. 옛 문헌에서는 부추의 음을 반영해서 후채(厚菜)로 적었다.
한자로는 구채(韭菜) 또는 해채(薤菜)로 적는다. 또 상추는 한자로는
와거(萵苣) 또는 생채(生菜)라고 하였고, 우리말로는 '부루'라고도
하였다. 날것으로 먹기 때문에 생채(生菜)라고 한 것이 음운 변화를
거쳐 '상추' 또는 '상치'가 되었다.

백채(白菜)가 배추로, 후채(厚菜)가 부추로, 생채(生菜)가 상추로
각각 바뀌었다. 음운적으로는 좀더 살펴야 할 것이 있으나, 순 우리
말로 알던 어휘도 이렇게 한자말에서 나온 것이 적지 않다.

| 우엉과 시금치 |

우엉과 시금치도 순 우리말이 아니라 중국의 한자음이 바뀐 것이
다. 우엉은 국화과의 두해살이풀이다. 뿌리는 볶아 먹고, 씨는 이뇨
제(利尿劑)나 해열제(解熱劑)로 쓴다. 한자로는 우방(牛蒡)이라고 쓴
다. 조선 시대에 우엉을 '우왕'이라고 기록한 것을 보면, 우엉은 한자
인 우방(牛蒡)의 음이 변한 것임을 알 수 있다. 초목의 이름 중에 소
우(牛)자가 들어간 것은 모두 크다는 뜻이라고 한다.

시금치는 명아주과의 한두해살이풀로, 중동 지역에서 재배되기
시작하여 회교도들에 의해 전파된 채소이다. 한자로는 적근채(赤根
菜) 또는 파채(菠菜)라고 적는다. 시금치의 뿌리 부분이 붉은빛을 띠
고 있으므로 뿌리가 붉은 채소라는 뜻으로 적근채(赤根菜)라 하였다.
시금치를 옛 문헌에서는 '시근채'로 적었다. 적근채(赤根菜)는 중국
음으로는 '치근차이'이다. '치근채'가 음운 변화에 따라 '시근채'로
변하였다가 다시 '시금치'로 바뀌었다. '채'가 '치'로 바뀌는 것은 생
채(生菜)가 '상추' 또는 '상치'로 바뀌는 것과 같은 현상이다.

기타 채소의 한자말 이름

겨자 : 개(芥)
아욱 : 동규(冬葵)
씀바귀 : 고채(苦菜)
냉이 : 제(薺)
비름 : 현(莧)
미나리 : 근(芹)
고사리 : 궐(蕨)
죽순 : 순(筍), 죽맹(竹萌)
토란 : 우두(芋頭)
마 : 산약(山藥)

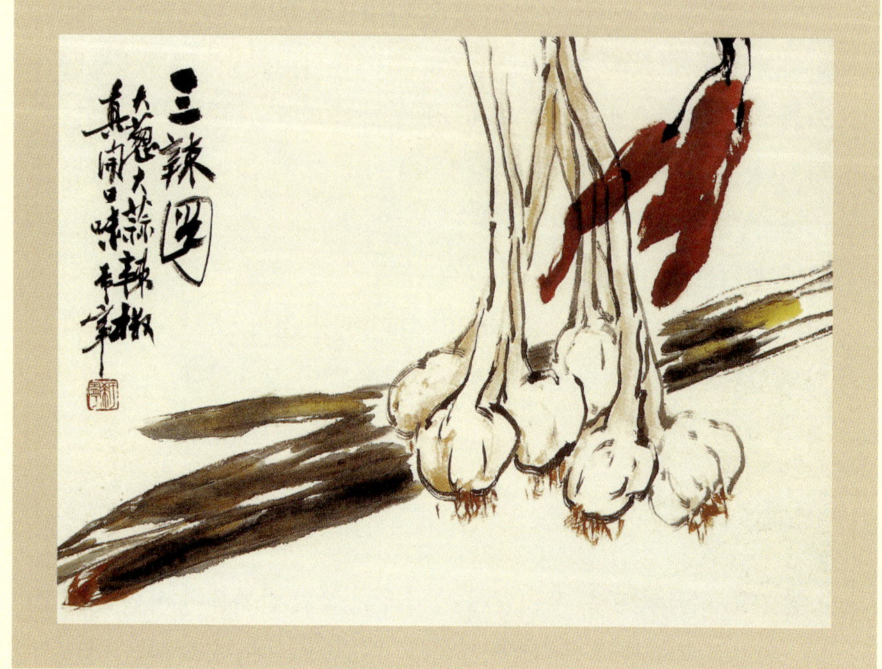

우희녕의
〈삼랄도(三辣圖)〉

채소 그림에 담긴 뜻

　위의 그림은 중국의 우희녕(于希寧)이 그린 〈삼랄도(三辣圖)〉이다. 파, 마늘, 고추 등 세 가지 매운 채소를 그려서 그림 제목에 매울 랄(辣)자를 썼다. 신랄(辛辣)하다고 말하면 아주 맵다는 뜻이다. 파도 맵고, 마늘도 맵고, 고추도 맵다. 혹은 고추와 생강, 또 톡 쏘는 맛의 갓을 함께 그려 〈삼랄도〉라 하기도 한다. 매운 것은 입맛을 돋워 주지만 세상 사는 맛이 참 맵다는 것을 느껴, 미리 조심해서 후회하지 말자는 뜻도 담겨 있다. 또 파는 한자로 총(蔥)인데, 총명하다는 총(聰)과 음이 같아, 파를 먹으면 머리가 좋아진다고 생각하였다.

소랑의
〈채근향(菜根香)〉

위의 그림은 중국의 현대화가 소랑(蕭朗)의 작품이다. 배추 한 포기 위에 여치 한 마리가 앉아 있다. 배추 옆에 그린 것은 여치 집이다. 아래쪽에는 마늘을 그려 놓았다.

배추는 잎이 푸르고 줄기는 희다 해서 청백채(靑白菜)라고도 하는데, 그 위에 여치가 앉아 아름다운 울음을 울고 있으니, 이 둘의 의미는 청백유성(淸白有聲)이다. 청백(淸白), 즉 청렴결백하다는 소문이 있다는 뜻이 된다. 마늘은 한자로는 산(蒜)이라 하는데, 나쁜 기운을 막아 준다.

4 곡식과 관련된 한자말

하는 짓을 보니 싹수가 노랗군!
모두 종묘사직을 위해서입니다.
어떻게 조강지처를 버릴 수 있단 말인가?
청요리에 고량주나 한잔하세.

| 싹수와 싸가지 |

씨앗을 심으면 싹이 터 나온다. 어떤 씨앗은 제 껍질을 머리에 이고 새 떡잎이 올라온다. 될성부른 나무는 떡잎부터 알아본다는 말이 있다. 처음 나온 새싹은 연둣빛으로 파랗지만 새싹이 아예 나오지 않는 것도 있다. 움터 나오는 새싹의 여린 모가지가 싹아지, 즉 싸가지다. 싸가지가 없으면 기르나 마나다. 곡식도 싸가지가 있어야 하지만 사람도 싸가지가 있어야 한다. 어려서부터 싸가지가 없으면 커서도 알곡 없는 쭉정이가 된다.

논에 벼를 심으면 부지런히 김을 매야 한다. 김은 논밭에 난 잡초(雜草)이니, 김맨다는 말은 잡초를 뽑아 준다는 말이다. 논에 벼를 심으면 그 사이에 돌피가 섞여 자란다. 피는 벼와 비슷하게 생겼지만, 나중에 추수해도 먹을 것이 없다. 피는 한자로 제패(稊稗)이다. 논에서 김맨다는 것은 피를 뽑아 주는 것을 말한다.

열심히 김매면 어느덧 논에는 이삭이 팬다. 이삭은 한자로 수(穗) 또는 영(穎)이라고 쓴다. 수(秀)는 이삭이 패어 꽃이 피는 것을 말한다. 이삭이 패면 추수의 보람을 기대할 수 있다. 그래서 수재(秀才)는

껍질을 머리에 인 떡잎

벼로 치면 이삭과 같은 빼어난 인재이다. 처음 싹터 나온 이삭이 싹수라고 하였다. 싹수가 노랗게 나오면 싸가지가 없는 것처럼, 길러 봐야 소용이 없다. 즉, 싹수가 노랗다는 말은 장래성이 없다는 뜻이다. 싸가지는 있어야지, 없으면 안 된다. 싹수는 파래야지, 노라면 안 된다.

팬 이삭은 햇볕을 받아 점차 알곡으로 영근다. 처음에는 파랗던 이삭은 점차 노랗게 익어 가고, 벼이삭은 익을수록 고개를 숙인다. 익을 대로 익어 고개를 푹 숙이면 추수(秋收)를 한다. 벼를 베어 알곡을 터는 것을 한자로는 탈곡(脫穀)이라 한다. 탈곡을 하고 난 볏단은 묶어 세운다. 추수가 끝난 들판에는 그래도 미처 거두지 못한 이삭이 떨어져 있다. 떨어진 이삭은 낙수(落穗)이다. 낙수를 줍는 것을 이삭줍기라고 한다. 낙수는 아무것도 아닌 듯하지만 조금씩 줍다 보면 어느 새 상당한 양이 된다.

밀레의 〈이삭줍기〉

피(왼쪽)와 벼
벼 이삭이 익을 대로 익으면 추수를 한다. 피는 벼와 비슷하여 잘 구분하기 어렵지만, 나중에 추수해도 먹을 것이 없다.

패관 소설 〈이대봉전〉(왼쪽)과 〈번리화정서전〉(오른쪽)

패관(稗官)과 사이비(似而非)

벼와 비슷하게 생긴 피를 나타내는 한자는 패(稗)이다. 이 글자에는 잘다, 보잘것없다는 뜻이 담겨 있다. 패관(稗官)은 옛날에 민간에 떠돌아다니던 자질구레한 이야기를 모아 정치가 잘 다스려지는지, 민심은 어떤지를 살피던 관리이다. 패관들이 모은 이야기는 논에 돋은 피처럼 그야말로 자질구레하고 일상적인 이야기인데, 여기서 패관 소설(稗官小說)이 나왔다. 민간에 떠돌아다니는 이야기는 자질구레해도 재미가 있다.

한편으로, 논에서 벼와 피를 구별하는 일은 쉽지 않다. 겉보기에 피는 벼와 꼭 같기 때문이다. 《맹자》에 보면 "비슷하면서 아닌 것을 미워한다. 가라지를 미워하는 것은 벼 싹을 어지럽힐까 염려하기 때문이다."라는 말이 있다. 여기서 사이비(似而非)라는 말이 나왔다. 비슷하면서 아닌 것이 바로 사이비(似而非)이다. 얼핏 보면 진짜 같은데 사실은 가짜인 것을 두고 하는 말이다.

벼[禾]와 관련된 한자

 禾(화)—벼	  벼이삭이 고개 숙인 모양을 본떠 만들었다.
 麥(맥)—보리	  보리 이삭의 모양을 본떠 만들었다. 맥주(麥酒)는 보리의 일종인 홉으로 만든 술이다.
 黍(서)—메기장	 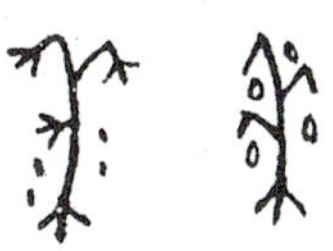   기장은 이삭이 주렁주렁 달려, 익은 뒤에는 땅 위로 떨어진다. 글자는 벼[禾] 아래에 곡식이 비처럼 떨어지는 모양이다.
 秫(출)—차조	 차조는 익으면 이삭이 고개를 푹 숙이는데, 그 모양을 본떴다.
 稷(직)—차기장	 예전에는 제사 지낼 때 차기장을 썼다. 직(稷)자의 글꼴을 보면 익은 벼를 들고 하늘에 제사 드리는 모습이다.

社稷

| 사직(社稷)이 위태로우면? |

텔레비전에서 사극(史劇)을 보면 신하가 임금에게 "전하, 사직(社稷)을 지키소서."라고 아뢰는 장면을 가끔 보게 된다. 흔히 국가를 일러 종묘사직(宗廟社稷)이라고 한다. 종묘(宗廟)는 역대 임금의 위패를 모신 사당이고, 사직(社稷)은 토지신(土地神)과 곡신(穀神)을 말한다. 사직(社稷)의 사(社)는 제단을 나타내는 시(示)와 토(土)가 결합된 데서 추측할 수 있듯 토지를 관장하는 신을 가리킨다. 직(稷)은 벼 화(禾)를 부수로 하는 데서 생각할 수 있듯 곡식의 신이다.

종묘사직이 위태롭다는 말은 나라가 위태롭다는 말과 같다. 직(稷)은 원래 오곡의 일종인 차기장을 말한다. 고대에는 기장쌀이 신에게 제사 올릴 때 쓰는 신성한 곡물이었다. 그래서 모든 곡물을 대표하여 직(稷)을 곡신의 이름으로 한 것이다.

사직단(社稷壇)

임금이 백성을 위하여 토신(土神)과 곡신(穀神)에게 제사 지냈던 제단. 현재 그 유지(遺址)가 서울 사직 공원에 남아 있다.

종묘(宗廟)

역대 제왕의 위패(位牌)를 모시는 왕실의 사당이다.

땅과 곡식은 농경 사회에서는 가장 중요한 존재이다. 그래서 옛날부터 전통 농경 사회에서는 땅의 신과 곡식의 신에게 제사를 지냄으로써 나라의 평안을 기원하였다. 그래서 새로운 나라를 세우게 되면 먼저 사직의 신을 모시기 위해 제단을 만들었는데, 이를 사직단(社稷壇)이라고 불렀다. 조선 시대에도 태조 3년(1394)에 사직단을 세워서 역대의 임금들이 이 곳에서 사직신에게 제사를 지냈다. 서울의 사직동(社稷洞)은 바로 이 사직단이 있던 곳이다.

차기장[직(稷)]

고대에 신에게 제사 올릴 때 쓴 신성한 곡물이다.

어려울 때 함께 고생한 아내, 조강지처(糟糠之妻)

조강지처(糟糠之妻)란 말이 있다. 여기서 조(糟)는 술지게미를 말한다. 쌀로 술을 빚어 술이 익으면 체에 받쳐 술을 거르고, 남은 지게미를 베에 싸서 꼭 짠다. 조(糟)는 이렇게 술을 거르고 남은 찌꺼기를 말하며, 가축의 사료로 쓴다. 강(糠)은 쌀겨이다. 처음 벼를 수확하면 겉껍질을 벗겨 내는데, 겉껍질을 왕겨라고 한다. 겉껍질을 벗겨 낸

糟糠之妻

쌀은 검은빛을 띠는 현미(玄米)이다. 이 현미를 정미소(精米所)에서 정미(精米)해야 흰쌀이 된다. 이와 같은 정미의 과정에서 나오는 껍질 부스러기가 쌀겨이다. 왕겨는 예전에 연료로 쓰거나, 사과 상자 안에 완충재로 넣어 썼다. 쌀겨는 술지게미처럼 가축 사료로 썼으며, 배고픈 시절에는 이것으로 죽도 쑤어 먹었다.

그러니까 조강지처(糟糠之妻)는 먹을 것이 없어 가축의 사료로나 쓰는 술지게미와 쌀겨를 먹으며 함께 고생한 아내를 가리킬 때 쓰는 말이다. 중국 후한(後漢) 광무제 때 황제의 누이인 호양(湖陽) 공주가 송홍(宋弘)에게 마음이 있었다. 공주는 과부였다. 누이의 마음을 안 황제가 송홍의 생각을 떠보려고 이렇게 물었다. "세상 사람들 말이 사람이 귀하게 되면 친구를 바꾸고, 부자가 되면 아내를 바꾼다는데 공은 어찌 생각하는가?" 송홍은 조금도 망설이지 않고 이렇게 말하였다. "가난하고 천할 때의 친구는 잊을 수가 없고, 조강지처(糟糠之妻)는 내칠 수가 없습니다." 왕은 병풍 뒤에 숨어 송홍의 대답을 기다리던 호양 공주에게 안 되겠다는 뜻으로 고개를 가로저었다. 조강지처라는 말은 여기서 나왔다.

| 고량주(高粱酒)와 수수깡 |

高粱酒

중국 음식점에 가서 술을 마실 때는 고량주(高粱酒)를 즐겨 마신다. 막걸리는 쌀을 빚어 만들고, 맥주는 보리의 일종인 홉을 발효시켜 만든다. 고량주는 고량(高粱), 즉 수수를 발효시켜 만든 술이다. 고량주로 담근 술은 다른 술과 달리, 불을 갖다 대면 옮겨 붙을 만큼 알코올 도수가 아주 높다.

수수는 곡식으로 먹는 수수가 있고, 설탕을 만드는 데 쓰는 사탕수수가 있다. 또 수수는 빗자루를 만드는 재료로도 쓴다. 수수는 씨

수수(왼쪽)와 고량주

수수를 발효시켜 만든 술이 고량주(高粱酒)이다.

만 뿌려 두면 저절로 자란다는 말이 있을 만큼 생명력이 강한 곡물이다. 그래서 메마른 땅이나 거친 땅에서도 햇볕만 있으면 무럭무럭 잘 자란다.

수수 이삭이 매달렸던 대궁이 바로 수수깡이다. 수수깡을 알맞은 길이로 잘라 칼로 겉껍질을 벗기면 스펀지처럼 부드러운 속살이 나온다. 이것을 어린이들이 공작 재료로 즐겨 썼다. 수수깡은 한옥의 벽과 지붕을 이을 때도 단열과 방음 효과를 위해 꼭 필요하였다.

옥수수는 옥같이 노란 열매가 매달리는 수수의 일종이다. 옥수수는 16세기 이후 중국을 거쳐 우리 나라에 들어왔으며, 한자로는 옥촉서(玉蜀黍)로 적는다. 촉서(蜀黍)는 촉(蜀) 지방에서 나는 기장이라는 뜻인데, 촉서를 중국음으로 읽으면 '슈슈'이다. 그러니까 수수라는 말은 촉서(蜀黍)에서 나왔고, 옥수수도 여기에 옥(玉)자를 덧붙인 것이다.

주렁주렁 매달린 가지와 오이

옛 그림 중에는 채소를 그린 것이 뜻밖에 많다. 옛 사람들은 가지와 오이도 즐겨 그렸다. 가지와 오이는 모양이 특별히 보기 좋은 것도 아닌데 왜 그렸을까? 신사임당의 그림으로 전해지는 다음 작품을 보자.

왼쪽 그림을 보면 가지가 주렁주렁 열매를 매달고 허공으로 뻗어 있다. 나비와 나방 한 마리, 벌과 개미도 두 마리씩 보인다. 방아깨비와 무당벌레도 있다. 아래 쪽에는 쇠뜨기와 덩굴로 퍼져 가는 꽃이 보인다.

가지는 한자로는 가자(茄子)라 쓴다. 소리대로 읽으면 가자(加子), 즉 자식을 더 많이 낳으라는 뜻이다. 방아깨비 역시 알을 많이 낳기 때문에 자손이 크게 번성하라는 뜻이다. 개미와 벌은 여왕의 명령 아래 일사불란한 명령 체계를 갖추고 있다. 무당벌레는 딱딱한 껍데기로 둘러싸인 갑충(甲蟲)이다. 갑(甲)은 갑제(甲第), 즉 과거에 1등으로 합격하라는 의미이다. 나비와 나방은 애벌레에서 번데기로 변하였다가 다시 허물을 벗는 탈태(脫蛻)의 과정을 거친다. 사람도 미숙한 젊은 날을 거

신사임당의 〈가지〉

쳐 실력을 닦아 마침내 자신의 능력을 마음껏 펼칠 수 있게 된다. 이를 한 문장으로 읽으면 이렇게 된다.

귀한 자식들(가지) 덩굴져 퍼져가듯(아래쪽 풀과 꽃) 많이 낳고(방아깨비), 과거에 장원 급제해서(무당벌레), 군신의 예를 지켜 임금께 충성하며(벌과 개미), 거듭 탈태하여 높은 지위에 오르기를(나비, 나방) 바란다.

오른쪽 그림에는 오이를 그렸다. 덩굴을 타고 주렁주렁 매달린 오이는 가지와 마찬가지로 자식을 많이 낳으라는 뜻이다. 땅강아지와 개구리가 있고, 익어서 고개 숙인 조이삭도 있다. 벌도 한 마리 보인다. 개구리는 올챙이 시절을 지나 꼬리기 떨어진 뒤에야 양서류로 살아간다. 조이삭은 익을수록 고개를 숙인다. 땅강아지는 재주는 많지만 아직 미숙한 상태를 말한다. 다시 이를 한 문장으로 읽으면 이렇다.

지금은 미숙하여 부족하지만(땅강아지), 끊임없이 부지런히 노력해서(꿀벌), 알찬 결실을 주렁주렁 맺고(오이), 마침내 옛날을 돌아볼 수 있는 어른이 되어(개구리), 겸손하게 남 앞에 자신을 낮출 줄 아는 덕을 갖춘 사람(조이삭)이 되기를 바란다.

이렇게 채소 그림 속에는 자식 많이 낳고 자손들이 멀리멀리 뻗어 나가길 바라는 바람이 담겨 있다.

신사임당의 〈오이〉

四 의식주 문화

의식주(衣食住)는 입고, 먹고, 자는 것이다. 옷과 밥과 집은 사람이 살아가는 데 없어서는 안 될 가장 기본적인 양식이다. 문화는 실제 입고 먹고 자는 데서 다 나왔다고 해도 지나치지 않다. 문화는 어떻게 입고, 어떻게 먹고, 어떻게 잘 것인가에 대한 고민의 결과이다. 다뤄야 할 내용이 광범위하지만 여기서는 입을 것, 먹을 것, 그리고 사는 곳과 관련된 기본적인 한자말을 차례로 살펴보기로 한다.

1 의복 문화

의상에 제법 신경을 썼군그래.
백의종군의 각오로 다시 하겠습니다.
그는 역경을 딛고 마침내 금의환향하였다.
오늘 여야 영수 회담이 개최되었다.

| 녹의홍상(綠衣紅裳), 초록 저고리 붉은 치마 |

옷은 추위나 더위로부터 몸을 지켜 준다. 또한, 아름답게 꾸며 주고 부끄러움을 감춰 준다. 사람들은 때와 장소를 가려 옷을 바꿔 입는다. 옷 모양은 시대와 지역, 계층에 따라 다르다. 옷처럼 유행(流行)을 잘 타는 것이 없다. 한복(韓服)만 해도 어느 시대도 같은 적이 없었다.

한복의 원형은 무엇일까? 조선 시대에 입던 한복과 지금 우리가 입는 한복은 상당히 다르다. 또 같은 조선 시대라도 한복의 모양새는 많이 바뀌었다. 그리고 우리가 전통 한복이라고 생각하는 우리 옷은 정작 몽고가 고려를 지배하면서 새롭게 들어온 복식이었다. 저고리가 허리 아래까지 내려오는 고구려 고분 벽화 속의 여성 복장을 보면 금세 알 수 있다.

요즘은 생활 한복을 많이 입는다. 한쪽에서는 생활 한복이 우리 전통 한복의 아름다움을 시대에 맞게 잘 변화시켰다고 하고, 다른 한쪽에서는 한복을 다 망쳐 놓았다고 나무란다. 하지만 옷은 시대에 맞게 변화할 수밖에 없다. 옷에 관한 한 오리지널은 없다.

고구려 고분 벽화 〈행렬도〉 부분

우리가 전통 한복이라 생각하는 옷 모양과 달리, 여성의 저고리가 허리 아래까지 내려와 있다. 북한 남포시 강서 구역 수산리에서 발굴.

〈평양 감사 선유도〉 부분

녹의홍상(綠衣紅裳) 등 화려한 의상을 차려 입은 기생들의 모습이 보인다.

綠衣紅裳

신윤복의 〈단오풍정(端午風情)〉 부분

다홍치마를 입은 여성이 그네를 타고 있다.

시대에 따른 저고리의 길이

한복의 저고리는 길이가 짧은데, 처음부터 그랬던 것은 아니다. 조선 초기에 여성이 입던 저고리는 남자의 저고리처럼 허리선에 닿을 만큼 길었다. 후기로 내려올수록 저고리 길이는 점점 짧아져서 나중에는 젖가슴이 다 보일 정도로 짧아졌다. 치마는 조선 시대부터 일반화되었다. 상류층으로 갈수록 치마폭이 넓어졌다. 열두 폭 치마란 말이 있듯이 풍성하고 긴 치마를 즐겨 입었다. 짧은 저고리, 긴 치마를 입음으로써 하체가 길고 풍만해 보이도록 했던 것이다. 오늘날 여성들은 치마보다 바지를 즐겨 입는다. 활동이 편하기 때문이다.

1550년경

1700년경

1900년경

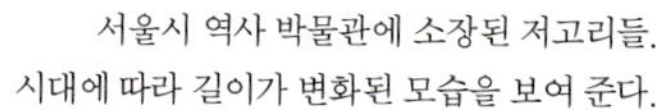

서울시 역사 박물관에 소장된 저고리들.
시대에 따라 길이가 변화된 모습을 보여 준다.

윤덕희의 〈독서하는 여인〉(18세기)과
작가 미상의 〈미인도(美人圖)〉(19세기)(왼쪽)

여성의 저고리는 조선 초기에는 허리에 닿을 만큼 길었는데, 조선 후기로 오면 젖가슴이 보일 정도로 짧아졌다.

裕(유)—넉넉하다

곡(谷)이 음의 역할을 한다. 옷이 커서 골짜기처럼 주름이 있는 모습이다.

表(표)—겉, 거죽

윗부분은 털 모(毛)의 변형이다. 옷 입을 때 털이 있는 쪽을 바깥으로 했기에 '겉'의 뜻이 나왔다.

裏(리)—속, 안

가운데 부분의 마을 리(里)가 음의 역할을 한다. 몸을 감싸고 있는 옷의 안쪽을 표현한 데서 '속'의 뜻이 나왔다.

옷 의(衣)를 부수로 하는 한자

補(보)—깁다, 돕다

클 보(甫)가 음의 구실을 한다. 닳아 해진 옷을 깁는 데서 '깁다'의 뜻이 나왔다.

衰(쇠)—쇠하다, 쇠잔하다

풀로 엮은 도롱이를 나타냈다. 도롱이에서 상복으로, 상복 입은 상주의 여윈 모습에서 쇠잔하다는 뜻으로 바뀌었다.

被(피)—입다, 이불

거죽 피(皮)가 음의 역할을 한다. 온몸을 덮은 옷을 나타냈다.

裝(장)—꾸미다, 차리다

씩씩할 장(壯)이 음의 역할을 한다. 옷을 멋있게 차려 입는 모습에서 '꾸미다'의 뜻이 나왔다.

複(복)—겹치다

거듭 복(復)이 음의 역할을 한다. 옷을 거듭 겹쳐 입은 데서 '겹치다'의 뜻이 나왔다.

製(제)—짓다, 마르다

마름질할 제(制)가 음의 역할을 한다. 옷감을 마름질하는 데서 '짓다, 만들다'의 뜻이 나왔다.

옷 의(衣)

白
衣
民
族

우리 민족이 즐겨 입은 백의(白衣)에는 순수와 청결, 더러움을 싫어하는 한민족의 자존심이 담겨 있다.

우리 의복의 기본은 치마와 저고리이다. 한자로는 의상(衣裳)이라고 한다. 의(衣)는 옷의 목 부분을 포함하여 좌우의 옷깃 모양을 본뜬 글자로, 저고리에 해당한다. 치마를 말하는 상(裳)은 상(常)자에서 건(巾) 대신 옷 의(衣)를 쓴 글자이다. 녹의홍상(綠衣紅裳)은 녹색 저고리와 붉은 치마를 가리키는 말로, 곱게 차려 입은 여성의 복장을 말한다. 우리말 속담에도 '같은 값이면 다홍치마'라는 말이 있다. 다홍은 진홍색, 곧 짙은 붉은색이다.

| 흰옷을 사랑한 백의민족(白衣民族) |

'옷이 날개'라는 말이 있다. 옷은 입은 사람의 신분과 지위를 나타내기도 한다. 과거에는 지위와 관직에 따라 옷의 재질과 색깔이 달랐다. 중국 민족은 붉은옷을 즐겨 입은 반면, 우리 민족은 흰옷을 즐겨 입어 백의민족(白衣民族)이라고 불렀다. 고대 중국의 문헌에도 이미 부여 사람들이 흰옷을 즐겨 입는다고 적혀 있는 것을 보면 그 연원이 오래 되었음을 알 수 있다.

1894년 갑오개혁 이후에는 흰옷이 세탁을 자주 해야 하는 등 불편하다고 하여 색깔 있는 옷을 입을 것을 권장하였다. 그래도 흰옷을 즐겨 입는 풍습이 줄어들지 않자 1906년 이후에는 아예 흰옷 입는 것을 법령으로 금지하기까지 했다. 일제 강점기에는 흰옷이 조선인의 자주성을 나타내는 항일 정신의 상징으로까지 부각되었다.

한때 조선 사람들은 가난한데다 염색 기술이 없어서 흰옷을 즐겨 입었다고 생각하기도 하였다. 하지만 염색 기술이 없어서 흰옷을 많이 입었던 것은 아니다. 백색(白色)은 순수와 청결을 나타내며, 더러움을 싫어하는 우리 민족의 자존심이 담긴 색깔이기도 하다.

원래 중국에서 백의(白衣)는 평민(平民)의 복장이었다. 그래서 백

관 관(冠)
허리띠 대(帶)
옷깃 령(領)
옷깃 거(裾)
옷깃 금(衿)
도포 포(袍)
두루마기 오(襖)
신 구(屨)
목 긴 가죽신 화(鞾(靴))
가죽신 혜(鞋)
나막신 극(屐)
버선 말(襪)
행전 등(縢)

옷의 각 부분별 명칭

저고리 유(襦)
적삼 삼(衫)
소매 수(袖)
치마 상(裳)
치마 군(裙)
바지 고(袴)

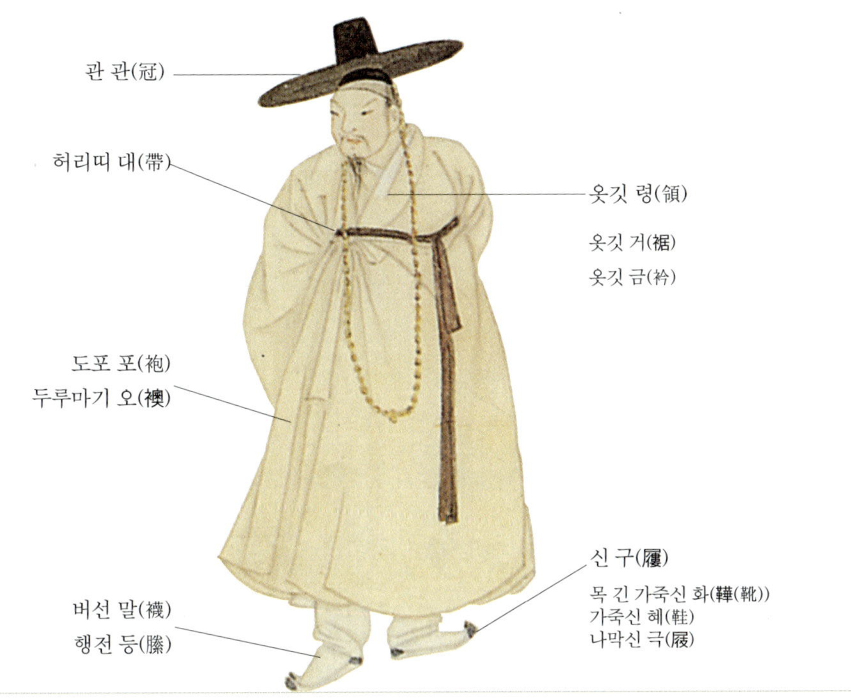

錦衣還鄉 ― 錦上添花

의라 하면 그냥 평민과 같은 뜻으로도 썼다. 혹은 군복을 입지 않고 평상복을 입고 전쟁에 참여한 군사를 백의라고도 하였다. 백의종군 (白衣從軍)은 나라에서 군복도 지급받지 않은 채 전투에 참여하는 것을 말한다. 임진왜란 때 충무공 이순신 장군은 원균이 패전한 후, 백의종군하여 위기에 처한 나라를 구하였다.

| 금의환향(錦衣還鄉)과 금상첨화(錦上添花) |

백의가 일반 평민을 뜻한다면 비단옷을 뜻하는 금의(錦衣)는 높고 귀한 신분을 나타낸다. 금(錦)은 음을 표시하는 금(金)과 뜻이 담긴 비단 백(帛)을 합친 글자이다. 비단옷은 값이 비싸 아무나 입을 수 있는 옷이 아니어서 부귀영화(富貴榮華)를 상징하였다.

고생 끝에 성공한 사람이 값비싼 비단옷을 입고 보란 듯이 고향에 돌아오는 것을 두고 금의환향(錦衣還鄉)이라고 한다. 금의야행(錦衣夜行)이라는 말도 있다. 비단옷 입고 밤길을 간다는 뜻이다. 밤길에 비단옷을 입고 간댔자 아무도 봐 주는 사람이 없으니, 애써 놓고 아무 보람이 없을 때 놀려 주려 하는 말이다.

금의상경(錦衣尚褧)이라는 말도 있다. 경(褧)은 잘 쓰지 않는 어려운 글자인데, 경의(褧衣)는 속에 안감을 대지 않은 홑옷을 말한다. 저고리 위에 덧입으면 속이 은은히 비친다. 비단옷이 너무 화려해서 비단옷을 입을 때는 그 위에 경의(褧衣)를 걸쳐 입어 지나치게 화려한 느낌이 들지 않도록 하였다. 선비가 내면에 높은 학식과 덕망을 갖추었더라도 남 앞에서 가볍게 이를 뽐내거나 드러내서는 안 된다는 속뜻이 담겨 있다.

한자에서는 좋고 아름답고 화려한 것 앞에 비단 금(錦)자를 붙이는 경우가 많다. 금심(錦心)은 글에 담긴 우아하고 아름다운 생각을 말하고, 금자(錦字)는 화려한 문장을 좋게 말한 것이다. 금의옥식(錦衣玉食)은 부유한 생활을 형용하는 말이다. 금상첨화(錦上添花)는 비단 위에 꽃을 첨가(添加)한다는 말이다. 비단만 해도 화려하고 아름다운데, 거기에 꽃을 수놓아 얹었으니 더할 나위 없이 좋지 않겠는가. 흔히 우리 나라를 삼천리 금수강산(錦繡江山)이라고 하는데, 금수(錦繡)는 비단 위에 온갖 화려한 무늬를 수놓았다는 뜻이다.

옷깃과 소매, 영수(領袖)

영수(領袖)는 국가나 정치 단체, 또는 어떤 사회 조직의 최고 우두머리를 가리키는 말이다. 신문에도 여야 영수 회담(領袖會談)을 개최한다는 말이 심심찮게 나온다. 그런데 영수(領袖)는 본래 의복의 한 부분을 나타내는 말이다.

領袖

〈최치원상(崔致遠像)〉

영수(領袖), 즉 옷깃과 소매가 선명하게 그려져 있다.

옷깃 령(領)

영(領)은 머리 혈(頁)을 부수로 하는 데서 알 수 있듯이 원래는 '목'을 뜻하는 한자이다. 목에 두르는 넥타이를 한자어로는 영대(領帶)라고 한다. '목띠'라는 뜻이다. 의복에서 목에 해당하는 부분은 옷깃이다. 그래서 영(領)에는 옷깃이란 뜻도 있다. 수(袖)는 옷 의(衤)와 말미암을 유(由)를 합한 글자로, 옷소매를 가리킨다.

그러니까 영수(領袖)는 본래 옷의 옷깃과 소매를 말한다. 이것이 어떻게 지도자, 우두머리를 뜻하는 말이 되었을까? 영수는 비슷비슷한 사람 중에 특별히 뛰어난 사람을 가리키는 뜻으로 썼다. 옷깃과 소매는 옷의 가장자리라서 접촉이 빈번하여 닳기가 쉽고 때도 잘 탄다. 그래서 예전에는 옷깃과 소매 부분의 가장자리를 검은색이나 짙은 빛깔의 천으로 둘렀다. 이렇게 하니 앞의 〈최치원상(崔致遠像)〉에서 보듯 옷 중에서 옷깃과 소매 부분이 두드러져 보인다. 옷에서 영수(領袖)는 가장 두드러진 부분이어서, 사람으로 치면 대표적인 인물을 나타내는 말이 되었다.

자세를 엄숙히 바로하는 것을 '옷깃을 여민다'고 한다. 옷깃, 즉 영(領)을 여미는 것은 옷매무시를 바로잡는다는 뜻이다. 옷매무시를 바로하고 있으면 다른 사람이 함부로 대하기가 어렵다. 옷깃을 제대로 여미지 않고 옷고름까지 풀어헤친 모습은 앞에서도 보았듯이 창피(猖披)한 노릇이다.

타래버선   버선본

버선과 양말

신을 신기 전에 버선을 신는다. 버선을 나타내는 한자는 말(襪)이다. 옷 의(衤) 옆에 업신여긴다는 뜻의 멸(蔑)자를 썼다. 옷 중에서 가장 낮고 천한 발을 감싸는 옷이라 이렇게 이름 붙였다. 멸(蔑)이 들어가는 말에 멸시(蔑視)가 있다. 아주 낮게 깔아서 업신여겨 보는 것을 말한다.

한복이 다 그렇지만, 우리의 전통 의복은 입체 재단이 아니라 평면 재단이다. 버선도 마찬가지이다. 발은 사람마다 크기가 다르다. 조금만 크기가 안 맞아도 자꾸 벗겨지는 등 불편하기 때문에 발 크기에 따라 사람마다 버선본을 떠 두었다. 어른이 되고 나면 발의 크기가 변하지 않으므로 한번 본을 떠 두면 그 다음부터는 따로 치수를 재지 않고도 버선을 지을 수 있었다. 지금도 자주 쓰는 본뜬다는 말은 버선본을 뜨던 일에서 나온 말이다. 예전에는 시집간 딸이 부모의 버선본을 가지고 갔다가 명절 때가 되면 버선을 지어 보내기도 했다.

요즘은 양말(洋襪)을 신는다. 양말은 말 그대로 서양 버선, 즉 서양 사람들이 신는 버선이다. 우리는 한국 사람인데, 서양 옷인 양복(洋服)과 양말(洋襪), 그리고 양화(洋靴)를 신고 산다. 여자들도 양장(洋裝)을 하고 서양 물건을 파는 양품점(洋品店)에 가거나 양식당(洋食堂)에 가서 양식(洋食)을 먹는다. 온통 서양 것에 둘러싸여 우리 것은 까맣게 잊고 사는 세상이 된 것이다.

강희언의 〈사인시음(士人詩吟)〉
부분

여러 종류의 모자를 쓴 선비들의 모습
이 그려져 있다.

머리에 쓰는 모자의 종류

흑립(黑笠)

좁은 의미의 '갓'으로, 조선 시대
사대부의 대표적인 관모이다.

백립(白笠)

흑립과 같은 모양에 흰색으로, 상을 당하거나 국상(國喪) 때 썼다.

　　머리에 쓰는 모자에는 여러 가지 종류가 있다. 립(笠)과 건(巾), 관
(冠)과 모(帽)가 머리에 쓰는 물건의 명칭이다. 예전에는 남자들도 여
자들처럼 머리를 길렀으므로 아침에 일어나면 머리 빗는 일로 하루
일과를 시작하였다. 머리를 단정하게 빗고는 때와 장소를 가려 반드
시 머리에 쓸 것을 갖추어야만 하였다. 쓸 것도 신분과 지위에 따라
사용이 엄격히 제한되었다.

　　가장 일반적인 것은 립(笠)이다. 우리말로는 갓이라고 한다. 외출
할 때나 손님을 맞을 때는 반드시 이것을 썼다. 삿갓은 삿자리 짜는
갈대나 대오리로 거칠게 짠 갓이다.

　　건(巾)은 검은 베나 모시, 또는 무명 같은 천으로 만들었다. 집에서
일상 생활을 할 때 이것을 썼다. 관(冠)은 평상시 집에서 정복(正服)을
입고 있을 때 쓰던 것이다. 그 모양에 따라 여러 이름이 있다. 모(帽)

는 관리들이 관복(官服)을 입을 때 쓰던 모자이다. 일반 백성들은 결혼식 때만 쓸 수 있었다. 가늘게 자른 대나무와 말총으로 짠 뒤 그 위에 사포(紗布)를 씌웠기 때문에 사모(紗帽)라고 한다. 새신랑의 복장을 두고 사모관대(紗帽冠帶)를 하였다고 하는데, 머리에 사모를 쓰고 허리에는 높은 관리들이나 하는 굵은 허리띠를 두른 것을 두고 하는 말이다.

　모자를 쓰려면 먼저 상투를 틀어야 하였다. 상투는 머리털을 끌어 올려 정수리 위에 틀어 감아 매는 것을 말한다. 상투를 틀고 나면 망건(網巾)을 쓰고 동곳을 꽂아 고정시켰다. 망건에는 줄을 달아 조여 매는데, 그 줄을 꿰는 작은 고리를 관자(貫子)라고 한다. 관자도 옥이나 금으로 된 것은 정 3품 이상의 높은 관리만 할 수 있었다.

　귀와 눈 사이에 뼈가 조금 들어간 곳이 있는데, 이를 관자놀이라 한다. 말 그대로 망건을 조여 매는 관자가 놓인 위치라서 생긴 말이다.

풍잠(風簪)

동곳

관자(貫子)

여러 가지 풍잠, 동곳, 관자
모자를 쓸 때 필요한 부속품들이다.

유건(儒巾)
유생들이 도포나 창의에 쓰던 관모이다.

탕건(宕巾)
벼슬아치들이 평상시 망건 위에 쓰거나 외출시 갓 아래에 받쳐 썼다.

상투관(一冠)
상투머리에 썼던 관(冠)으로 상투를 덮을 만큼 작다. 베나 장지(壯紙), 우각(牛角) 등으로 만들었다.

정자관(程子冠)
사대부들이 평상시 집에서 정복을 입을 때 쓰던 관(冠)이다.

사모(紗帽)
관리들이 관복을 입을 때 썼으며, 서민은 혼례 때만 쓸 수 있었다.

신윤복의
〈월하정인도(月下情人圖)〉

남몰래 깊은 밤에 만나는 정인
(情人)의 마음이 두 사람의 발
을 감싸고 있는 신발에서도 느
껴지는 듯하다.

여러 종류의 신발

나막신[木屐]

나무로 만들어 비 올 때 신은 신

신발 역시 종류가 다양하였다. 신발을 나타내는 한자에는 화(靴)와 혜(鞋), 극(屐), 이(履) 등이 있었다. 화(靴)는 목이 긴 가죽신으로, 군인들이 신는 군화 (軍靴)처럼 생겼다. 관복을 입을 때 신었다. 바닥은 나무나 가죽으로, 목 부분 은 가죽이나 비단으로 만들었다.

이(履)나 혜(鞋)는 목이 짧은 보통 신발이다. 극(屐)은 나무로 만든 신, 즉 나 막신이다. 맑은 날에도 신었으나 주로 비 오는 날에 신었다. 가죽 혁(革)자가 부수자로 들어가는 화(靴)나 혜(鞋) 같은 가죽신은 신분이 낮은 사람은 신을 수가 없었다. 짚신은 볏짚으로 엮은 것이어서 한자로 초혜(草鞋)라고 하였다. 좀더 고급스럽게 삼을 꼬아 짠 신은 미투리라 하였는데, 한자로는 마혜(麻鞋) 라고 한다.

이(履)는 목 짧은 신발을 가리키는 말이었지만, 신을 신고 땅을 밟기 때문에 '밟는다'는 의미도 갖게 되었다. 취직을 하려면 먼저 이력서(履歷書)를 써 내야 한다. 이력서란 지금까지 밟아 온 경력을 쓴 글이라는 뜻이다. 내가 밟아 온 경력을 하나하나 적은 것이 바로 이력서이다.

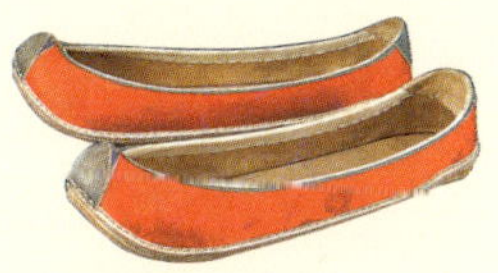

운혜(雲鞋)

앞 코에 구름 무늬를 수놓은 여자의 마른신

당혜(唐鞋)

울이 깊고 코가 작으며 앞 코와 뒤에 당초문(덩굴풀무늬)을 새긴 가죽신

진신[油鞋]

진 땅에서 신는, 들기름에 결은 신

녹피혜(鹿皮鞋)

사슴 가죽으로 만든 남자의 신

미투리[麻鞋]

삼으로 꼬아 짠 신

짚신[草鞋]

짚으로 엮은 신

목화(木靴)

관복을 입을 때 신었던, 목이 긴 가죽신

흑혜(黑鞋)

관복을 입을 때 신었던 가죽신

태사혜(太史鞋)

양반가 남성의 평상화

2 음식 문화

설렁탕 한 그릇 주세요.
김치는 이제 세계적인 음식이 되었다.
중국 음식 중에는 역시 자장면이 최고이다.
도작 문화에서는 벼농사가 중심이 된다.

湯

| 숟가락을 쓰는 탕(湯) 문화 |

음식(飮食)에도 문화가 있다. 마신다는 뜻의 음(飮)은 식(食)과 하품 흠(欠)을 합한 글자이다. 하품하듯 입을 벌리고 먹는다고 해서 '마시다'의 뜻이 나왔다. 갑골문(甲骨文)을 보면 음(飮)자의 모습은 술통에 머리를 들이밀고 술을 마시는 사람의 형상으로 되어 있다. 식(食)은 갑골문에 보면 '밥그릇에 밥을 수북이 담은 모양'이다.

중국과 일본도 우리 나라처럼 젓가락을 쓰지만, 막상 숟가락은 우리 나라에서만 쓴다. 중국과 일본 사람들은 국물을 덜 때만 숟가락을 쓴다. 숟가락의 모양도 중국과 일본의 것은 국자처럼 생겨 우리 것과 다르다.

그러다 보니 밥을 먹을 때도 저들은 밥그릇을 손에 들고 젓가락으로 퍼먹고, 우리는 밥그릇을 내려놓고 숟가락으로 떠먹는다. 우리는 아이들이 밥그릇을 들고 먹으면 거지도 아닌데 들고 먹는다고 상스럽다며 야단을 친다. 저들은 밥그릇을 내려놓고 먹으면 개도 아닌데 입을 박고 먹는다고 꾸지람한다. 문화가 서로 다른 것이다.

우리 나라 음식에는 반드시 국물이 뒤따른다. 국이 빠진 식탁은 우

마실 음(飮)

술통에 머리를 들이밀고 술을
마시는 사람의 형상이다.

밥 식(食)

밥그릇에 밥을 수북이
담은 모양이다.

리 나라에서는 상상하기가 어렵다. 국물이 있어야만 밥을 먹는다. 이름하여 탕 문화(湯文化)이다. 탕(湯)은 물 수(氵)와 양(昜)을 합한 글자이다. 양(昜)은 뻗쳐오른다는 뜻이다. 음식 재료를 넣고 끓여서 만든 것이 탕(湯)이다. 국을 나타내는 한자로 갱(羹)도 쓴다. 여러 가지 재료를 섞어 오래 끓이면 각 재료의 맛이 어우러져 원 재료의 맛과 전혀 다른 깊고 오묘한 맛이 우러난다. 이것으로 보아 탕 문화는 조화의 문화라고 할 수 있다.

숟가락은 한자로 시(匙)자를, 젓가락은 저(箸)자를 쓴다. 숟가락의 옛 표현은 '술'이다. '한 술 떠 봐'라고 하면 한 숟가락 띠먹어 맛 좀 보라는 의미이다. 젓가락은 대나무를 깎아 만들었기 때문에 대 죽(竹) 자를 써서 저(箸)라고 하였다. 숟가락과 젓가락을 말하는 수저는 원래 시저(匙箸)에서 나왔다. 수저를 놓는다는 것은 식사를 마쳤다는 뜻이다.

서양 사람들은 식사 때 포크(fork)와 나이프(knife)를 쓴다. 이것은 고기를 창으로 찍고 칼로 썰어 먹는 육식 문화(肉食文化)를 가졌기 때문이다. 동양 사람들은 숟가락과 젓가락을 쓴다. 숟가락은 손바닥을

숟가락 시(匙)

젓가락 저(箸)

한국인은 서양 사람들과 달리 숟가락[匙]과 젓가락[箸]을 쓰는 음식 문화를 지녔다.

선농제(先農祭) 풍년을 기원하여 곡식의 신에게 올리던 제사이다.

설렁탕의 유래

서울 지역에서 주로 먹던 탕 가운데 설렁탕이 있다. 설렁탕은 소뼈와 고기를 넣고 푹 고아 끓인 국이다. 설렁설렁 끓여서 설렁탕이 아니다. 선농탕(先農湯)에서 나온 말이라 한다.

조선은 농업을 기반으로 하는 사회였다. 봄이 되면 임금은 곡식의 신을 모신 선농단(先農壇)과 양잠(養蠶)의 신을 모신 선잠단(先蠶壇)에서 풍년을 기원하는 제사를 올렸다. 또 임금은 백성들과 함께 직접 소를 몰아 밭을 갈고 씨를 뿌리는 의식을 동대문 밖 전농동(典農洞)에서 행하였다. 이것을 왕이 친히 밭을 간다고 해서 친경례(親耕禮)라고 하였다. 친경례가 끝나면 왕은 함께 수고한 백성들에게 술과 음식을 내려주었다. 술은 막걸리를 주었고, 음식은 소를 고기와 뼈째 푹 고은 선농탕(先農湯), 즉 설렁탕을 내렸다.

경근거(耕根車)

쟁기들을 실어 옮기는 수레

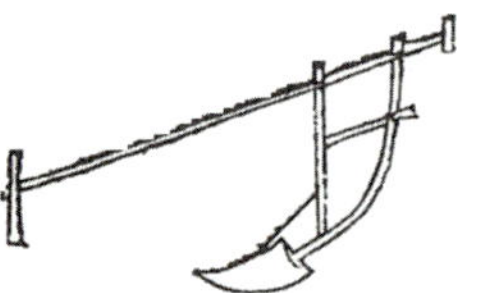

어뢰사(御耒耜)

쟁기

분(畚)

삼태기

청상(靑箱)

씨앗을 담는 대나무 상자

오므려 물을 떠먹던 모양을 본뜬 것이고, 젓가락은 두 손가락으로 집어먹던 것을 흉내낸 것이다. 음식 먹는 도구만 보고도 문화의 차이를 알 수 있다.

| 세계의 음식이 된 김치[沈菜] |

우리 음식 문화의 두드러진 특징의 하나로 발효(醱酵) 식품을 든다. 발효 식품이란 채소나 어패류를 농도가 묽은 소금에 절인 후 숙성(熟成)시킨 식품이다. 식품에 스민 소금은 삼투 작용(滲透作用)을 하여 채소의 수분을 빼앗는다. 그래서 미생물의 생육(生育)을 막고 인체에 이로운 아미노산과 젖산을 만들어 낸다.

우리 나라는 사계절이 뚜렷하다. 겨울에는 채소가 나지 않는다. 과거에는 냉장고가 없어 저장도 쉽지 않았다. 김치는 이런 한국의 기후적 특성을 고려하여 추운 겨울에 저장성을 높이기 위해 만든, 가장 한국적인 음식이다. 채소를 소금물에 담근다고 해서 침채(沈菜)라고 하였다. '침채'를 당시 발음으로는 '딤채'로 읽었고, 이것이 '짐치'를

속리산 법주사의 돌항아리

땅 속에 큰 돌항아리를 묻어 두고 겨우내 김치를 싱싱하게 보관하는 용도로 사용하였다.

沈菜

삭혀서 먹는 식혜(食醯)와 식해(食醢)

식혜와 식해는 모두 삭혀서 먹는 음식이다. 우리 나라에는 옛날부터 이렇게 발효시키고 삭혀서 먹는 음식 문화가 발달해 왔다. 그러면 식혜와 식해는 어떻게 다른 음식일까?

식혜(食醯)는 엿기름을 우린 물에 밥알을 넣어 삭힌 음료이다. 단술 또는 감주(甘酒)라고도 부른다. 요즘에는 시중 판매 음료로도 개발되어 인기가 높다. 혜(醯)는 신맛이 나는 국물이라는 뜻이다.

식해(食醢)는 생선을 토막 내어 소금과 조밥, 고춧가루와 무 등을 넣고 버무려 삭힌 음식을 말한다. 해(醢)는 고기나 생선으로 담근 젓갈을 뜻한다. 식해는 한국과 중국, 일본에 모두 있는 음식인데, 우리 나라에서는 함경도의 가자미 식해가 유명하다.

혜(醯)와 해(醢)가 서로 비슷하기 때문에 예전에는 이 두 글자를 구분하는 것으로 서당 선생님의 실력을 가늠하기도 하였다.

식혜(食醯)(왼쪽)와 식해(食醢)(오른쪽)

이름이 비슷해 혼동하기 쉬운 식혜와 식해는 사진에서 보듯 전혀 다른 음식이다.

거쳐 '김치'가 되었다.

김치를 나타내는 한자로는 저(菹)가 있다. 저(菹)는 채소를 소금에 절여 차가운 곳에 두어 숙성시킨 것을 말한다. 양념하지 않고 그냥 절이기만 한 것은 지(漬)라고 하였다. 오이 절임은 오이지라 하고, 무 절임은 단무지라고 한다. 김치의 사투리 중에 짠지라는 말이 있는데,

역시 '짠 지(漬)', 즉 짜게 절인 음식이란 뜻이다. 무나 오이 등을 소금에 절인 뒤 간장을 붓고 양념을 해서 먹는 반찬은 장아찌라고 한다. 한자말인 장지(醬漬)가 변한 말이다.

가을이 끝나갈 무렵, 겨울이 오기 전에 집집마다 김장을 담근다. 김장은 침장(沈藏)에서 나온 말이다. 소금에 절여 보관하는 것을 염장(鹽藏)이라고 하는데, 소금물에 담궈 오래 보관할 수 있도록 하였으므로 침장(沈藏), 즉 김장이 되었다.

김치가 세균에 대해 강한 면역력을 길러 준다는 것이 과학적으로 입증되면서, 최근 김치는 세계인에게 사랑받는 세계의 음식으로 거듭나고 있다.

국수와 자장면[炸醬麵]

밥이 우리의 주식(主食)이지만 기쁜 날에는 면(麵)을 먹었다. 면(麵)은 면(麪)이라고 쓰기도 한다. 우리말로는 국수라고 한다. "국수를 언제 먹게 되느냐?"라는 말은 "언제 결혼하느냐?"라는 말과 같은 뜻이다. 잔치 국수란 말이 있는 것을 보면 잔치 때는 밀가루를 반죽해서 국수를 만들어 먹은 것을 알 수 있다.

면에도 여러 종류가 있다. 냉면(冷麵)은 차갑게 식혀 먹는 면이다. 라면[拉麵]은 기름에 튀겨 면발이 꼬불꼬불한 면이다. 일본에서는 뱅글뱅글 돈다는 라(邏)자를 써서 라면(邏麵)이라고 쓴다. 자장면은 한자로는 작장면(炸醬麵)이다. 작(炸)은 볶거나 기름에 튀긴다는 뜻이다. 장(醬)은 간장, 된장 할 때의 장이다. 작장면(炸醬麵)은 검은빛을 띤 중국의 춘장(春醬)을 야채와 함께 기름에 볶아 소스를 만들어 면과 비벼서 먹는 음식이다.

중국 음식점에 가면 가장 많이 먹는 음식이 자장면과 우동과 짬뽕

炸醬麵

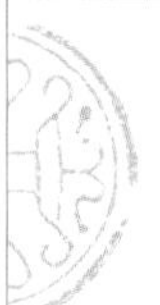

알고 먹자, 중국 요리

중국 음식점에 가면 식단에 많은 요리 이름이 나온다. 탕수육, 류산슬, 깐풍기, 라조기, 난자완스, 오향장육, 팔보채, 기스면, 삼선자장면 등 종류가 참 많다. 하지만 정작 이들 요리가 어떤 것인지는 잘 모른다. 한자의 의미를 알고 나면 요리의 뜻을 쉽게 기억할 수가 있다.

탕수육—糖醋肉
당 초 육

생선이나 고기를 양념하여 튀겨 내어 그 위에 끓인 녹말 소스를 뿌린 음식이다. 당(糖)은 설탕이고, 초(醋)는 식초이니, 당초(糖醋)는 설탕을 식초와 섞어 걸쭉하게 끓인 소스를 말한다.

류산슬—溜三絲
류 삼 사

돼지고기와 파 등 세 가지 재료를 실[絲]처럼 갈쭉하게 채 썰고, 그 위에 류(溜), 즉 달콤한 녹말 소스를 뿌린 것이다.

깐풍기—乾烹鷄
건 팽 계

튀긴 닭고기에 소스를 얹어 살짝 끓인 요리이다. 팽(烹)은 튀긴 재료를 간장과 기름을 넣고 강한 불로 살짝 끓이는 것을 말한다. '기'는 계(鷄), 즉 닭을 중국음으로 읽은 것이다.

라조기—辣椒鷄
랄 초 계

양념한 닭고기를 튀겨, 여러 야채와 함께 맵게 볶은 요리이다. 랄초(辣椒)는 고추를 말한다. 랄(辣)은 맵다는 뜻이다. 신랄(辛辣)한 비판은 매서운 비판이다. '기'는 깐풍기의 '기'와 마찬가지로 닭을 말한다.

난자완스 — 南煎丸子
남 전 환 자

고기를 다져 둥글게 빚은 것을 양념해서 여러 야채와 함께 볶은 요리이다. 전(煎)은 기름을 두르지 않고 그냥 볶아서 익히는 것이다. 완스는 환자(丸子)를 중국식으로 읽은 것이다. 동그랗게 빚은 모양을 말한다.

오향장육 — 五香醬肉
오 향 장 육

다섯 가지 향을 내는 오향(五香 : 회향풀·계피·산초·정향·진피)으로 향을 낸 간장에 돼지고기를 조려 얇게 썬 요리이다.

팔보채 — 八寶菜
팔 보 채

팔보(八寶), 즉 8가지 진귀한 재료를 함께 볶은 요리이다. 해삼과 새우, 오징어 같은 해물과 죽순 같은 채소를 함께 볶는다.

기스면 — 鷄絲麵
계 사 면

닭 가슴살을 실[絲]처럼 찢어서 삶은 국물에 썩 가늘게 뽑은 밀국수를 넣고 끓인 면이다.

삼선자장면 — 三鮮炸醬麵
삼 선 작 장 면

자장면에 돼지고기, 닭고기, 새우, 전복, 죽순, 표고버섯, 해삼 가운데 3가지 재료를 넣어 만든 음식이다.

이다. 우동(うどん)과 짬뽕(ちゃんぽん)은 한자말이 아니라 일본말이다. 우동은 우리말로는 밀국수 또는 가락국수라고 한다. 짬뽕은 한자로는 초마면(炒馬麵)이라고 쓴다. 여러 야채와 해물을 기름에 볶아 돼지 뼈 등을 고아 낸 국물을 부어 만든 음식이다. 자장면과 짬뽕은 중국에는 없는 음식이다.

| 쌀과 도작(稻作) 문화 |

우리 나라 사람들의 주식(主食)은 쌀이다. 쌀 미(米)자는 낱알이 줄기의 아래위에 매달려 있는 모습을 본뜬 것이다. 하지만 옛 사람들은 이 글자를 팔십팔(八十八)로 분해해서, 처음 볍씨를 뿌려 사람 입에 들어갈 때까지 무려 88번의 손이 가는 곡물이란 뜻으로 풀었다.

선인들은 쌀을 단순한 곡물 이상으로 생각하였다. '생쌀을 먹으면 어머니가 죽는다'든지, '흘린 밥알을 쥐나 새가 먹으면 어머니가 눈을 뜨고 죽는다'는 금기(禁忌)까지 만들어 냈다. 밥 먹다가 밥알을 흘리면 이게 다 농부의 피와 땀이라면서 야단을 쳤다.

벼는 한자로 도(稻)자를 쓴다. 벼에도 올벼와 찰벼가 있다. 도(稻)는 끈기가 있는 찰벼이다. 안남미처럼 푸슬푸슬 흩어지지 않고 차지다. 그래서 벼농사를 한자로는 도작(稻作)이라 한다. 우리 나라는 벼농사가 중심이 되는 도작 문화이다. 먹거리의 중심에는 항상 쌀이 있었다. 벼가 다 자란 뒤에 타들어가 이삭을 맺지 못하는 병은 도열병(稻熱病)이다. 잎과 줄기가 박테리아에 감염되어 잎에 반점이 생겨 퍼지다가 마침내 전체가 갈색으로 변하면서 말라 죽는다.

벼가 익어 고개 숙이면 벼이삭이라 한다. 이삭은 한자로 수(穗)자나 수(穟)자를 쓴다. 영(穎)자도 이삭이란 뜻이다. 익은 벼가 고개를 숙이듯이, 든 것이 많은 사람은 오히려 자신을 숙여 낮출 줄 안다.

稻作

米

쌀 미(米)
낱알이 줄기의 아래위에
붙어 있는 모습이다.

김홍도의 〈새참〉

농사 때 점심을 새참으로 내다 먹는
풍습은 우리의 오랜 전통이다.

점심(點心)의 의미

점심(點心)은 마음에 점을 찍는다는 말이다. 중국 사람들은 점심을 간식의 의미로 쓴다. 출출할 때 가볍게 먹는 간식을 점심이라고 한다. 딤섬은 작은 만두나 아주 작은 주먹밥 같은 가벼운 음식으로, 이 말은 점심을 광동어(廣東語)로 읽은 것이다.

오늘날 우리 나라 사람들은 하루 세 끼 중에 점심을 가장 많이 먹는 편이다. 바쁜 현대 생활로 아침을 거르는 사람이 많아졌기 때문이다. 예전에도 하루 두 끼 식사가 정상이었다. 아침을 든든히 먹어야 하루가 든든하다고 여겼다. 농사 때는 들일을 나가므로 점심을 새참으로 내다 먹었다. 겨울철에는 조석(朝夕)으로 두 끼니만 먹었다. 중간에 허기를 달래려고 가볍게 먹는 간식이 점심이었다.

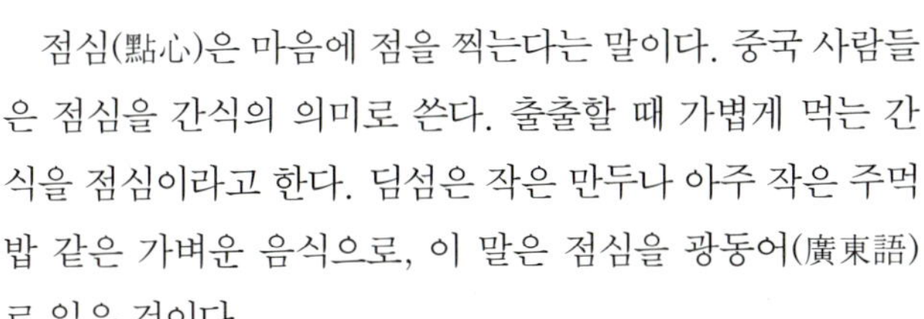

딤섬

점심을 광동어로 읽으면 딤섬이다.

3 음주 문화

허튼 수작 부리지 마!
자! 모두의 건강을 위해 건배합시다.
술이 두어 순배 돌자 모두들 얼굴이 불콰해졌다.
해장술 석 잔에 하루를 버린다는 말이 있다.

│ 허튼 수작(酬酌) │

술은 인류와 기쁨과 슬픔을 함께 해 온 음식이다. 술을 뜻하는 주(酒)의 본래 글자는 술동이를 뜻하는 주(酉)이다. 그래서 주(酉)를 부수로 하는 글자들은 술과 관련이 깊다. 그런데 이 글자가 뒤에 '유'로 발음되면서 술을 뜻하는 수(氵)를 더해 주(酒)자를 새로 만들었다. 혹 주(酒)와 유(酉)가 모두 술의 뜻으로 쓰이다가 유(酉)가 간지(干支)로 쓰이면서 주(酒)만 술의 뜻을 지니게 되었다는 주장도 있다. 주(酒)자를 보면 항아리[酉]에 가득 담긴 술[氵]이 쉽게 연상된다.

술동이를 뜻하는 유(酉)

'술은 온갖 병의 뿌리'라는 속담이 있다. 반면 '술은 모든 약의 우두머리'라는 말도 있다. 술은 어떻게 마시느냐에 따라 독이 되기도 하고 약이 되기도 한다. 술 마시는 데도 갖추어야 할 예절이 있다. 처음 술을 배울 때 잘못 배우면 술버릇이 고약해진다. 술에도 도(道)가 있다. 그것이 주도(酒道)이다.

수작(酬酌)이라는 말이 있다. "허튼 수작 부리지 마!"라고 할 때 수작은 어떤 의도를 가지고 무슨 일을 꾸민다는 의미로 쓴다. 하지만 원래 이 말은 술잔을 주고받는다는 뜻이다. 중국에서는 수작(酬酌)이라 하지 않고 수작(酬酢)이라고 쓴다. 수(酬)는 주인이 손님에게 술을 따라 주는 것이고, 작(酢)은 답례로 손님이 주인에게 따르는 것이다. 그러니까 수작은 주인과 손님 사이에 술을 권커니 자커니 하며 정다운 대화를 이어 가는 것을 말한다.

서양 사람들의 술 문화는 자기 술잔에 알아서 따라 마시는 자작 문

술 주(酒)

항아리에 가득 담긴 술을
연상시키는 모양이다.

김득신의
〈강변회음(江邊會飮)〉

강가 버드나무 아래에 둘러앉아, 낚시질한 고기를 안주삼아 술을 마시는 여유로운 모습이 그려져 있다.

따를 작(酌)

작(酌)은 술동이를 뜻하는 유(酉)와 구기 작(勺)을 합한 글자이다. '구기'는 기름이나 술 따위를 풀 때 쓰는 국자와 비슷한 기구이다. 한자 어휘 중에 수(酬)와 작(酌)이 들어간 말이 꽤 있다.

보수(報酬)는 노고의 대가로 치르는 돈이나 물건을 말한다. '남의 은혜와 호의를 갚는다' 는 보답(報答)과 비슷한 뜻이다. 수창(酬唱)은 시를 서로 주고받는 것이다. 수응(酬應)도 상대와 서로 호응하여 주고받는다는 뜻이다.

참작(參酌)은 살펴 헤아린다는 의미이다. 정상(情狀)을 참작한다는 말을 자주 듣게 되는데, 이는 술을 알맞게 따라 준다는 데서 나왔다. 앞서 본 짐작(斟酌)의 원래 의미와 비슷하다. 작정(酌定)은 사정을 따져 보고 나서 결정한다는 말이다.

화(自酌文化)이고, 중국이나 러시아 사람들은 잔을 마주쳐 건배하는 대작 문화(對酌文化)이다. 이에 반해 우리 나라 사람들은 술잔을 주고받는 수작 문화(酬酌文化)이다. 술을 주고받는다 해서 술잔을 맞바꿔 가며 마신 것은 아니다. 각자의 잔에다 술을 따라 주는 것이다. 술잔을 돌려 가며 마시는 것은 일제 강점기 때 일본에서 들어온, 예전에는 없던 음주 방식이다. 권하는 것은 술이지 잔이 아니다.

건배(乾杯)와 고배(苦杯)

술자리에서 모두 함께 잔을 치켜들고 건배(乾杯)를 외치는 모습을 흔히 본다. 건(乾)은 건곤(乾坤)에서 보듯이 일반적으로 하늘의 뜻으로 쓴다. 또 건조(乾燥)나 건량(乾糧) 등에서 보듯이 '마르다', '말리다'의 뜻도 있다. '말리다'의 뜻으로 읽을 때는 '간'으로 읽는 것이 옳다. 배(杯)는 나무 목(木)과 아닐 불(不)을 합친 글자이다. 여기서 불

(不)은 나무나 풀의 뿌리를 나타낸다. 배(杯)는 나무로 깎아 만든 술잔이다.

건배(乾杯)는 잔을 말린다는 뜻으로, 술잔에 술을 한 방울도 남기지 않고 다 마시는 것을 가리킨다. 원래는 '간배'로 읽는 것이 맞다. 중국 사람들은 건배를 하고 나서 남김없이 다 마셨다는 표시로 빈 술잔을 들어 자기 머리 위에 붓는 시늉을 한다. 기쁜 일이 있거나 축하의 뜻을 더 크게 나누기 위해 모두 동참(同參)의 뜻으로 건배를 제의한다. 술을 잘 마시지 못하는 사람은 억지로 다 마실 필요는 없다.

기쁜 뜻을 담아 마시는 술잔은 축배(祝杯)이고, 반대로 쓰라린 마음으로 드는 술잔은 고배(苦杯)이다. 고배는 말 그대로 쓴잔이다. 시험에 낙방하거나 운동 경기에서 지면 흔히 '고배를 마셨다'고 한다. 고배를 마셔 본 사람만이 축배의 기쁨을 맛볼 자격이 있다. 고(苦)는 풀 초(艹)를 부수로 하며, 맛이 쓴 '씀바귀'를 가리킨다. 맛이 쓰면 먹기가 괴롭다. 고배는 정말 마시고 싶지 않은 괴로운 술잔이다.

순배(巡杯)와 포석정(鮑石亭)

소설을 읽다 보면, 술이 두어 순배(巡杯) 돌자 술기운이 올라 얼굴이 불콰해졌다는 표현을 자주 볼 수 있다. 순(巡)은 한 바퀴 돈다는 뜻이다. 지금도 순찰(巡察), 순경(巡警), 순시(巡視) 등 순(巡)자가 들어가는 말을 많이 쓴다. 순배는 술자리에 함께 앉은 사람이 돌아가며 술을 한 잔씩 마신 것을 말한다. 술이 두어 순배 돌 정도가 되면, 취기(醉氣)가 올라 술자리의 흥이 거나해질 만한 시간이 된다.

요즘에는 마시던 술잔을 상대방에게 직접 건넨다. 예전에는 순배잔과 자기 술잔을 따로 가졌다. 순배잔은 계속 돌리고, 자기 술잔은 주량에 따라 알아서 마셨다. 순배잔을 돌려 마시는 풍습은 아주 오래

鮑石亭

전부터 있었다. 널리 알려진 경주의 포석정(鮑石亭)이 바로 이 풍습을 잘 보여 주는 유적이다.

포석정은 신라 때 임금이 신하들과 함께 술잔을 띄워 놓고 순배주를 나누며 노닐던 풍류의 장소이다. 포(鮑)는 복어(鰒魚)의 별칭이다. 복어 모양으로 돌을 쌓아 물길을 만들고, 물길을 따라 술잔을 띄웠다. 사진을 보면 중간중간 돌을 쌓은 것이 매끄럽지 않고 울퉁불퉁하다. 이 때문에 물이 물길을 따라 흐르다가 물길이 꺾이는 부분에서 회돌이 현상이 생겨 잔이 잠깐씩 한 곳에 머물게 된다. 그 지점마다 사람이 앉아서 차례로 순배잔을 받았다.

이렇게 구불구불한 물길을 따라 술잔을 띄워 순배잔을 돌리는 놀이를 유상곡수(流觴曲水)라고 하였다. 상(觴)은 술잔을, 곡수(曲水)는 구불구불한 물길을 뜻한다. 진(晉)나라 왕희지(王羲之)가 쓴 〈난정기(蘭亭記)〉라는 글에 3월 삼짇날에 흐르는 물에 몸을 담궈 나쁜 기운을 씻어 내는 의식을 치르면서 유상곡수 놀이를 한 기록이 있다. 포석정에서의 유상곡수(流觴曲水)도 사악한 기운을 씻어 내는 제의적(祭儀的)인 의식과 관련이 있을 것이다.

포석정(鮑石亭)

통일 신라 시대 이후 역대 왕공(王公)이 순배잔을 돌리는 곡수연(曲水宴)을 베풀던 곳이다. 경주시 배동(拜洞)에 있다.

문징명의 〈난정수계도(蘭亭修禊圖)〉
난정에서 유상곡수하며 노니는 모습을 그렸다.

왕희지의 〈난정서(蘭亭敍)〉
5행 아랫부분에 '유상곡수(流觴曲水)'라고 쓴 글자가 보인다.

해장(解腸)인가, 해정(解酲)인가

　주변에서 '해장국 전문'이라고 쓴 식당 간판을 쉽게 볼 수 있다. 해장국은 말 그대로 술에 지친 속을 풀어 주는 국이다. 간밤에 먹은 술이 깨지 않은 것을 숙취(宿醉)라 한다. 즉, 잠을 자고 나서도 남은 술기운이 숙취이다. 숙취를 깨려고 해장국을 먹고, 해장술을 마신다. 해장술을 마시면 오히려 술이 깬다는 생각은 과학적으로는 전혀 근거가 없는 것이다. 그래도 술을 많이 마신 다음 날 아침 꼭 해장술을 찾는 사람들이 있다.

　'해장'을 흔히 장(腸)을 푼다는 뜻으로 생각한다. 이 말은 원래 해정(解酲)에서 나왔다. 정(酲)은 바로 숙취(宿醉)를 뜻하는 한자이다. 해정은 곧 숙취를 푼다는 뜻이다. 그러니까 '해정술'이고 '해정국'이라고 해야 맞다. 하지만 사람들이 오랫동안 계속 해장국이라고 해 왔

解腸
—
解酲

창덕궁 옥류천(玉流川)의 유배거(流杯渠)

유상곡수(流觴曲水)의 흔적이 남아 있다.

창덕궁 뒤뜰 옥류천(玉流川)의 유배거(流杯渠)

창덕궁(昌德宮)의 후원(後苑)에는 옥류천(玉流川)이라고 새겨진 큰 바위가 있다. 이 바위 앞에 널찍한 너럭바위가 있다. 여기에도 술잔을 띄워 놀던 유상곡수(流觴曲水)의 흔적이 남아 있다. 일부러 반원형으로 둥글게 물길을 파서 위쪽에서 흘러내린 물이 바위를 빙 돌아서 아래로 떨어지게 했다. 이를 유배거(流杯渠)라고 한다. 거(渠)는 도랑을 말하니 유배거는 술잔을 띄워 흐르게 한 도랑이라는 뜻이다. 《조선왕조실록》에도 임금이 조정의 대신들과 모여 이 곳에서 잔치를 베풀었다는 기록이 보인다. 군신(君臣)이 모여 앉아 유쾌하게 술잔을 기울이던 광경을 생각하면 태평성대(太平聖代)의 분위기가 물씬 풍긴다.

술잔을 뜻하는 한자

배(杯)
나무로 깎아
만든 술잔.
배(盃)와 같다.

잔(盞)
옥으로 깎아 만든 작은
술잔. 보통은 밑에 받침
이 있다.

뿔잔[각배(角杯)]
짐승의 뿔로 만들거나
뿔모양을 본떠 만든 술잔.

작(爵)
청동기로 만든,
발이 딸린 큰 술잔.
의례용으로 쓴다.

기 때문에 고치기가 쉽지 않다. 또 그렇게 굳어진 것을 굳이 고칠 필
요도 없다.

　해장술로는 흔히 모주(母酒)를 마셨다. 모주는 인목대비(仁穆大妃)
의 모친 노씨가 제주도로 유배 갔을 때 술찌끼로 진국 술을 만들어 고
을 사람들에게 나누어 준 데서 유래한다. 왕비의 어미가 만든 술이라
해서 모주(母酒)라 불렀다고 한다.

　해장술 석 잔에 종일 취한다는 말이 있다. 속을 풀자고 마신 술에 다
시 취하는 것을 두고 하는 말이다. 지나친 음주(飮酒)는 건강을 해친
다. 장에 숙취가 쌓여 해장을 해야 할 만큼 마시는 것은 삼가야겠다.

4 주거 문화

나라의 초석이 되는 인물이 되거라.
동량의 인재가 저렇게 썩고 있다니 안타깝다.
할머니는 연세가 높으신데도 참 정정하시다.
그들은 속수무책으로 와해되고 말았다.

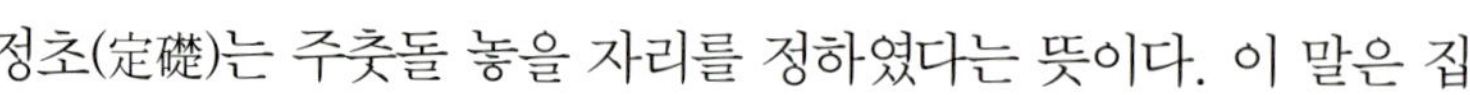

| 초석(礎石)을 놓다 |

礎
石

　어느 건물을 가든지 반드시 입구에 '머릿돌' 혹은 '정초(定礎)'라고 새겨진 돌을 볼 수 있다. 건물의 이름과 설계한 사람, 준공한 날짜 등을 돌에 새겨 적게끔 법으로 규정되어 있기 때문이다. 초(礎)는 주춧돌이다. 주춧돌은 집 지을 때 기둥을 세우기 전에 터를 다진 후 기둥 놓을 자리에 놓는 네모난 돌이다.

　세월이 흘러 집이 불타거나 허물어져 흔적이 없어져도, 터를 파 보면 주춧돌만은 그대로 남아 있다. 이 주춧돌의 위치만 보고도 원래 건물의 규모와 크기를 알 수가 있다. 그래서 지금은 사라진 옛 건물의 복원은 주춧돌을 바탕으로 이루어진다. 주춧돌로 남은 집터의 흔적이 바로 '터무니'라는 주장도 있다. 터무니, 즉 터의 무늬조차 없으면 달리 흔적을 찾아볼 수 없겠기에 하는 말이다. 그래서 주춧돌도 남기지 말라는 말은 흔적조차 없애라는 뜻이다. 실제 백제의 왕궁은 주춧돌도 남지 않아 오늘날 그 정확한 위치와 규모를 알 수가 없다.

　정초(定礎)는 주춧돌 놓을 자리를 정하였다는 뜻이다. 이 말은 집

초석(礎石)

의 설계도면이 완성되어 공사가 시작되었다는 말과 같다. 예전에는 건물의 주춧돌을 놓을 때 반드시 정초식(定礎式)을 열어 사고(事故) 없이 공사를 마칠 수 있도록 고사(告祀)를 지냈다. 정초식은 본격적인 공사의 시작을 알리는 기공식(起工式) 비슷한 것이었는데, 오늘날에는 공사가 마친 것을 알리는 준공식(竣工式)처럼 되어 버렸다.

초석 위에는 기둥[柱]이 놓인다. 주춧돌은 그러니까 주초석(柱礎石)이다. 주춧돌이 놓이면 건물의 크기와 기둥의 위치가 결정되므로, 그 다음부터는 집 짓는 일이 일사천리(一瀉千里)로 진행된다. 오늘날도 절터나 왕궁터에 가면 가지런히 줄을 맞춰 놓여진 주춧돌을 쉽게 볼 수가 있다.

신라 시대의 사찰 황룡사 터
현재 남아 있는 주춧돌을 통해 엄청난 규모의 사찰이었음을 짐작할 수 있다.

棟梁 — 上梁文

| 동량(棟梁)과 상량문(上梁文) |

동량재(棟梁材)는 마룻대나 대들보로 쓸 수 있을 만한 좋은 목재를 말한다. 용마루를 뜻하는 동(棟)은 집의 가장 높은 위치에 가로놓인 척추에 해당하는 구조물로, 서까래의 받침대 구실을 한다.

량(梁)은 대들보이다. 들보는 기둥과 기둥 사이를 가로질러 걸치는 목재를 말한다. 들보 량(梁)은 물[氵]과 칼날[刀], 나무[木]로 구성되었다. 나무를 칼로 잘라 물에 걸쳐 놓는 것을 나타냈다. 이로 보아 알 수 있듯이 이 글자의 본뜻은 '다리'이다. 다리 대신 교량(橋梁)이라는 한자말을 지금도 쓴다. 들보도 물의 이편과 저편에 걸쳐 놓인 다리처럼 건축물의 가로축의 힘을 받는다. 들보 중에서도 대들보는 건물 중앙의 힘을 받쳐 주는 가장 중요한 구조물이다. 용마루와 대들보가 건물의 힘을 지탱해 주는 구실을 하므로, 옛날부터 한 집안이나

상량(上梁)

기둥 사이에 가로 세로로 목재를 연결하여 뼈대를 완성한 다음, 마지막으로 지붕의 가운데를 지나가는 마룻대를 올리고 있다.

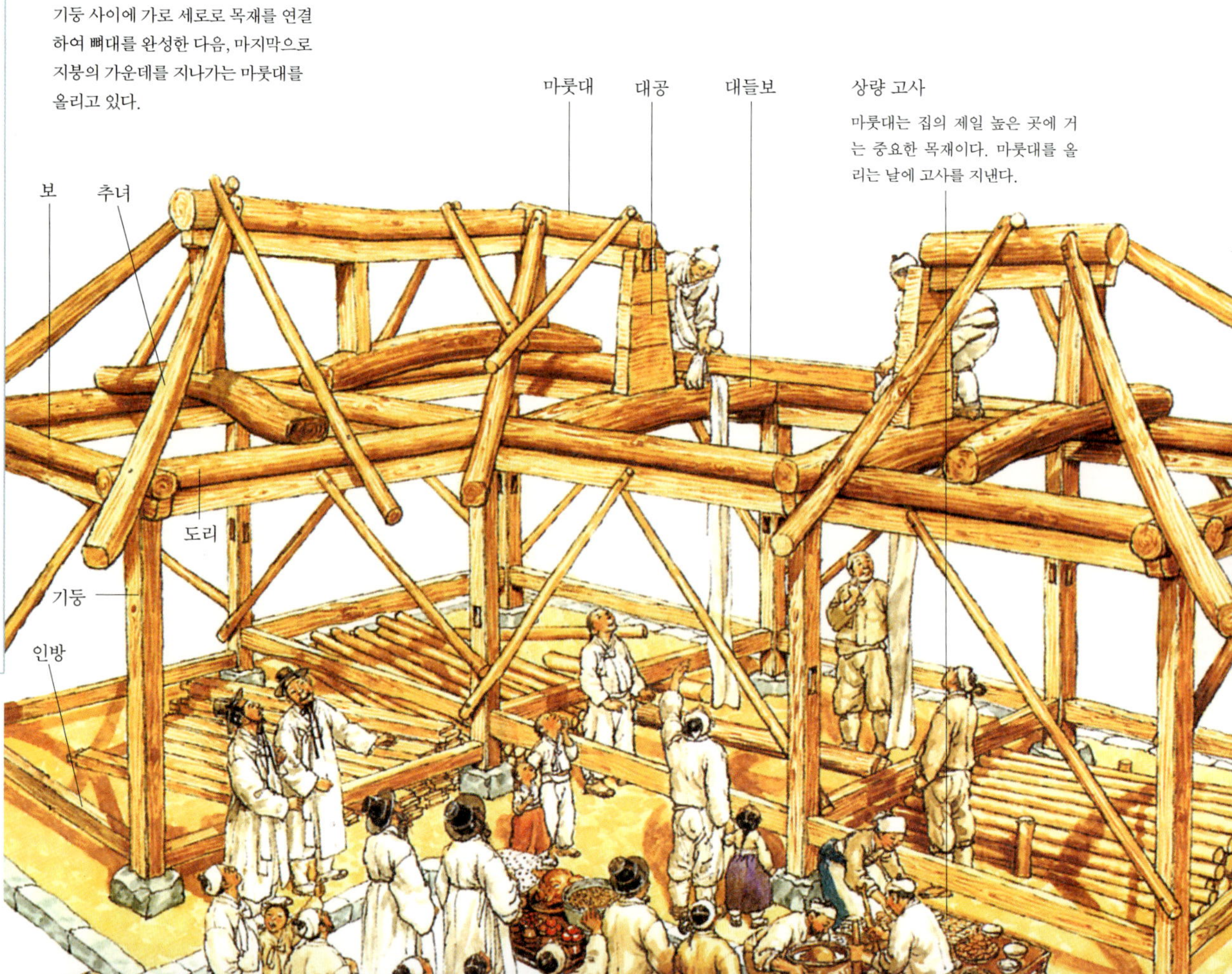

마룻대는 집의 제일 높은 곳에 거는 중요한 목재이다. 마룻대를 올리는 날에 고사를 지낸다.

한 나라의 기둥이 될 만한 인물을 동량지재(棟梁之材)라고 하였다.

주춧돌을 놓고 기둥을 세워 들보를 얹는다. 중앙에 대들보를 달아 올리면 건물의 골격은 다 완성된다. 대들보를 달아 올리는 것을 상량(上梁)이라고 한다. 오늘날로 치자면 콘크리트 골조(骨組)가 완성되어 이제부터 내부 공사로 들어가게 되는 것이다. 하지만 실제로는 대들보 위에 용마루, 즉 마룻대를 올리는 날에 상량식(上梁式)을 거행하였다. 이 때 글 잘하는 사람이 이 집에서 복을 받고 잘 살게 해 달라는 기원을 적은 상량문(上梁文)을 지어 대들보 위에 홈을 파서 그 글을 거기에 넣었다. 옛 사람들은 대들보에 집안을 지켜 주는 성주신[成造神]이 살고 있다고 생각하였다. 집을 지켜 주는 수호신(守護神)이 거처할 대들보를 만들어 올리는 일은 결코 소홀히 할 수 없는 중요한 일이었다.

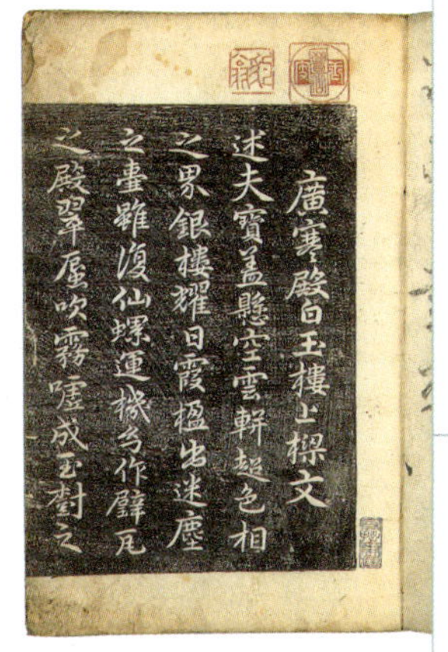

상량문(上梁文)

허난설헌이 지은, 상상 속의 공간인 광한전(廣寒殿) 백옥루(白玉樓)의 상량문이다.

양상군자(梁上君子)

세상이 몹시 어지러웠던 후한(後漢) 말, 태구현(太丘縣)의 현령이던 진식(陳寔)은 겸손하고 공정한 사람으로 백성들의 신망(信望)이 높았다. 그 해에는 흉년까지 들어 백성들의 괴로움이 이만저만이 아니었다.

하루는 진식이 책을 읽다가 도둑이 대들보 위로 올라가는 것을 보았다. 그는 일부러 모른 체하고 자손들을 불러 놓고 말하였다.

"사람은 스스로 노력하지 않으면 안 된다. 처음부터 악한 사람은 없는 법이다. 잘못된 습관이 몸에 배면 자기도 모르는 사이에 나쁜 사람이 된다. 저기 대들보 위에 계신 양상군자(梁上君子)도 그런 사람인 게지."

이 말을 들은 도둑은 곧 대들보에서 내려와 사죄(謝罪)하였다. 양상군자(梁上君子)는 '대들보 위의 군자'라는 뜻이니, 도둑놈보고 군자(君子)라는 경칭(敬稱)을 쓴 것이다. 이후로 양상군자는 도둑을 가리키는 말이 되었다.

멀대만하다

호리호리 마르고 키만 큰 사람을 멀대만하다고 한다. 멀대는 용마루, 즉 마룻대의 다른 말로, 머릿대라고도 한다. 머릿대를 빨리 말하다 보니 멀대로 변하였다. 집에서 지붕 다음으로 높은 것이 바로 멀대이다. 그래서 '멀대만하다' 또는 '멀대 같다'는 말은 키가 어찌나 큰지 용마루에 닿을 정도라는 뜻이다. 요즘 식으로 말하면 천장에 머리가 닿겠다는 말과 같다.

軒軒丈夫

┃ 헌헌장부(軒軒丈夫)와 정정(亭亭)한 노인 ┃

건물의 종류는 여러 가지다. 대강만 말해서 당(堂)·재(齋)·실(室)·방(房)·관(館)·누(樓)·대(臺)·각(閣)·정(亭)·헌(軒) 등이 있다.

당(堂)은 터를 높이 돋우어 지은 집이다. 옛날에는 양 옆과 뒤는 막히고 앞이 툭 터져 개방되어 있는 집을 가리켰다. 그래서 당당(堂堂)하다고 하면 자신감 있고 높이 우뚝한 모양을 나타낸다.

재(齋)는 당(堂)보다 폐쇄된 조용하고 은밀한 구조의 집이다. 재

병산 서원의 만대루(晩對樓)

누(樓)는 기둥 위에 높게 지은, 폭이 좁으면서 가로로 긴 다락집이다. 창문을 달아 사방을 막기도 하지만, 사방이 시원스레 통하는 집이다.

(齋)는 목욕재계(沐浴齋戒)라는 말에서도 알 수 있듯이, 정신을 가다듬고 수신(修身)하는 공간이다. 사방이 막히고 남의 눈에 잘 뜨이지 않아야 한다.

실(室)은 내실(內室)이나 침실(寢室)이라는 말처럼, 집의 가장 뒤쪽에 있는 개인적이고 사적인 공간을 가리킨다.

방(房)은 바깥과 격리된, 잠을 자는 공간이다.

관(館)은 주거(住居) 공간이 아니라 길 가는 중에 잠시 머물다 가는 공간을 말한다. 객관(客館)이나 역관(驛館), 여관(旅館) 등이 모두 그것이다.

누(樓)는 기둥 위에 높게 지은, 폭이 좁으면서 가로로 긴 다락집이다. 창문을 달아 사방을 막기도 하지만, 사방이 툭 터져 시원스레 풍경이 바라다보이는 집이다.

대(臺)는 터를 높이 쌓고 바닥을 골라 아래쪽을 바라볼 수 있게 한 공간이다. 지붕 없이 난간만 두른 경우가 많다.

소쇄원의 제월당(霽月堂) (왼쪽)과 광풍각(光風閣) (오른쪽)

제월당은 왼쪽에 방이 있고, 뒤쪽은 문을 내려 막을 수 있도록 되어 있는 구조이다. 광풍각은 가운데에 온돌방이 있는데, 창문을 위로 달아 매면 사방이 뻥 뚫리는 구조로 되어 있다.

의상대(義湘臺)

벼랑에 돌을 쌓아 터를 다진 후 바다가 한눈에 내려 다보이는 곳에 대(臺)를 지었다.

창덕궁의 관람정(觀纜亭)

물가에 부채꼴 모양으로 지은 정자. 람(纜)은 닻줄의 뜻이니, 마치 배를 타고 출발하는 듯한 느낌이 들게 만들었다.

각(閣)은 사방에 비탈진 지붕이 있고, 창문을 낸 건물이다. 정자와 비슷하다.

정(亭)은 길 가던 사람이 잠시 쉬어 가라고 만든 공간이다. 멈춘다는 뜻의 정(停)자가 사람이 정자에서 쉬는 모양인 것을 생각하면 된다. 정정(亭亭)은 노인이 허리가 굽지 않고 꼿꼿한 모양을 나타내는 형용사이다.

헌(軒)은 높고 활짝 트인 장소에 지어 경치를 바라볼 수 있도록 한 건물이다. 헌(軒)은 원래 높은 관리가 타던 수레인데, 마치 수레에 올라타고 밖을 내다보듯이 지은 집이라는 뜻이다. 헌헌(軒軒)은 늠름하고 잘 생긴 모습을 말한다. 헌헌장부(軒軒丈夫)는 늠름하게 잘 생긴 남자를 가리킨다.

예전의 집 이름은 그냥 아무렇게 지은 것이 아니다. 건물의 용도와

정정정(亭亭亭)과 당당당(堂堂堂)

예전에 중국의 어떤 사람이 집을 짓고서 집 이름을 당당당(堂堂堂)이라고 내걸었다. 말 그대로 '당당한 집' 이라는 뜻이었다. 그 이웃 사람은 '정정한 정자' 란 뜻으로 정자 이름을 정정정(亭亭亭)이라고 지었다. 그러자 옆집 사람이 헌헌헌(軒軒軒)이란 현판을 달았다. '늠름한 집' 이란 의미였다. 그런데 어떤 사람이 루루루(樓樓樓)라고 누각의 이름을 지었다. 하지만 루루(樓樓)라는 말은 없었기 때문에 그는 망신만 당하고 말았다. 실제 조선 시대에도 정정정(亭亭亭)이나 당당당(堂堂堂) 같은 이름을 가진 집이 있었다. 한자로 하는 말장난이 재미있다.

위치, 건물에서 내다보이는 풍경에 따라 그에 알맞은 이름을 붙였다. 각각의 차이를 염두에 두고 옛 건물의 이름을 살펴보면 생각지 못한 규칙을 발견할 수 있다.

깨지기 쉬운 기와, 와해(瓦解)

기둥은 주춧돌 위에 그냥 얹어 놓기만 한 것이어서 위에서 눌러 주는 힘이 필요하다. 그래서 서까래를 놓고 나서는 흙으로 덮고, 그 위에 다시 무거운 기와를 얹었다. 기와는 한자로는 와(瓦)자를 쓴다. 기와란 원래 지붕을 덮는다는 뜻으로 덮을 개(蓋)자를 써서 개와(蓋瓦)라 하던 것이 변해서 된 말이다.

옛 글자체로 보면 와(瓦)자가 암키와와 수키와가 서로 맞물린 모양을 본뜬 것임을 금세 알 수 있다. 기와는 암키와와 수키와가 있다. 아래에서 받쳐 주는 넙적한 기와가 암키와이고, 위에서 덮어 지붕의 골

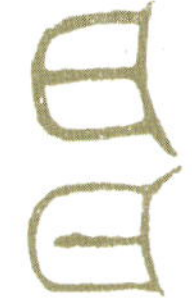

기와 와(瓦)

암키와와 수키와가 서로
맞물린 모양을 본떴다.

瓦解

기와 지붕

아래에서 받쳐 주는 넙적한 암키와와 위에서 덮어 지붕의 골을 만드는 수키와로 이루어져 있다.

을 만드는 기와가 수키와이다. 기와는 1000℃ 이하의 비교적 낮은 온도에서 굽는다. 게다가 오랜 시간 햇볕을 쬐고 비바람을 맞으면 쉽게 금이 가고 쪼개진다. 만약 땅에 떨어지기라도 하면 형체를 알아볼 수 없게 산산조각이 난다. 화재가 나서 목재가 불타면 집은 기와의 무게를 못 이겨 폭삭 가라앉고 만다.

어떤 조직이나 기관이 한꺼번에 붕괴되거나 분열되는 것을 와해(瓦解)된다고 표현한다. 붕괴(崩壞)와 같은 뜻으로 쓴다. 집이 내려앉으면 기와가 온통 산산조각이 나는 까닭에 이런 비유가 생겼다. 지금도 건물 터마다 와해된 기와 조각들이 널려 있는 것은 이 때문이다.

家(가)—집

집 면(宀)과 돼지 시(豕)를 합한 글자이다. 갑골문에서는 돼지와 같은 가축을 기르는 우리를 뜻하는 말이었다. 뒤에 사람이 사는 집으로 바뀌었다.

屋(옥)—집

규모가 큰 집이다. 쪼그려 앉은 사람을 뜻하는 시(尸)와 지(至)가 합쳐 사람이 머무는 곳이란 뜻이 되었다. 지(至)는 건축물의 장식이라는 설도 있다.

舍(사)—집

규모가 아주 작은 집이다. 사(舍)는 지붕[人]과 기둥[干], 구덩이[口]를 합한 글자이다. 구덩이 파고 지붕을 얹은 움집의 형태이다.

가옥과 관련된 한자

宅(택)—집, 대지

맡길 탁(乇)이 음의 역할을 한다. 사람이 의지하고 맡기며 사는 곳을 나타냈다.

宮(궁)—집, 궁궐

집[宀]에 방 두 개를 겹쳐 그린 형태인 등뼈 려(呂)를 더한 글자로 본다. 한편으로는 등뼈처럼 모든 것이 제대로 갖추어진 집으로 보기도 한다.

官(관)—관청

집[宀]과 회(㠯)가 합쳐진 글자이다. 회는 많은 사람이 모여 있는 모습이다. 여러 사람이 모여 일하는 곳이라는 뜻에서 관청을 의미한다.

幕(막)—장막, 휘장

장막이나 휘장으로 가려 덮어 임시로 지은 집이다. 막(莫)은 저물 모(暮)와 같은 뜻으로 풀숲 사이로 해가 지는 모습이다. 건(巾)은 천이다.

戶(호)—지게문, 외짝문

문이 하나 달린 쪽문의 모양이다. 가난하게 사는 서민들의 문을 나타냈다.

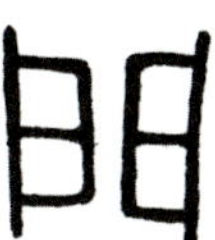

門(문)—문

양쪽에 돌쩌귀가 있는 문이 두 개 달린 대문을 그렸다. 예전에는 규모가 큰 궁궐이나 공공 건물의 문을 의미하였다.

닭과 맨드라미가 만나면?

관상가관(冠上加冠)

닭과 맨드라미를 도안한 그림.
닭벼슬 위에 맨드라미, 즉 닭벼슬 꽃을
그려 벼슬길에서 계속 승진하여 높은
지위에 오르라는 의미를 담고 있다.

오른쪽 그림을 보면 수탉과 암탉이 화면 가운데 있다. 화면 위쪽에는 구멍이 숭숭 뚫린 괴석이 있고, 위쪽에는 맨드라미, 아래쪽에는 국화과의 구절초가 피어 있다. 그리고 화면 아래쪽에는 무와 붉은빛의 순무가 심겨져 있고, 그 위에 세 갈래로 갈라진 풀은 여뀌이다.

암탉은 바위 쪽을 향해 살금살금 내닫고 있고, 그제서야 수탉도 고개를 돌려 암탉이 노리고 있는 것을 바라본다. 두 마리 닭의 눈길이 마주친 곳을 가만히 살펴보니, 여치 한 마리가 바위틈의 풀에 매달려 있다.

먼저 두 마리의 닭은 금슬 좋은 부부를 상징한다. 또 수탉의 벼슬은 계관(鷄冠)이라 한다. 맨드라미꽃도 생긴 모양이 닭벼슬과 비슷해서 한자로는 계관화(鷄冠花)로 부른다. 그러니까 수탉의 벼슬 위에 닭벼슬 꽂인 맨드라미를 그리면, 벼슬 위에 벼슬을 얹은 셈이 된다. 계속 승진해서 가장 높은 벼슬까지 오르라는 축원을 담았다. 한자로는 벼슬 위에 벼슬을 얹는다는 뜻으로 '관상가관(冠上加冠)'의 의미이다.

국화는 장수를 상징한다. 여치는 베짱이라고도 하는데, 그 울음소리가 마치 베짤 때 실을 감은 실꾸리가 북틀 사이를 휙휙 오가면서 나는 소리인 '찌익 짝, 찌익 짝' 같다고 해서 한자로는 '촉직(促織)'이라 한다. 베짜기를 재촉한다는 뜻이다. 여치나 방아깨비를 종사(螽斯)라고 하는데, 한 번에 알을 81개씩 낳는다. 그러니까 그림 속의 여치는 의식(衣食)이 풍족하고 자식을 많이 낳으라는 뜻이다.

무는 한자로 나복(蘿蔔)이라 한다. 보통 무로 담근 김치를 나박김치라고 하는 것은 이 때문이다. 그런데 나복의 복(蔔)자가 복 복(福)자와 소리가 같아서 복을 많이 받으라는 의미가 된다. 여뀌풀은 한자로 '료(蓼)'자를 쓴다. 이는 마친다는 뜻의 '료(了)'와 음이 같다.

이것을 한 묶에 모아서 읽으면 이런 뜻이 된다.

"부부(닭)가 함께 먹고 입는 것이 풍족하고 자식 많이 낳고(여치), 벼슬을 마치도록(여뀌풀) 오래오래(바위) 복을 받고(무) 건강하게(국화) 사십시오."

아마도 이 그림은 신혼 부부의 결혼을 축하하며 그려 준 것인 듯하다. 이렇게 예사롭게 보이는 그림 한 장에도 깊은 뜻이 담겨 있다.

장승업의 〈닭과 맨드라미〉

五 제도와 생활

사람은 사회적 동물이다. 생활은 제도를 만들고, 제도는 사람을 얽어 맨다. 출세를 하려면 과거(科擧) 시험을 보아야 하고, 어른이 되면 결혼을 해서 가정을 꾸린다. 나라와 나라 사이에는 전쟁이 끊일 날 없다. 사회가 혼란할수록 법질서를 바로세워야 한다. 하지만 과거 시험장은 대책을 세울 수 없을 만큼 난장판이었고, 배수진을 치고 출사표를 내던져도 제도의 굳건한 아성을 깨뜨릴 수는 없었다. 세상의 질곡은 늘 사람을 숨 못 쉬게 한다. 인간이 만든 제도에서 비롯된 이런 어휘들의 속내를 들여다보기로 하자.

1 과거 시험장

일이 터지기 전에 미리 **대책**을 세우자구.
현재 **고시** 합격을 목표로 열심히 공부하고 있다.
그는 이번에도 시험에 **낙방**하고 말았다.
난장판이라 도무지 봐 줄 수가 없구나.

對策

| 대책(對策)을 세우다 |

나라에 무슨 일이 생기면 관계 장관 대책 회의가 열린다. 사고가 나면 대책반(對策班)이 가동되고, 도무지 종잡을 수 없어 감당이 안 되는 사람을 두고는 대책이 안 서는 사람이라고 한다. 대체 대책(對策)이 뭘까?

대책(對策)은 예전 과거 시험에서 인재(人材)를 선발하는 시험 방식의 하나였다. 책(策)은 종이가 없던 시절, 글씨를 쓰던 대나무 조각을 가리킨다. 과거 시험 문제를 이 댓가지에 써서 응시자에게 주면, 응시자는 이에 대한 자신의 생각을 제출하였다. 그러니까 대책(對策)은 시험 문제인 책문(策文)에 대한 대답(對答), 즉 시험 답안을 의미하는 말이다. 책문(策文)의 문제로는 당시에 급선무(急先務)로 해야 할 시무(時務)에 관한 내용이나, 경전(經典)의 의미를 따지는 내용이 출제되었다.

이 대책은 오늘로 치면 논술 시험과 그 형식과 내용이 거의 같았다. 하지만 문제는 지금처럼 단순하지가 않고 아주 복잡하였다. 그리고 지금 남아 있는 답안을 보아도 수많은 경전을 자유자재(自由自

在)로 인용하면서 자신의 생각을 조리 있게 펼치고 있다. 만일 수험생이 문제지를 앞에 두고 무슨 말을 써야 할지 몰라 우왕좌왕(右往左往) 붓방아만 찧고 있다면, 그야말로 대책이 안 서는 상황이 된다.

　대책(對策)보다 좀더 어려운 방식의 시험도 있었다. 사책(射策)이 그것이다. 중국 한나라 때 인재 선발 방법 중 하나이다. 경전 중에서 어려운 대목이나, 대답하기 어려운 여러 문제를 책(策)에다 써서 문제가 보이지 않게 통 속에 넣고, 심지를 뽑듯이 하나를 뽑게 해서 나온 문제를 그 자리에서 풀이하게 하여 우열을 가리는 방식의 시험이었다. 화살을 쏠 때 화살통에서 화살을 하나씩 꺼내는 것과 같은 방법이라서 사책(射策)이라고 하였다.

죽책(竹冊)과 산통(算筒)

　죽책(竹冊)은 댓가지에 경전의 내용을 써 넣은 것이다. 경전의 한 대목만 적어 놓고, 그것을 뽑아 앞뒤 구절을 채워 암송하였다.

　이와 비슷한 것으로 산통(算筒)이 있다. 산통은 맹인이 점칠 때 나뭇조각으로 만든 산가지를 넣는 통이다. 산가지에는 1에서 8까지의 숫자가 적혀 있는데, 이것을 산통에 넣고 흔들어 점괘를 만들었다. 다 될 뻔한 일이 갑자기 어그러졌을 때 '산통 다 깨졌다'고 하는데, 산통이 깨지면 점을 칠 수가 없기 때문에 나온 말이다.

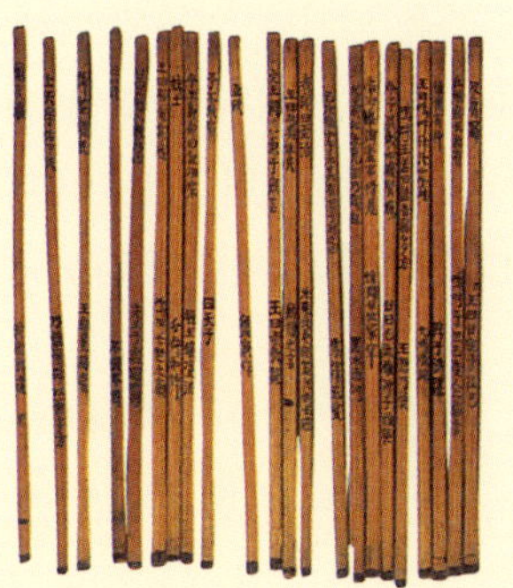

죽책(竹冊)

댓가지에 글을 적어 통에 넣었다가 빼 보게 만든 것이다.

시사단

정조가 재위 16년(1792) 도산 서원(陶山書院)에서 개설했던 별시(別試)를 기념하여 세운 것이다.

과거 제도에 대하여

옛날에는 과거(科擧)로 관리를 선발하였다. 과거는 과목(科目)에 따라 선비를 거용(擧用)한다는 뜻이다. 과거 제도는 중국 한나라 때부터 시작되었다. 우리 나라에도 788년 신라 원성왕 때 독서출신과(讀書出身科)가 있었다. 독서 능력에 따라 상중하 3품으로 나누어 등용하였던 제도이다. 하지만 엄밀한 의미의 과거는 고려 광종 때 시작되었다. 이후 조선 말기까지 과거 제도는 우리 나라 정치 문화에 큰 영향을 끼쳤다.

조선 시대의 과거 과목에는 문과(文科)와 무과(武科), 생원과(生員科)와 진사과(進士科)가 있었다. 이 밖에 중인들이 보는 잡과(雜科)에 역관을 뽑는 역과(譯科), 의원을 뽑는 의과(醫科), 천문 지리를 맡아 보는 음양과(陰陽科)와 율과(律科) 등이 있었다.

이 중에서 문과는 문관의 등용 자격 시험으로 가장 중시되어 대과(大科)라고도 하였다. 생원과와 진사과는 소과(小科)로 불렀다. 문과는 1차 시험인 초시(初試)와 2차 시험인 복시(覆試)가 있었다. 그리고 초시와 복시 모두 3장(場)이 있었다. 오늘날로 치면 세 과목의 시험을 치른 셈이다. 보통 초장(初場)에는 사서삼경(四書三經)을 외거나 뜻을 풀이하였고, 중장(中場)에는 여러 종류의 문체 가운데 2편을 짓고, 종장(終場)에는 대책(對策)을 지었다. 이렇게 해서 33명의 합격자를 선발한 후, 이조(吏曹)로 보내 능력에 따라 벼슬에 임명하였다. 소과인 생원시와 진사시의 합격자는 성균관에 입학할 자격이 부여되고, 하급 관리로 등용될 수 있었다.

조선 시대의 과거는 3년에 한 번씩 보는 식년시(式年試)가 원칙이었으나, 국가에 경사가 있을 때마다 임시 시험인 증광시(增廣試)나 알성시(謁聖試) 등의 별시(別試)도 자주 개설되었다. 후기에는 과거 시험이 너무 잦아, 뇌물을 써서 부정 합격하거나, 어렵사리 합격을 해도 벼슬에 등용되지 못하는 등 폐해가 적지 않았다.

| 고시(考試)와 고과(考課) |

고등 고시(高等考試)나 행정 고시(行政考試) 등 각종 시험이 참 많다. 학교에서 보는 시험은 중간 고사(中間考査)나 기말 고사(期末考査)처럼 고시(考試)라 하지 않고 고사(考査)라고 한다. 또 공무원은 인사 고과(人事考課)를 해서 성적이 좋은 사람을 승진시킨다.

고시(考試), 고사(考査), 고과(考課)에는 모두 고(考)자가 들어 있다. 고(考)는 따지고 살핀다는 말이고, 시(試)는 시권(試券), 즉 시험 답안지이다. 그러니까 고시(考試)는 시험 답안지를 살핀다, 즉 답안을 채점한다는 뜻이다. 답안을 채점하면 성적이 나오고 등수가 결정된다. 그래서 후대에는 아예 시험(試驗)과 같은 뜻으로 쓰게 되었다. 고사(考査)는 살펴서 조사한다는 뜻이다. 그러니까 중간 고사(中間考査)는 중간에 학생들의 학업 성취도를 살펴보는 시험이다.

회사에는 인사 고과표(人事考課表)가 있다. 고과(考課) 점수가 높으면 빨리 승진하고, 점수가 낮으면 만년 말단의 자리에 머물거나, 회사를 그만두게 된다. 과(課)는 성적의 등급을 가리킨다. 그러니 고과(考課)란 등수가 얼마나 되는지를 살피는 것이다. 옛날에는 관리의 승진을 고과(考課) 제도에 따라 성적을 매겨서 결정하였다. 고과

과거 시험의 답안지인 '시권(試券)'

이조 판서를 지낸 조선 후기의 학자 박세당의 후손 박제경이 1864년 과거에 급제한 때의 것이다.

제도와 생활

살아 있는 한자 교과서 2

는 덕행(德行)이 있는지, 행실이 청렴하고 신중한지, 일 처리는 공평무사(公平無私)한지, 업무에 부지런하고 게으르지는 않은지 등의 항목을 두어 점수를 매겼다.

| 낙방(落榜)과 낙제(落第) |

시험에서 떨어지면 낙방(落榜)하였다고 하고, 좋은 점수를 받지 못하면 낙제(落第)하였다고 한다. 이 말도 과거 제도와 관련해서 나온 말이다. 과거 시험장에서 답안을 써서 제출하면, 시관(試官)이 이를 채점한다. 채점이 끝나면 성적이 우수한 사람을 가려, 합격자 명단을 써서 붙인다. 합격자 명단이 써진 패나 종이를 방(榜)이라고 한다. 낙방(落榜)은 이 방에 이름이 오르지 못하고 떨어졌다는 말이다.

낙제(落第)도 낙방(落榜)과 같은 뜻이다. 제(第)는 1등, 2등 하는 등수를 말한다. 낙제는 등수 안에 들지 못하고 등수 밖으로 밀려 떨어졌다는 말이다. 반대로 급제(及第)는 등수 안에 미쳤다[及]는 뜻이 되므로, 합격자 명단 속에 이름이 들어간 것을 말한다. 장원(壯元)은 과

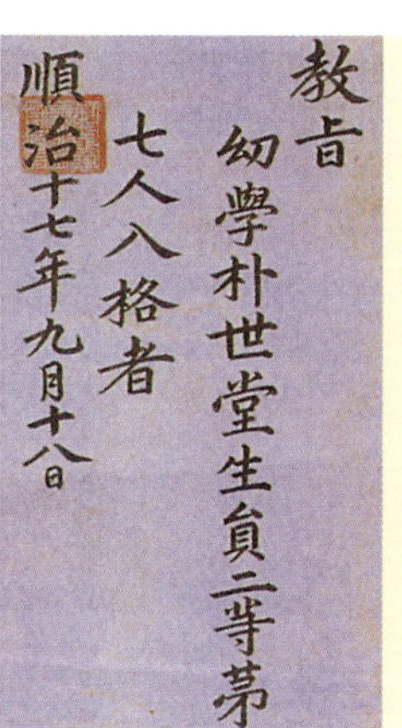

과거 합격증

박세당의 생원시 합격증인 '백패'

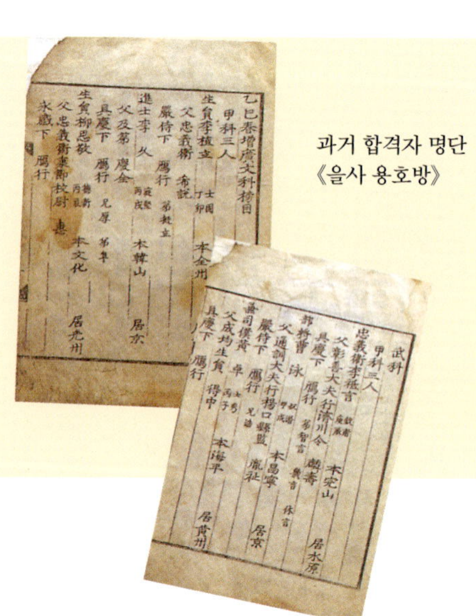

과거 합격자 명단
《을사 용호방》

삼일유가(三日遊街)

〈평생도(平生圖)〉 중 '삼일유가(三日遊街)' 장면

과거 시험에 장원 급제한 사람에게 왕은 머리에 어사화(御賜花)를 꽂아 주고, 삼일유가(三日遊街)를 하게 하였다. 어사화는 '임금이 하사(下賜)하신 꽃'이라는 뜻이다. 예전에는 어사화를 사모(紗帽) 옆으로 겹겹이 돌아가면서 꽂았다. 나중에는 그림에서 보듯이 사모(紗帽) 양옆으로 하나씩 꽂아 앞쪽에 실을 드리워 손으로 잡았다.

삼일유가는 말 그대로 사흘 동안 거리를 돌아다니며 채점관과 선배들, 그리고 친족을 방문하는 축하 행사를 가리키는 말이다. 옆의 그림을 보면 앞쪽에서는 질탕하게 풍악을 울리며 행렬이 앞장서고, 머리에 꽃을 꽂은 탐화랑(探花朗)이 백마를 타고 의기양양하게 고개를 뒤로 젖힌 채 거리를 돌고 있다. 길가 집의 아낙네들은 큰 구경이라도 났다는 듯이 나무 위로 올라가 담 너머로 그 모습을 구경한다. 흥성스럽고 유쾌한 광경이다.

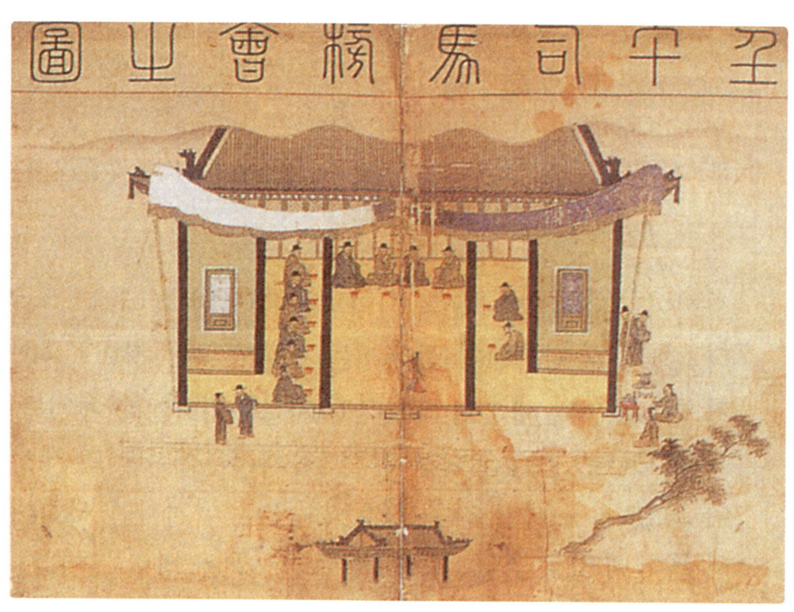

〈계회도(契會圖)〉

1582년(선조 15) 문과 과거에 합격한 동기생 12명이 1630년에 모임을 갖고 이를 기념해 제작한 것이다. 이 그림을 통해 과거 합격 동기생들이 돈독한 우정을 나눈 것을 알 수 있다.

거 시험에서 수석을 말하는데, 장원 급제(壯元及第)는 수석의 등수에 오른 것을 말한다.

예전의 과거는 3년에 한 번씩 치러지는 식년시(式年試)에서 단 33명만을 최종 선발하였고, 후기로 오면서 국가의 경사가 있을 때마다 비정기적인 과거가 계속 실시되었다. 조선 후기에는 과거 시험 때마다 10만 명도 넘는 수험생들이 몰려들었다. 하지만 합격의 기쁨을 누리는 수험생은 몇십 명에 지나지 않았다. 대부분의 수험생들이 번번이 급제(及第)하지 못하고 낙방(落榜)의 고배(苦杯)를 마셔야 하였다.

뒤죽박죽 난장판(亂場板)

난장(亂場) 또는 난장판이란 말은 엉망진창 뒤죽박죽이 된 어지러운 상황을 가리킬 때 쓴다. 난장(—場)은 5일장 또는 7일장처럼 정해진 장날 외에 특별히 며칠 간 임시로 개설한 장을 말한다. 특산물이 집산되는 시기에 주로 열렸다. 이 때가 되면 온갖 놀이패와 투전꾼, 건달이 모여들고, 각종 연희가 베풀어지며, 사기·도박·싸움이 일어나는 등 시끌벅적한 장이 열린다. 이 무질서한 상황을 난장판이라고 표현한다. 하지만 난장(亂場)이니 난장판이니 하는 말은 원래 시장통과 관련해서 나온 말이 아니라, 조선 후기 과거 시험장의 시끌벅적 어수선한 분위기를 가리키던 말이다.

조선 시대에 과거 시험은 신분 상승의 유일한 방법이었다. 집안의 흥망이 과거 급제에 달려 있다고 해도 지나친 말이 아니었다. 그나마 시험도 자주 있는 것이 아니라 몇 년에 한 번 치러졌고, 과거 시험장에는 상상도 할 수 없을 만큼 온갖 부정 행위가 난무하였다. 좋은 자리를 차지하기 위하여 주먹패를 동원하는 일이 예사였고, 서로 좋은 자리를 차지하려고 밤 새워 줄을 서 있다가, 시험장에 문이 열리면 수만 명이 한꺼번에 돌진하는 바람에 실제로 깔려 죽는 사람이 속출하기까지 하였다.

시험 문제가 사전에 유출되는가 하면, 채점관과 짜고 답안지에 미리 표시를 해 두거나, 답안지 바꿔치기, 대신 써 주기, 합격자 바꿔치기 등 온갖 수단이 동원되었다. 이렇게 부정 합격한 사람 중에는 나중에 임금 앞에 나아갔을 때 자기 아버지 이름조차 쓰지 못하여 합격이 취소되는 사람도 있었다.

채점관들도 그 많은 답안지를 다 보기가 귀찮아 먼저 낸 답안지를, 그것도 처음 앞대목만 보고서 1차 채점을 마치기도 하였다. 그래서 수험생들은 답안지 첫 대목에다 결론부터 쓰고 일찍 내느라 소동을 떨기도 하였다. 조선 후기의 과거 시험장은 한마디로 통제 불능의 난장판이었던 것이다.

〈평생도〉 중
'소과 응시(小科應試)' 장면

시험장의 질서가 지켜지지 않고 자유
분방한 모습으로 답안을 작성하는 풍
경이 희한하다.

난장판(亂場板)과 엽기적인 커닝페이퍼

위의 그림은 지금으로 치면 사법 고시 1차 시험쯤에 해당하는 소과(小科) 시험장의 광경이다. 차일(遮日)을 펴고 자리를 깔고서 선비들이 삼삼오오 모여 답안 작성에 여념이 없는 모습이다. 남의 답안지를 기웃거리는 사람, 아예 답안지를 쓸 생각도 없이 멍하니 앉아 있는 사람, 자기 답안을 읽어 주며 열띤 토론을 벌이기까지 하는 사람도 있다.

일반적으로 생각하는 근엄한 시험장의 모습과는 거리가 있다. 몇 명 안 되는 소과(小科)가 이 정도였으니, 약 10만 명이 동시에 참여한 시험장의 광경은 말 그대로 어찌해 볼 수 없는 난장판이었을 것이다.

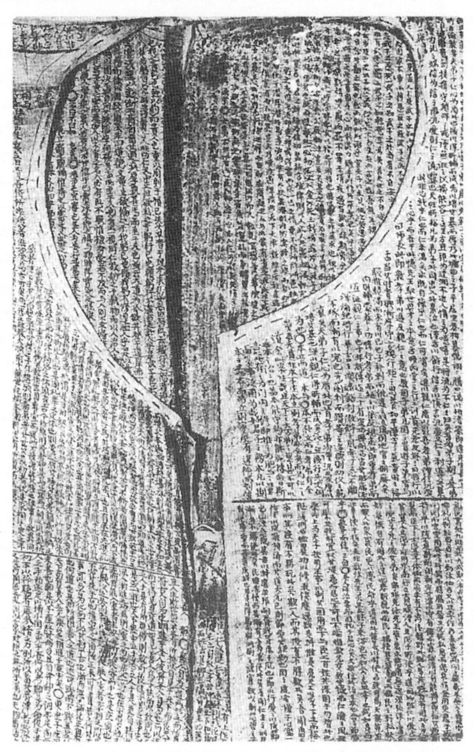

커닝용 의복의 부분(왼쪽)과 전체도

겉쪽과 안쪽에 사서(四書)·오경(五經)과 주석이 70여
만 자나 빽빽이 씌어 있다.

예전 과거 시험에서도 부정 행위가 성행하였다. 답안지를 바꿔치기하거나, 예상 답안을 미리 만들어
가기도 하였고, 심지어는 합격자의 이름을 바꿔치기하는 경우도 있었다. 사람을 사서 대리 답안을 작성
하기도 하였으며, 아예 채점관을 매수해서 부정 합격을 시도하기도 하였다.

가장 보편적인 방식은 예나 지금이나 커닝페이퍼를 몸에 지니고 들어가 참고하는 것인데, 이것은 부
정 행위 중에서도 가장 초보적인 것이었다. 가져간 커닝페이퍼에서 문제가 출제된다는 보장이 없기 때
문이다. 검열이 엄격할 경우, 붓뚜껑 속에 깨알 같은 글씨로 쓴 커닝페이퍼를 넣어 가기도 하였고, 심지
어는 입고 있는 옷에다 써서 들어가기도 하였다.

과거 시험장이 독방으로 되어 있어 들어갈 때 들키지 않으면 괜찮았던 중국에서는 특히 이런 커닝페
이퍼가 아주 유용하였다. 위의 사진은 중국 사람이 자신이 입고 있던 의복에 쓴 커닝페이퍼이다. 청나
라 때 것으로 알려진 이 도포에는 정말 깨알 같은 글씨로 앞뒤에 무려 70여 만 자의 글씨가 적혀 있다.
이런 엽기적인 정성이면 실로 이루지 못할 일이 없을 것 같다.

2 결혼과 가정

이제 두 사람이 화촉을 밝히게 되었습니다.
나중에 피로연에서 만나기로 하세.
그들의 밀월 관계는 얼마 못 가 파탄이 났다.
이제 폐백을 올릴 차례이다.

| 화촉(華燭)을 밝히면 |

華燭

결혼식장에 가면 혼례에 앞서 양가(兩家)의 어머니가 나와 푸르고 붉은빛의 초에 불을 밝히는 모습을 볼 수 있다. 이 초가 바로 화촉(華燭)이다. 결혼 청첩장(請牒狀)에도 "두 사람이 양가(兩家)의 친지(親知)를 모시고 화촉을 밝히게 되었사오니……."라고 쓴다. 화촉을 밝힌다는 말은 결혼한다는 말과 같은 뜻이다. 화촉(華燭)은 색깔을 넣어 물들인 화려한 밀초이다.

전기가 없던 옛날에는 초가 몹시 귀하였다. 밀랍을 굳혀 만든 밀초는 값도 비싸고 구하기도 힘들어, 아무나 쓸 수 없었다. 더욱이 일반 서민에게 빛깔을 물들인 화촉(華燭)은 혼례와 같은 큰 잔치 때가 아니면 감히 쓸 수 없는 물건이었다. 결혼식 때가 아니고는 화촉에 불 밝힐 일이 없다 보니 화촉은 나중에 결혼을 상징하는 물건이 되었다.

한편, 혼례를 치르고 신랑과 신부가 첫날밤을 보내는 방을 화촉동방(華燭洞房)이라고 하였다. 화촉을 밝힌 동방(洞房)이라는 뜻인데, 동방은 신랑 신부가 첫날밤을 보내는 방이다. 신랑 신부는 화촉을 환히 밝혀 놓고 앞날의 행복을 빌고 빌었을 것이다.

전통 혼례식

혼례상 양쪽에 화촉(華燭)이 놓여 있다.

| 피로(披露)와 피력(披瀝) |

결혼식을 마치면 참석한 친지들과 기쁨을 함께 나누며 잔치를 베푼다. 이 잔치를 피로연(披露宴)이라 한다. 피(披)는 '열다', '헤치다'의 뜻이다. 피발(披髮)은 머리를 풀어헤치는 것이고, 피금(披襟)은 흉금(胸襟)을 털어놓는다는 의미이다. 또 로(露)는 '드러내다', '노출하다'의 의미가 있다.

피로(披露)는 열어 헤쳐 보여 준다는 뜻이다. 평소에 품은 생각을 공개 석상에서 드러내 말하는 것도 피로(披露)라고 한다. 피로연은 고맙다는 뜻을 전하고, 두 사람이 혼인을 맺어 부부가 되었음을 공표하는 잔치인 셈이다. 두 사람의 새로운 출발을 축복하러 일부러 찾아와 준 손님들을 대접하는 일은 우리의 아름다운 풍속이다.

피로(披露)와 비슷한 뜻을 지닌 단어로 피력(披瀝)이 있다. "그는 열심히 자신의 견해를 피력하였다."와 같이 쓰일 때 피력은 피로와 동일한 뜻이다. 여기서 력(瀝)은 물방울이 떨어지는 모습을 나타내는 글자이다. 쏟아 붓는다는 뜻도 있다. 역혈(瀝血)은 피를 뿌린다는

披露 ─ 披瀝

뜻이고, 역적(瀝滴)은 물방울이 뚝뚝 떨어지는 모양이다. 그러므로 피력은 속마음을 열어 밖으로 쏟아 내는 것을 말한다.

| 밀월(蜜月) 관계는 어떤 관계? |

밀월(蜜月)의 의미를 사전에서 찾아보면 "결혼 후의 한두 달, 곧 결혼 직후의 즐겁고 달콤한 동안" 이라고 적혀 있다. 밀(蜜)은 '꿀'이고 월(月)은 '달'이다. 밀월은 신혼 초 꿀맛처럼 달콤한 몇 달 간의 기간을 말한다. 이 때 두 사람은 서로의 장점만 보이고, 새로운 생활에 대한 기대와 설계로 마음은 한껏 부풀어 있다. 그래서 밀월 여행(蜜月旅行)이라 하면 신혼 여행(新婚旅行)과 같은 의미로 쓴다.

밀월 기간이 끝나면 다시 현실로 돌아오게 마련이다. 이 때부터는 결혼 전에는 보이지 않던 상대방의 단점도 보이고, 집안 대소사(大小事)와 연관된 여러 가지 일들로 서로 지치고 피곤한 일도 생겨난다.

사실 밀월(蜜月)은 서양말인 허니문(honey-moon)을 글자대로 옮긴 것이다. 이 말은 본래 스칸디나비아 지역의 결혼 풍습에서 비롯되었다고 한다. 이 지역에서 신혼 부부에게 결혼 후 한 달 동안 꿀로 만든 술을 마시게 했던 데서 나온 말이라는 것이다.

요즘 이 말은 함께 사업이나 일을 도모하는 사람들이 서로에게 호감을 갖고 적극적으로 협력하는 관계 또는 그 기간을 뜻하기도 한다.

| 폐백(幣帛)과 이바지 |

요즘은 결혼식이 끝나면 신부와 신랑이 결혼식장 한편에 마련된 폐백실로 옮겨 가 한복으로 갈아입고 폐백(幣帛)을 올린다. 폐(幣)와 백(帛)은 수건 건(巾)을 부수자로 하는 데서 보듯이 모두 비단이라는

뜻이다. 폐(幣)에는 화폐(貨幣), 즉 돈의 의미도 있다.

　본래 폐백이란 예물(禮物)로 보내는 비단을 가리키는 말이었다. 예전에는 제자가 스승을 처음 찾아 뵐 때도 정성의 표시로 작은 예물을 올렸다. 또 웃어른을 만나러 갈 때도 빈손으로 가지 않고 작은 예물, 즉 폐백을 갖추어 갔다. 예물이라야 닭 한 마리 같은 작은 것이었고, 그 이상이 되면 예물이 아니라 뇌물(賂物)로 쳤다.

　지금은 신부가 처음으로 시부모님을 뵐 때 큰절을 하고 올리는 먹을 것을 폐백이라고 한다. 예전에는 신랑이 신부집으로 와서 혼례식을 치렀다. 혼례가 끝나고 나면 신부집에 신방(新房)을 차리고, 신혼부부는 다시 시댁으로 가서 시부모님께 첫 인사를 드리게 된다. 이때 신부집에서는 고기와 포, 떡과 과일 등으로 음식을 마련하는데, 이것을 '이바지' 음식이라고 한다. "한국 산업 발전에 이바지한 공로로"라고 할 때의 이바지도 여기서 나온 말이다.

　이바지 음식에 꼭 들어가는 것이 대추와 밤을 쌓아 만든 고임이다. 폐백 음식을 상에 차려 놓고 신부가 절을 하면 시댁 어른들은 신부의 치마에 대추나 밤을 던지면서 덕담(德談)을 하거나 선물을 준다.

대추를 쌓아 만든 고임

　폐백상에 빠져서는 안 될 것이 대추와 밤이다. 절을 받은 어른들은 대추와 밤을 활짝 펼친 신부의 치마폭에 던져 주며 자식 많이 낳고 다복(多福)하게 살라는 축복의 말을 건넨다. 왜 하필 그 많은 과일 중에서 대추와 밤을 던져 주었을까?

　대추는 한자로 조(棗)자를 쓰고, 밤은 한자로 율자(栗子)이다. 그러니까 대추와 밤을 합하면 조율자(棗栗子)가 된다. 중국음으로는 '자오리쯔'로 읽는데, 그 소리가 조립자(早立子)이니 '일찍[早] 아들이 서기를 바란다', 즉 빨리 아들을 낳으라는 의미가 된다.

　또한 중국 옛 서적에는 조(棗)가 조(早)와 음이 같으므로 부지런하여 아침에 일찍 일어나라는 뜻이고, 밤[栗]은 두려워한다는 뜻의 율(慄)자와 음이 같아 항상 조심조심 두려워하는 마음으로 몸가짐을 바로하라는 뜻이 담겨 있다고 설명하기도 하였다.

서양말을 옮겨 만든 한자말들

　한자는 뜻글자이다. 그래서 중국 사람들은 서양말이 들어와도 우리처럼 영어를 그대로 쓰지 않고, 뜻과 소리를 고려해서 한자로 고쳐서 표기한다. 한자가 지니는 표의성(表意性)을 고려한 이러한 명명(命名) 중에 재미있는 몇 가지 예를 소개한다.

인터넷(internet)	망로(網路 : 왕루). 그물망처럼 이어진 정보 통신.
인터넷 카페(internet café)	망파(網把 : 왕바). 카페의 다른 표현인 '바'를 썼다.
네티즌(netizen)	망민(網民 : 왕민). 인터넷 백성. 망충(網蟲 : 왕충)이라고도 한다. 충(蟲)은 '벌레'이니, 망충은 '공부 벌레'처럼 '인터넷 벌레'라는 뜻이다. 이 때 벌레는 '몰두'의 의미로 쓰인다.
컴퓨터(computer)	전뇌(電腦 : 디엔나오). 전자 두뇌.
하드웨어(hardware)	경체(硬體 : 잉티). 딱딱한 본체.
소프트웨어(software)	연체(軟體 : 롼티). 부드러운 본체.
마우스(mouse)	서활(鼠滑 : 수화). 마우스는 생쥐[鼠]이고, 활(滑)은 미끄럽다는 뜻이다.
모뎀(modem)	묘(猫 : 마오). 모뎀의 첫 음을 따왔다. 묘는 '고양이'로, 마우스의 '쥐'와 호응한다.

ISDN	일선통(一線通 : 이시엔통). 한 줄로 연결되는 통신 서비스. 음도 비슷하다.
해거(hacker)	흑객(黑客 : 헤이커). 정체 모를 검은 옷을 입은 손님. 음을 따온 것이다.
이메일(E-mail)	이매아(伊妹兒 : 이메얼). 이 소녀.
코카콜라	가구가락(可口可樂 : 커커우커러). 입에도 맞고 즐길 만하다는 뜻이다.
펩시콜라	백사가락(百事可樂 : 바이스커러). 온갖 일이 다 즐길 만하다는 뜻이다.
맥도널드	맥당로(麥當勞 : 마이당라오). 음을 따왔다.
켄터키 치킨	긍덕기(肯德基 : 컨더치). 좋은 말로 음을 취하였다.
제록스	전록(全錄 : 취엔루). 전부 기록한다는 뜻이다.
미니스커트(mini-skirt)	미니군(迷你裙 : 미니췬). 너를 '미혹케 하는 치마'라는 뜻이다.

3 군대와 병법

그는 출사표를 던지고 선거판에 뛰어들었다.
나는 이번이 마지막이라는 심정으로 배수진을 쳤다.
미봉책을 써서는 문제가 근본적으로 해결되지 않아!
이 곳은 그의 아성이니 조심하는 게 좋겠네.

| 출마(出馬)와 출사표(出師表) |

出馬

선거철이 되면 자주 듣게 되는 말에 출마(出馬)와 출사표(出師表)가 있다. 출마는 선거에 입후보하는 것을 말하고, 출사표는 출마에 앞서 자신의 각오와 포부를 밝힌 글을 가리킨다. 이 말은 모두 전쟁과 관련해서 나온 말이다.

출마(出馬)는 말 그대로 말을 타고 전쟁터로 나가는 것이다. 본격적으로 진을 짜서 작전에 임한다는 뜻이다. 선거에 입후보하는 것이 살아 돌아올 보장이 없는 전쟁터로 나가는 장수의 심정과 비슷하겠기에 나온 말이다.

출사표(出師表)에서 출사(出師)는 출병(出兵)과 같다. 사(師)는 보통 '스승'의 뜻으로 쓰지만, 여기서는 군사, 혹은 군대의 뜻이다. 오늘날 군대에도 사단(師團)이 있다. 표(表)는 옛날 문장 형식의 하나로, 신하가 임금에게 자신의 생각을 드러내어[表] 밝히는 내용으로 된 글이다. 그러니까 출사표는 군대를 출병하면서 신하가 필승의 각오와 다짐을 적어 올리는 글을 말한다.

원래 출사표란 말은 《삼국지》의 제갈공명에게서 나왔다. 유비(劉

선거 입후보자의 유세 광경

備)가 죽은 뒤, 제갈공명은 그 뜻을 받들어 위(魏)나라 정벌에 나선다. 출병에 앞서 황제에게 눈물을 흘리며 올린 글이 유명한 〈출사표(出師表)〉이다. 폐부에서 우러나온 충언(忠言)과 나라를 걱정하는 늙은 신하의 충정(衷情)이 곡진하게 표현되어 있는 명문(名文)이다.

오늘날의 선거판은 거의 전쟁터를 방불케 한다. 그래서 선거에 출마(出馬)한 후보(候補)들은 저마다 비장한 각오로 출사표(出師表)를 던지고 선거라는 전쟁터로 뛰어든다. 하지만 최후의 승자(勝者)는 늘 한 사람뿐이다.

| 배수진(背水陣)과 장사진(長蛇陣) |

배수진(背水陣)은 말 그대로 강물을 등지고 치는 진법(陣法)이다. 군대의 바로 뒤에 강물이 있다면, 싸움이 불리해져도 달아날 길이 없다. 그래서 상식으로 볼 때 배수진은 절대로 쳐서는 안 되는 진이다. 한나라의 장수 한신(韓信)이 오합지졸(烏合之卒)을 이끌고 강한 조(趙)나라와 싸울 때 이 배수진을 써서 이겼다. 훈련도 제대로 받지 못한 군사들이 위기에 처하면 금세 무너져 달아나 버릴 것을 염려한 한신은 달아나고 싶어도 달아날 수 없는 배수진을 쳐서 결사(決死)의 각오로 싸움에 임하게 해서, 정말 기적 같은 승리를 거두었다.

쥐도 궁지에 몰리면 고양이를 문다는 속담이 있다. 실력이나 형세로 보아 어림없어도 죽기를 각오하고 싸우면 뜻밖의 성과를 거둘 수 있다는 뜻이다. 물에 빠져 죽을 것인가? 아니면 적의 칼에 맞아 죽을 것인가? 삶도 이와 다르지 않다. 절박한 마음이 없으면 절대 큰일을 이룰 수 없다. 하지만 무턱대고 배수진을 친다고 일이 이루어지는 것은 결코 아니다. 임진왜란 때 신립(申砬) 장군은 탄금대(彈琴臺)에 배수진을 쳤다가 조총으로 무장한 왜군에게 몰살당하고 말았다.

장사진(長蛇陣)

자기 차례를 기다리는 사람들이 장사진을 치고 길게 늘어서 있다.

《손자병법(孫子兵法)》

중국 전국 시대의 손무(孫武)가 편찬한 병법서(兵法書)로, 전략·전술의 법칙·준거(準據)를 상세하게 설명한 책이다.

장사진(長蛇陣)도 일상에서 자주 접하게 되는 말이다. 예를 들어, 백화점 세일 기간에 사람들이 길게 늘어서 있을 때나 명절 때 고속도로에서 차들이 꼬리를 물고 서 있을 때 장사진을 쳤다고 한다. 장사진(長蛇陣)은 말 그대로 긴 뱀처럼 늘어선 진법이다. 장사(長蛇)는 맹독을 지닌 뱀인데, 적이 머리를 치려 하면 꼬리로 공격하고, 꼬리를 공격하면 머리로 대들었다. 몸통을 공격하면 머리와 꼬리 양쪽으로 협공하였다. 《손자병법(孫子兵法)》을 지은 손자(孫子)가 이 뱀의 공격과 방어 방법을 이용해서 장사진(長蛇陣)이란 전법을 만들었다. 후에 본래의 뜻은 잊혀지고 뱀이 길게 늘어선 것처럼 사람들이 늘어선 행렬을 가리키는 말로 쓰게 되었다.

| 미봉책(彌縫策)과 고육책(苦肉策) |

彌縫策─苦肉策

말이나 행동에 문제가 있으면 바로잡아 고쳐야 한다. 눈 가리고 아웅 하는 식으로 슬쩍 넘어가려고 해서는 발전이 없다. 또한, 잘못된 부분이 있으면 문제점을 정확히 파악해서 다시는 그런 문제가 일어나지 않도록 해야 한다. 문제가 있는데도 대충 덮어놓고 지나가고, 그때 그때 때워 넘기면 나중에는 정말 걷잡을 수 없이 문제가 커진다. 이런 임시변통 식의 문제 해결 방식을 미봉책(彌縫策)이라 한다.

미봉(彌縫)이란 옷감의 터진 부분을 깁고 꿰매는 것을 말한다. 옷이 찢어지거나 옷 솔기가 터지면 깁고 꿰매서 다시 입을 수 있다. 찢어지거나 터진 것을 꿰매 원래대로 합쳐 놓는 것은 봉합(縫合)이다. 재봉틀(裁縫−)은 자른 천을 꿰매 주는 기계이다.

미봉(彌縫)이란 말은 원래 나쁜 뜻이 아니다. 춘추 시대 정(鄭)나라 장공(莊公)이 주(周)나라 환왕(桓王)과 싸울 때 둥근 진을 벌여 놓고 전차를 앞세우고 보병을 뒤따르게 하였다. 그런데 둘 사이의 거리가 너무 멀어 일부 병력을 보내 그 사이를 채우게 하였다. 이것을 두고 미봉책(彌縫策), 즉 터진 부분을 메우는 계책이라고 하였다. 이 미봉책을 써서 수적 열세를 딛고 환왕의 군대를 물리칠 수 있었다.

하지만 오늘날 미봉책이라는 말은 본질적인 문제를 덮어둔 채 그때 그때 눈가림 식의 해결로 대충대충 넘어가는 태도를 나무라는 말로 쓴다. 미봉책으로는 당장의 위기를 모면할 수는 있지만, 얼렁뚱땅 넘어간 문제는 또다시 더 큰 문제를 일으키게 마련이다.

고육책(苦肉策)이라는 말도 있다. 고(苦)는 쓰다, 괴롭다는 뜻이고, 육(肉)은 고기 또는 살을 말한다. 말 그대로 '육체를 괴롭게 하는 계책'이다. 《삼국지》의 적벽대전(赤壁大戰)*에서 오나라 주유(周瑜) 진영이 조조(曹操)의 백만 대군과 싸울 때였다. 주유 진영의 황개(黃蓋)라는 장수가 일부러 가혹한 고문을 받은 뒤 거짓으로 조조에게 항복

적벽대전(赤壁大戰)

중국 삼국 시대인 208년 손권(孫權)·유비(劉備)의 소수 연합군이 조조(曹操)의 대군을 격파한 싸움이다.

하여 신임을 얻었다. 황개는 조조에게 배를 묶게 해서 마침내 오나라가 화공(火攻)으로 전쟁을 승리로 이끌도록 하였다. 이렇듯 황개처럼 어떤 큰일을 이루기 위해 제 몸의 괴로움이나 손해를 감수하면서 쓰는 계책을 고육책(苦肉策)이라고 한다.

아성(牙城)과 철옹성(鐵甕城)

아성(牙城)과 철옹성(鐵甕城)은 방어 태세가 너무도 굳건하여 좀처럼 공략하기 힘든 성(城)을 가리킨다. "여기는 그의 아성이다."라고 하면 그의 영향력이 막강한 본거지라는 뜻이 된다.

수원 화성의 팔달문(八達門)

성의 문 밖에 둥근 옹성(甕城)을 쌓아 견고해 보인다.

아(牙)는 어금니이다. 어금니는 가장 단단한 이빨이기 때문에 딱딱하고 질긴 음식은 어금니로 깨물어 먹는다. 상아(象牙)는 코끼리의 어금니이다. 매우 단단해서 공예품으로 가공해서 장식용으로 쓰기도 하였다. 예전에 지휘관이 주둔하는 성에는 상아로 장식한 깃발, 즉 아기(牙旗)를 세워 위엄을 세웠다. 상아의 단단함으로 굳건한 대장군의 지휘권을 상징하였다. 아성(牙城)은 지휘관이 직접 지휘하고 있는 성이니 얼마나 공략하기 어렵겠는가.

철옹성(鐵甕城)은 쇠로 만든 항아리처럼 무너뜨리기 힘든 견고한 성이라는 뜻이다. 옹성(甕城)은 원래 큰 성의 문 밖에 성문을 방어하기 위해 둥근 항아리 모양으로 쌓은 성을 말한다. 둥글게 굽어 월성(月城) 또는 곡성(曲城)이라고도 한다. 적군이 성문을 열려면 돌출한 옹성을 통과해야 하므로, 공격이 결코 쉽지 않았다. 이 옹성의 굳건함을 강조하기 위해서 쇠 철(鐵)자를 붙여 철옹성이라고 하였다.

중국에는 역대로 철옹성(鐵甕城)이란 이름을 지닌 성이 여럿 있었다. 모두 난공불락(難攻不落), 즉 공격하기도 어렵고, 공격해 보았자 함락시킬 수도 없는 성이란 뜻을 취한 것이다. 우리 나라에도 함경도 영흥(永興) 땅에 철옹성이 있다. 절벽을 끼고 있으며 입구가 항아리 주둥이 같다고 해서 이렇게 이름을 붙였다.

4 법과 형벌

이번에는 네가 술래야.
목구멍이 포도청이라고 이게 다 가난 탓일세.
이 숨막히는 질곡에서 우리를 구해 다오.
저런 능지처참할 놈이 있나.

巡邏

| 순라(巡邏)와 술래 |

'꼭꼭 숨어라 머리카락 보인다'. 예전 어린이들은 모이면 으레 술래잡기 놀이를 하였다. 술래는 마당이나 집안 곳곳을 뒤지며 숨어 있는 아이를 찾는다. 술래에게 이미 잡혔거나 살아난 아이들은 아직도 어딘가 숨어 있는 아이들을 응원하며 이 노래를 불렀다. 술래잡기는 숨바꼭질이라고도 한다. 《해동죽지(海東竹枝)》란 책에는 "옛 풍습에 (통행 금지를 알리는) 인경 종이 울린 뒤 나졸을 풀어 통금을 어긴 사람을 잡았다. 아이들이 이를 흉내내어 놀이를 하였는데 이를 순라잡기라고 한다."라고 적혀 있다. 통금을 어긴 사람들은 순라꾼에게 잡히지 않으려고 숨고, 순라꾼은 이들을 붙잡으러 다니는 것이 술래잡기 놀이와 다를 것이 없다.

이로 볼 때 술래라는 말은 순라(巡邏)에서 나온 것임을 알 수 있다. 조선 시대에는 도둑이나 화재를 막으려고 궁중과 도성 안팎을 순찰하는 순라군(巡邏軍)을 두었다. 봄 여름에는 오후 여덟 시, 가을 겨울에는 오후 일곱 시부터 도성(都城) 안의 출입을 금지시키고, 순라를 돌면서 이를 감시하였다. 여기에 속한 사람을 순라(巡邏) 혹은 순경

《해동죽지(海東竹枝)》
구한말 최영년이 지은 민속학 관련 저서이다. 민간 전승 놀이, 세시 풍속 등을 담고 있다.

(巡更)이라 하였다. 순(巡)은 돈다는 뜻이고 라(邏)도 순찰(巡察)한다
는 뜻이다. '순라'가 '술라'로 발음되고 다시 '술래'로 바뀌었다.

　순경(巡更)의 경(更)은 1경, 2경 하는 시간의 단위이다. 순경은 시
간대별로 한 차례씩 순찰을 돌았으므로 순라(巡邏)를 순경이라고도
말하였다. 오늘날 경찰서의 순경(巡警)은 순찰하며 경계한다는 의미
로 쓴다. 일제 강점기에는 경찰을 순사(巡查)라고 하였다. 돌아다니
면서 범죄 사실을 조사하고 검거(檢擧)한다는 의미이다.

　천자(天子)가 자신의 지경(地境)을 순찰하는 것은 순수(巡狩)라 하
였다. 북한산과 황초령 등에는 신라 진흥왕 순수비(眞興王巡狩碑)가
서 있었다. 신라는 제후의 나라여서 황제만 쓸 수 있는 순수(巡狩)란
표현을 쓸 수 없었는데도 이런 표현을 쓴 것을 보면, 신라가 자주 국
가로서의 자부심을 크게 가졌음을 알 수 있다.

북한산 신라 진흥왕 순수비

신라 24대 진흥왕이 순행을 기념해 세운 네
비석 가운데 하나로, 560년대에 건립되었다.
신라의 북방 진출을 보여 주는 귀중한 자료
이다. 현재 국립 중앙 박물관에 옮겨져 보관
되고 있다.

捕盜廳 — 無賴輩

우리 속담에 먹고살기 위해 못 할 짓을 하게 되는 경우를 일러 '목구멍이 포도청(捕盜廳)'이라고 한다. 포도청(捕盜廳)은 말 그대로 도둑[盜]을 체포(逮捕)하던 관청(官廳)이다. 그러니까 '목구멍이 포도청'이라는 말은 목구멍, 즉 먹고사는 문제 때문에 나쁜 짓을 저질러 포도청에 오게 되었다는 말이다. 또 '행실을 배우라니까 포도청 문고리를 뺀다'는 속담도 있다. 행실을 바르게 하라고 가르쳤는데, 도리어 위험하기 짝이 없는 짓을 할 때 쓰는 말이다. 포도청은 도둑을 잡는 관청인데, 그 곳에 가서 문고리를 훔친다니 여간 위험하고 무모한 짓이 아닐 수 없다.

포도청은 오늘날로 치면 경찰서와 같다. 도둑 잡는 일을 비롯해서 도성 순찰과 도박 등 각종 범죄를 단속하는 역할을 맡았다. 포도청에는 좌포도청과 우포도청이 있었다. 이 곳의 우두머리를 포도대장(捕盜大將)이라 하였다. 그 밑에는 포졸(捕卒)로 불리는 부하들이 있었다. 포졸들은 신분증인 통부(通符)를 지니고 다녔다. 범인 신문(訊問)과 사체 부검 등의 일도 맡아 하였다.

지금도 사람들은 경찰서에 가기를 꺼린다. 대개 좋은 일로 가는 경우가 없기 때문이다. 예전에도 포도청은 일반 백성들에게 무섭기 짝이 없는 곳이었다. 포도대장과 관련된 옛날 이야기가 많이 전하는 것도 이런 사정과 관련이 있다.

포도청(捕盜廳)

우포도청사. 서울특별시 유형문화재 제37호. 서울 성북구 돈암동에 있다.

파락호(破落戶)

무뢰배와 비슷한 의미로 쓰이는 말에 파락호(破落戶)가 있다. 파락(破落)은 무너져 쇠락(衰落)한 모습이고, 호(戶)는 호구(戶口), 즉 '집안'이다. 그러니까 사전적인 의미로 파락호는 몰락하여 결딴난 집안이라는 뜻이다. 보통은 노는 데 팔려 나쁜 짓을 일삼다가 결딴난 사람을 가리키는 뜻으로 쓴다. 또 부랑자(浮浪者)라는 말도 있다. 한 곳에 자리잡지 못하고 이리저리 떠돌아다니는 사람을 가리킨다. 집 없이 길에서 자는 노숙자(露宿者)도 있다. 노숙(露宿)은 집에서 자지 않고 길거리와 같은 노천(露天)에서 자는 것을 말한다.

무뢰배(無賴輩)는 근거지나 일정한 직업 없이 돌아다니며 나쁜 짓을 일삼는 사람을 가리키는 말이다. 원래는 간악하고 교활한 속임수를 잘하는 사람이란 뜻이다. 뢰(賴)에는 '의지하다', '기대다'의 뜻과 '이익' 또는 '이득'의 뜻도 있다. 앞쪽으로 풀면 전혀 믿을 수 없는 인간이 되고, 뒤쪽으로 풀어도 함께 있어 이익이 되지 않는 인간이라는 뜻이 된다. 범죄는 무뢰배 속에서 많이 일어난다.

질곡(桎梏)과 영어(囹圄)

무언가에 얽매여 벗어날 수 없는 상태를 질곡(桎梏)이라고 한다. 질곡(桎梏)은 원래 죄수의 활동을 제약하려고 채우는 형구(刑具)이다. 질(桎)은 발에 차는 차꼬이고, 곡(梏)은 손에 차는 수갑이다. '차꼬'는 한자말 '착고(着鋼)'의 음이 변한 것이다.

질곡은 지은 죄의 경중(輕重)에 따라 채우는 방법이 다르다. 죄가 무거우면 손과 발에 수갑과 차꼬를 채우고, 두 손목까지 묶는다. 죄가 가벼우면 질곡만 채웠고, 더 가벼운 죄인에게는 수갑만 채웠다. 손과 발이 질곡으로 채워지면 움직이기조차 힘들다. 그래서 어찌해

桎梏

囹圄

서대문 형무소 감방(監房)

볼 수 없는 힘든 상태를 말할 때, '질곡의 현실'이니, '질곡을 벗어나기 위해 애썼다'느니 하는 표현을 쓴다.

영어(囹圄)는 감옥이다. '영어(囹圄)의 처지가 되었다'는 말은 감옥에 갇혔다는 말이다. 글자꼴도 사각형의 감옥 안에 갇힌 모습을 나타낸다. 죄를 짓게 되면 구속(拘束)되어 영어의 몸이 된다. 구속은 잡아[拘] 묶는[束] 것이다. 속(束)자는 나무[木]를 둥글게 묶은 형상이다.

능지처참(陵遲處斬)과 부관참시(剖棺斬尸)

剖棺斬尸

형벌에는 여러 가지가 있다. 오형(五刑), 즉 다섯 가지 형벌을 꼽기도 하는데, 묵형(墨刑)·의형(劓刑)·월형(刖刑)·궁형(宮刑)·대벽(大辟) 등이 그것이다. 대벽은 사형을 말한다. 묵형은 먹글씨를 신체에 새겨 넣는 문신형(文身刑)이다. 의형(劓刑)은 코 비(鼻)자 옆에 칼 도(刂)를 쓴 데서도 알 수 있듯 코를 베는 형벌이다. 월형(刖刑)은 발뒤

꿈치를 끊는 형벌이고, 궁형(宮刑)은 생식기를 거세하는 형벌이다.

대벽(大辟), 즉 사형에는 목을 매달아 죽이는 교형(絞刑)과 목을 베어 죽이는 참형(斬刑), 그리고 가장 참혹한 능지처사(陵遲處死) 또는 능지처참(陵遲處斬)이라고 하는 형벌이 있었다. 능지처사는 극악무도한 죄인에게만 가하는 극형이다. 능지(陵遲)는 원래 '쇠락(衰落)'의 뜻인데, 경사가 완만한 구릉(丘陵)을 천천히 올라가는 것 같다는 뜻이다. 능지처사는 산 채로 온몸을 도막내고 칼로 썰어 천천히 죽이는 형벌이다. 대개는 팔다리와 어깨, 가슴을 잘라 내고, 마지막에 심장을 찌르고 목을 베어 죽였다.

이보다 더 잔인한 형벌은 부관참시(剖棺斬尸)이다. 말 그대로 죽은 사람의 관을 갈라[剖] 시체를 꺼내 목을 베는 형벌이다. 이미 죽은 사람이므로 고통은 없겠지만, 산 사람도 아니고 이미 죽은 망자(亡者)의 시신을 다시 파내 훼손하는 형벌은 본인의 명예가 실추되는 것은 물론이고, 가족들에게도 더할 수 없는 고통이었다.

청대(淸代)의 능지처사(陵遲處死)

대역죄를 범한 경우에 팔다리·어깨·가슴·목을 토막쳐서 죽이던 극형(極刑)이다. 《금산현보갑장정(金山縣保甲章程)》에 실려 있다.

사해(四海)를 횡행(橫行)하는 게

옛 그림 속에는 게를 그린 것이 많다. 게 그림에 반드시 함께 등장하는 것이 있는데, 바로 갈대다. 그 의미는 무엇일까? 어째서 게 그림에는 갈대가 같이 그려지는 걸까?

게가 갈대를 물고 있는 그림은 전려도(傳臚圖)라 한다. 려(臚)는 전한다는 뜻인데, 중국 음이 갈대 로(蘆)와 같다. 아래 명나라 때 화가 서위(徐渭)가 그린 그림에도 전로(傳蘆)라는 두 글자가 또렷하게 적혀 있다. 전려는 예전 과거 시험에서 합격자를 발표하던 일종의 의식과 관련된 말이다. 전시(殿試)에서 합격자 등수를 발표하는 날, 황제가 전각에 이르러 선포하면 각문(閣門)에서 이어받아 계단 아래로 전달한다. 그러면 호위 군사가

명나라 서위(徐渭)의
〈전려도(傳臚圖)〉

일제히 그 이름을 받아 큰 소리로 외친다. 합격자의 이름이 한 사람 한 사람 발표될 때마다 각문 밖에선 무수한 탄식과 환호가 엇갈렸다. 생각만 해도 마음 설레는 장면이 아닐 수 없다. 게는 한자로 해(蟹)다. 각 지역에서 보는 향시(鄕試)에서 합격한 사람의 명단을 중앙 정부에 올려 서울의 과거에 응시하게 하는 것을 발해(發解)라 하였다. 해(解)와 해(蟹)의 음이 같고, 또 게는 등딱지가 갑옷처럼 되어 있어 과거에 갑제(甲第), 즉 1등으로 합격하라는 의미가 된다. 즉, 이 그림은 과거에 장원으로 급제하라는 뜻이다. 요즘 식으로 말하면 대학이나 고시 합격을 축원하는 그림인 셈이다.

아래 김홍도의 그림에는 갈대와 게 두 마리를 그렸다. 그림 위에는 '바다 용왕이 계신 곳에서도 옆으로 걷는다[海龍王處也橫行].' 라고 적었다. 횡행(橫行)이란 거리낌 없이 멋대로 다닌다는 뜻인데, 게가 바로 걷지 못하고 옆으로 기는 것을 이렇게 재미나게 말한 것이다. 이것은 임금 앞에서 제멋대로 군다는 것이 아니라, 마음껏 제 뜻을 펼친다는 의미이다. 게의 별명이 횡행개사(橫行介士)이다. 임금 앞에서도 거리낌 없이 바른 말을 하는 강직한 선비라는 뜻이다.

김홍도의 〈게〉

六 예술과 과학

　예술은 삶을 풍요롭게 하고, 과학은 생활을 편리하게 한다. 일상에서 자주 쓰는 말 중에는 예술과 관련된 용어가 적지 않다. 의욕을 고취하고, 긴장을 풀며, 변죽만 울린다는 말 따위가 다 음악과 관련된 용어이다. 자화자찬은 회화의 한 형식이었던 것이 제 자랑이라는 뜻으로 바뀌었다. 궁합은 천문학에서 비롯된 말인데, 지금은 점을 치는 데 쓰인다. 이는 점성술이 천문학에서 나온 사정을 짐작하게 한다. 경위를 알아보고, 분수령을 이루는 것은 지리와 연관된 말이다. 무심코 쓰는 말이지만, 찬찬히 음미해 보면 그 의미가 참 깊다.

1 음악과 악기

선수들의 사기를 고취시켜야지.
시험장에서 너무 긴장하지 마.
교주고슬이라더니, 저렇게 융통성이 없어서야 원!
변죽만 울리지 말고 요점을 말해!

| 고취(鼓吹)와 고무(鼓舞) |

고취(鼓吹)는 용기와 사기(士氣)를 북돋워 주는 것을 말한다. 이 때 고(鼓)는 북을 치는 것을, 취(吹)는 피리나 나팔을 부는 것을 뜻하였다. 원래 고취(鼓吹)는 예전 임금이나 귀족의 행차, 궁중의 각종 의식에서 연주하던 악기 편성을 가리키던 말이다. 고취악(鼓吹樂)은 타악기인 북과 관악기인 피리를 사용하여 분위기를 북돋워 주고 흥을 일으키던 행사용 음악이었다. 북과 피리는 듣는 이들의 감정을 들뜨게 하여 흥분시킨다. 후에 고취는 민간의 혼례식과 같은 흥겨운 잔치에도 쓰이게 되었다. 지금도 군대가 행진할 때 군악대(軍樂隊)가 앞장서서 군악(軍樂)을 연주한다. 북과 나팔 위주로 편성된 군악은 군대의 사기를 고취(鼓吹)하고 진작(振作)시키는 데 아주 효과적인 음악이다.

고취는 무언가를 열렬히 주장하여 널리 알린다는 의미로도 쓰인다. '애향심을 고취한다'든가 '민족 의식을 고취시킨다'는 표현으로도 사용된다. 북과 피리 소리가 멀리까지 퍼져 나가는 특성에서 확장된 의미이다.

〈능행도〉의 부분

鼓吹

〈능행도〉 중 악대(樂隊) 부분(위쪽)과 군악대의 행진(아래쪽)

고취(鼓吹)는 북과 피리로 분위기를 북돋워 주고 흥을 일으켜 주는 음악이다.

鼓舞

〈난타(亂打)〉의 한 장면

고취와 비슷한 말에 고무(鼓舞)가 있다. 남을 격려하여 기운 나게 하는 일을 가리킨다. 원래의 뜻은 북을 치며 춤춘다는 뜻이다. 고수가 신명나게 북을 두드리면 누구나 어깨춤이 절로 들썩들썩한다. 북소리는 듣는 이의 흥을 돋우고 신바람을 불러일으킨다. 최근 북을 중심으로 한 공연 〈난타(亂打)〉가 외국 무대에서 연거푸 큰 성공을 거두고 있는 것만 보더라도, 북 소리가 국경을 넘어 누구에게나 흥겨움을 가져다 준다는 것을 알 수 있다.

 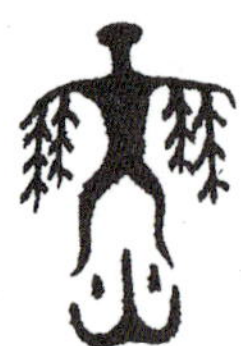  

춤출 무(舞)

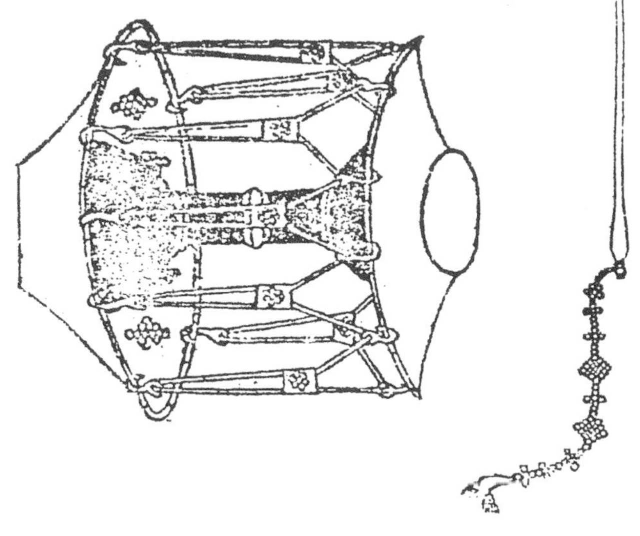

《악학궤범(樂學軌範)》에
실려 있는 장고와 채

자명고(自鳴鼓)와 만파식적(萬波息笛)

　역사 기록을 보면 북과 피리에 얽힌 옛 이야기가 적지 않다. 자명고(自鳴鼓)는 글자대로 풀이하면 '혼자 우는 북' 또는 '저절로 우는 북'이다. 고구려 때 대무신왕의 아들 호동(好童)이 낙랑국(樂浪國)에 갔다가 그의 사위가 되었다. 낙랑에는 외적이 쳐들어오면 저절로 우는 북과 피리가 있었다. 호동은 고구려로 돌아오면서, 공주에게 "무기고에 들어가 북을 찢고 피리를 부수면 예를 갖추어 맞이하겠다."고 하였다. 공주가 그 말대로 한 후 호동에게 알리자, 호동은 왕에게 낙랑을 습격할 것을 권하였다. 고구려가 기습했는데도 북과 피리가 울지 않아 아무 대비를 하지 않았던 낙랑의 왕은 딸을 죽이고 나와서 항복하였다. 뒤에 이 사실을 들은 호동도 자살하고 말았다.

　또 신라에는 만파식적(萬波息笛)이란 신통한 피리가 있었다. 신문왕(神文王)이 동해에 갔다가 용이 바친 대나무로 피리를 만들었는데, 이 피리를 불면 쳐들어왔던 적병이 돌아가고 파도가 가라앉았다. 만파식적(萬波息笛)은 '온갖 풍파를 잠재우는 피리' 라는 뜻이다.

| 긴장(緊張)과 이완(弛緩) |

오늘날처럼 치열한 경쟁 사회에서는 대부분의 사람들이 늘 긴장 속에 살아간다. 긴장(緊張)은 정신을 똑바로 차려 움츠러든 상태를 나타내는 말이다. 긴(緊)은 줄이 팽팽하게 당겨진 것이다. 긴급(緊急) 또는 긴박(緊迫)하다고 하면 몹시 다급한 것을 말하고, 긴축(緊縮)한다고 하면 바짝 움츠려 줄인다는 뜻이다.

긴(緊)은 현악기의 줄을 팽팽하게 죄는 것을, 장(張)은 활시위를 팽팽하게 당긴 것을 가리킨다. 기타나 거문고 같은 현악기는 평소에는 줄을 느슨하게 풀어 두어야 탄력을 유지할 수 있다. 반대로 연주를 할 때는 줄을 팽팽하게 당겨 소리를 맞춘다. 그러니까 긴장은 활시위나 거문고 줄이 팽팽하게 당겨진 상태를 나타낸다.

緊張 ─ 弛緩

긴장(緊張)

긴(緊)은 현악기의 줄을 팽팽하게 죄는 것을, 장(張)은 활시위를 팽팽히 당긴 것을 가리킨다.

긴장의 반대말은 이완(弛緩)이다. 이(弛)도 활 궁(弓)자가 포함되어 있는 것으로 보아 활쏘기와 관련된 글자임을 알 수 있다. 이(弛)는 활 시위를 놓아 느슨하게 만드는 것이고, 완(緩)도 느슨하게 늦춘다는 뜻이다.

이 둘을 합쳐 이장(弛張)이란 말도 쓴다. 《예기(禮記)》*에서는 "백성을 긴장시켜 일만 시키고 늦춰 주지 않거나, 반대로 풀어만 주고 긴장하게 하지 않는다면 어떤 임금도 백성을 다스릴 수가 없다."고 적고 있다. 사람에게는 적당한 긴장과 이완이 반드시 필요하다. 용수철(龍鬚鐵)도 계속 잡아 당긴 상태로 두면 탄성(彈性)을 잃고 만다. 너무 긴장만 하면 유연성(柔軟性)이 떨어지고, 그렇다고 긴장을 너무 풀면 해이(解弛)해져서 제 능력을 발휘할 수가 없다.

융통성 없는 교주고슬(膠柱鼓瑟)

거문고나 가야금, 그리고 아쟁은 우리 나라의 대표적인 현악기(絃樂器)이다. 거문고는 오동나무로 만든 울림통 위에 기러기발처럼 생긴 안족(雁足)을 세우고, 그 위에 명주실을 꼬아 줄을 얹는다. 줄을 퉁기는 기구인 술대를 손가락에 끼우고, 왼손은 괘를 짚고, 오른손은 술대로 줄을 내려치거나 올려 뜯어서 소리를 낸다.

연주를 하려면 먼저 거문고 줄을 고르게 되는데, 줄을 팽팽하게 당겨 매고, 중간에 얹힌 기러기발의 위치를 움직여 기본음을 잡는다. 마치 기타를 칠 때 손잡이 쪽의 나사를 조절하는 것과 같은 이치이다.

그런데 거문고의 줄을 고르는 기러기발을 아교풀로 단단히 붙인 뒤에 거문고를 연주하면 어떻게 될까? 교주고슬(膠柱鼓瑟)이란 주(柱), 즉 기둥처럼 서 있는 기러기발을 접착제인 아교(阿膠)로 붙여 고정시켜 놓고, 슬(瑟), 즉 거문고를 연주한다[鼓]는 말이다. 기타 연

《예기(禮記)》
유교의 경전으로 오경(五經)의 하나. 예(禮)에 관한 해설·이론을 서술한 책이다.

膠柱鼓瑟

고지식함과 관련된 四字成語
사 자 성 어

守株待兎
수 주 대 토

나무 밑동[株]을 지키며 토끼를 기다린다는 뜻이다. 한 농부가 밭을 가는데, 토끼가 달려가다 밭 가운데 있는 나무 밑동에 머리를 박고 죽었다. 이후 그는 농사를 팽개치고 나무 밑동만 지키면서 토끼가 부딪치기만 기다렸다. 구습(舊習)을 고수(固守)하여 변화할 줄 모르는 어리석음을 비웃어 하는 말이다.

尾生之信
미 생 지 신

'미생(尾生)의 신의' 라는 뜻이다. 노나라의 미생이란 사람이 사랑하는 사람과 다리 밑에서 만나기로 약속하였다. 그런데 갑자기 폭우가 쏟아져 물이 불어났다. 지나가던 사람이 위험하다며 빨리 올라오라고 해도, 약속을 지키겠다며 나오지 않았다. 그는 마침내 다리 기둥을 붙잡고 있다가 물에 빠져 죽고 말았다. 한 번 한 약속은 무슨 일이 있어도 지킨다는 의미로 쓴다. 하지만 우직(愚直)해서 융통성이 없음을 가리킬 때도 쓴다.

刻舟求劍
각 주 구 검

배에 표시를 하고 칼을 찾는다는 뜻이다. 어떤 사람이 배를 타고 가다가 강 한가운데서 물 속에 칼을 빠뜨리자 얼른 칼이 떨어진 지점에 표시를 해 두었다. 잠시 후 배가 언덕에 다가서자 그는 배에 표시해 둔 곳으로 잠수하여 칼을 찾았지만 찾을 수가 없었다. 이 또한 변화를 헤아릴 줄 모르는 고지식한 사람의 어리석은 행동을 가리키는 말이다.

주에 미숙한 사람이 연주할 때마다 줄 고르기가 힘들다고 해서 한 번 줄을 맞춘 뒤에 니사에 못질을 해서 고정시키는 것과 같다. 줄은 날씨에 따라서도 당겨졌다 늘어났다 하므로, 지금은 음이 맞아도 다음 번에는 맞지 않는다. 그래서 교주고슬이란 융통성 없이 변화할 줄 모르는 고지식한 태도를 가리키는 말이 되었다.

기러기발을 아교풀로 붙이면 하나의 소리밖에 나지 않는다. 교주고슬하는 사람은 상황의 변화를 인정하지 못하고 오직 한 가지만을 고집하는 사람이다. 단단한 쇠는 강한 충격을 받으면 단번에 부러지지만, 대나무는 휘었다가 다시 제자리로 돌아온다. 현대의 삶은 그 어느 때보다 상황에 따른 신속한 대응과 융통성을 요구한다. 교주고슬하는 고집스런 태도는 상황을 악화시킬 뿐이다.

| 변죽(邊-)과 복판(腹板) |

변죽만 울린다는 말이 있다. 무슨 말을 할 듯 할 듯하면서 딴소리만 할 때 이렇게 말한다. 변죽을 울리면 복판이 운다고도 말한다. 굳이 다 말하지 않고 슬쩍 돌려 말해 상대방이 눈치채게 한다는 뜻이

기러기발이 선명하게 보이는 가야금

기러기발을 아교로 붙여 고정시켜 놓으면 음이 맞지 않게 된다는 것에서 '교주고슬(膠柱鼓瑟)'은 융통성 없는 태도를 뜻한다.

북 고(鼓)

邊—
腹板

다. 이 '변죽(邊-)'과 '복판(腹板)'은 북 또는 장고(杖鼓)에서 나온 말이다.

장고는 머리는 넓고 허리가 가늘다. 오른쪽은 채로 치고 왼쪽은 손으로 두드린다. 오동나무 통 두 개를 가는 조롱목으로 연결시키고, 통의 양편은 가죽으로 메웠다. 가죽은 말가죽을 주로 쓴다. 손으로 두드리는 쪽은 북편이라 하며, 두꺼운 가죽을 써서 낮은 소리를 낸다. 채 끝으로 두드리는 오른쪽은 채편이라 하는데, 얇은 가죽을 써서 높은 소리를 낸다.

이 때 가죽으로 메운 둘레에 쇠로 된 테를 매어 고정시키는데, 이 테두리가 바로 '변죽'이다. 복판(腹板)은 가죽으로 메운 장고의 한가운데를 말한다. 채 끝으로 변죽을 빠르고 가볍게 두드리면 낮은 소리로 울린다. 그러다가 손바닥과 채 끝으로 복판을 때리면 장구는 큰 소리로 울린다. 큰북을 칠 때도 채로 변죽을 계속 두드려 서서히 청중의 감정을 고조시킨 후, 클라이맥스에서 복판을 기운차게 두드려 흥을 고조시키는 것을 볼 수 있다.

음악의 종류에 따라서도 변죽과 복판을 사용하는 법이 다르다. 잡가나 민요 또는 산조를 부를 때는 채편의 변죽을 치고, 농악이나 무악처럼 경쾌하고 소란스런 음악은 채편의 복판을 친다.

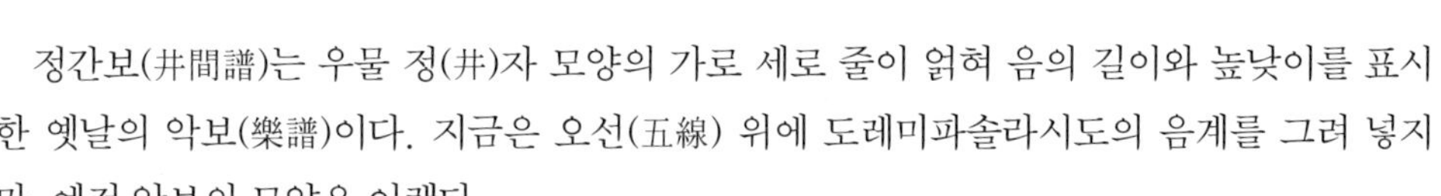

《시용향악보(時用鄉樂譜)》에 실린
〈청산별곡〉 정간보(井間譜)

예전 악보 '정간보(井間譜)' 읽는 법

　정간보(井間譜)는 우물 정(井)자 모양의 가로 세로 줄이 얽혀 음의 길이와 높낮이를 표시한 옛날의 악보(樂譜)이다. 지금은 오선(五線) 위에 도레미파솔라시도의 음계를 그려 넣지만, 예전 악보의 모양은 이랬다.

　굵은 칸의 오른쪽 위에 써 있는 '하일(下一)', '상일(上一)', '궁(宮)'은 음계를 표시하고, 왼쪽에 써 있는 '살어리 살어리'는 노래말이다. 그 중간에 한자로 '고(鼓), 요(搖), 편(鞭), 쌍(雙), 박(拍)' 등의 글자가 적혀 있다. 이것은 북장단을 치는 방법을 설명한 것이다.

　쌍(雙)은 손바닥과 채로 양편을 동시에 치라는 표시이고, 고(鼓)는 채는 치지 말고 왼손바닥으로만 치라는 표시이다. 편(鞭)은 채로 치라는 표시이고, 요(搖)는 채로 변죽을 '더러러러' 하고 굴리라는 표시이다. 박(拍)은 처음 시작할 때 박(拍)이란 악기를 한 번 치는 것을 말한다.

2 미술과 공예

자네 제발 자화자찬 좀 그만 하게나!
회사후소라는데, 먼저 사람이 되어야지.
누구나 끊임없이 심성(心性)을 도야하지 않으면 안 된다.
그 사람 몰골이 말이 아니군!

自畫像 — 自畫自讚

| 자화상(自畫像)과 자화자찬(自畫自讚) |

과학 기술이 발달한 오늘날에는 온라인 화상 인터뷰나 화상 회의가 열려서 목소리뿐 아니라 직접 사람의 모습을 보면서 대화를 나눌 수 있게 되었다. 화상(畫像)은 본래, 그림으로 그린 사람의 모습을 가리키는 말이다. 예전에는 그 사람의 모습을 후세에 전하려면 그림을 통하는 수밖에 없었다.

화상은 다른 말로 초상(肖像) 또는 사진(寫眞)이라고도 한다. 초상의 초(肖)는 '닮았다'는 뜻이다. 실제 모습과 꼭 닮게 그린 그림이 초상화(肖像畫)이다. 부모를 닮지 못해 부모의 이름에 먹칠을 하는 자식은 불초(不肖) 자식이다. 사진은 진영(眞影), 즉 실제 모습을 베껴 그린다는 뜻이다. 예전에는 초상화와 같은 뜻으로 썼다.

때로 자기 모습을 자기가 직접 그리는 경우도 있었다. 자기가 직접 그린 자기 모습이 자화상(自畫像)이다. 거울이 없던 옛날에는 자기 얼굴을 정확히 그리기가 쉽지 않았다. 하지만 남아 있는 자화상들을 보면 인물의 묘사가 사진(寫眞)보다 더 섬세하고 사실적이어서 놀랄 때가 많다.

예전에는 화공(畫工)을 불러 그림을 그린 뒤에, 그림의 여백에 주인공을 기리는 글을 적는 것이 관례였다. 그 글을 찬(讚)이라고 한다. 대개 인물을 칭송하고 논평하는 내용의 글을 가리키는 말이었다. 화상에 붙은 찬(讚)을 화상찬(畫像讚)이라 하는데, 자기가 그린 자화상(自畫像)에 자기 스스로 찬(讚)을 지어 붙이는 경우도 없지 않았다. 이런 경우를 두고 자화자찬(自畫自讚)이라 한다. 흔히 생각하듯 자기가 그린 그림을 자기가 칭찬한다는 뜻과는 조금 다르다. 찬(讚)은 문체의 하나이고, 자기의 화상(畫像)에 자찬(自讚)을 붙이는 일은 예전에 흔히 있던 일이다. 오늘날 이 말은 제가 제 자랑을 늘어놓는 것을 듣기 싫어서 하는 말로 많이 쓴다.

바탕을 먼저 갖추는 회사후소(繪事後素)

예전에 종이가 없던 시절에는 그림을 벽이나 나무판에 그렸다. 그냥 맨바탕에 그림을 그리면 채색이 겉돌아 스며들지 않았다. 그래서 그림을 그릴 때에는 먼저 화면을 희게 칠하여 바탕을 갖춘 뒤에 그제서야 색칠을 할 수 있었다. 회사후소(繪事後素)는 이것을 설명한 말이다. 글자 뜻대로 풀이하면 '그림을 그리는 일은 소(素)한 다음'이라는 의미이다. 그래서 이 말은 사람도 이처럼 먼저 바른 바탕을 갖춘 뒤에 꾸밈을 더해야 한다는 뜻으로 쓴다. 바른 바탕을 갖추지 않고 겉모습만 꾸미려 든다면 결국 얼마 못 가서 추한 몰골이 드러나게 된다.

소(素)는 흰빛을 나타낸다. 생사(生絲)로 짠 명주의 물들이지 않은 본래의 빛깔을 말한다. 그래서 소(素)에는 '바탕' 또는 '본디'의 뜻도 있고 '평상시'의 뜻도 있다. 소망(素望)은 평소에 품고 있던 바람을 말하고, 소박(素朴)은 꾸밈없이 순박하다는 뜻이다. 소복(素服)은 흰

繪事後素

표암 강세황의 자화자찬(自畵自讚)

옆의 그림은 조선 후기의 유명한 문인이자 화가인 표암(豹菴) 강세황(姜世晃, 1713~1791)의 자화상이다. 자화상 위쪽 양옆에는 역시 친필로 쓴 자찬(自讚)이 적혀 있다. 가만히 보면 이 그림은 아주 우스꽝스러운 모습을 하고 있다. 옷은 평상복을 입고 있으면서, 머리에는 관리들이 정복을 입을 때 쓰는 관모(官帽)를 쓰고 있다.

글의 내용을 보면,

"저 사람은 누구일까? 수염과 눈썹 온통 희다. 머리에는 관모 쓰고 야복(野服)을 걸쳤으니, 마음은 산림(山林)에 있으면서 이름은 조정에 있음을 나타낸 것일세. 가슴에는 많은 책이, 붓은 오악(五嶽)을 뒤흔든다네. 남들이야 어이 알리. 나 홀로 즐긴다네. 내 나이 70인데, 호는 노죽(露竹)이니, 화상(畵像)을 직접 그리고, 찬(讚) 또한 직접 지었다네."

라고 적혀 있다. 말하자면 자신이 지금 비록 벼슬길에 적(籍)을 두고는 있지만 마음은 언제나 재야(在野)에 있음을 자부한 것이다. 아울러 가슴속 깊이 담긴 포부와 자신의 필력에 대한 자랑도 은연중에 드러냈다.

표암 강세황의 〈자화상〉

옷을, 소설(素雪)은 흰 눈을 말한다. 소질(素質)은 타고난 본바탕을, 소재(素材)는 예술 작품의 바탕이 되는 재료를 뜻한다. 또 소심(素心)은 평소에 품은 뜻을, 소식(素食)은 평소에 먹는 음식을 가리킨다.

뼈 없는 그림, 몰골도(沒骨圖)

沒骨圖

"몰골이 도무지 말이 아니군!"이라고 할 때 몰골은 모양새가 볼품 없다는 뜻으로 쓰는 말이다. 이 때 몰골이 우리말인지 한자말인지는 분명하지 않다. 한자말 몰골(沒骨)은 중국 회화의 한 기법을 가리키는 말이다. 옛 그림은 가는 붓으로 테두리선을 먼저 그려 스케치를 완성한 뒤에 테두리선 안을 채색하였다. 몰골(沒骨)은 이러한 테두리선 없이 채색하는 그림이다. 이렇게 그린 그림을 몰골도(沒骨圖)라 하였다. 뜻으로 보면 뼈대 없는 그림이란 뜻이다. 이 화법으로 처음 그림을 그린 사람은 북송(北宋)의 유명한 화가 서희(徐熙)이다. 그는 꽃과 풀을 그릴 때 이 몰골법을 즐겨 써서 새로운 느낌의 그림을 선보였다.

몰골법과 반대로 채색 없이 가는 윤곽선만으로 그린 그림은 백묘

〈야압(野鴨)〉

채색 없이 윤곽선만으로 그린 백묘(白描) 그림이다.

정유점의 〈포도〉

테두리선 없이 채색을 하는 몰골법으로 그린 그림이다.

몰(沒)자가 들어가는 한자말

몰상식—沒常識	상식이 전혀 없음. 몰상식한 사람. [예] 공공 장소에서 큰소리로 떠드는 건 몰상식한 행동이야.
몰염치—沒廉恥	염치가 없음. 파렴치(破廉恥). [예] 자기 잇속만 챙기는 몰염치한 짓을 하다니.
몰인정—沒人情	인정이 없음. 몰인정한 사람. [예] 그냥 돌려보내다니 참 몰인정한 사람이군.
몰이해—沒理解	이해하지 못함. [예] 부모의 몰이해로 자식들이 상처받고 있어.
몰지각—沒知覺	지각이 없음. 몰지각한 행동. [예] 휴지를 아무 데나 버리는 몰지각한 행동을 삼갑시다.
몰취미—沒趣味	아무런 취미가 없이 무미건조함. [예] 그는 참 몰취미한 사람이다.
몰입—沒入	어떤 일에 깊이 파고들거나 빠짐. [예] 오로지 한 곳에만 몰입하는 모습이 아름다워.
몰두—沒頭	어떤 일에 열중함. [예] 컴퓨터 게임에만 몰두하면 건강을 해친단다.
몰수—沒收	모조리 거두어들임. [예] 그 도둑이 훔친 장물을 모두 몰수했어.
골몰—汨沒	한 가지 일에만 정신을 쏟음. [예] 새로운 아이디어 개발에 골몰하고 있어.

(白描) 또는 선묘(線描)라고 한다. 인물화나 화훼 그림에 많이 쓴다. 문학에서는 특별한 수식을 동원하지 않고 담백하게 묘사한 것을 가리키는 용어로도 쓴다.

┃ 심성을 도야(陶冶)해야 ┃

사람은 끊임없이 노력하고, 그 노력을 통해 발전과 성장을 거듭한다. 인격(人格)을 닦고, 심성(心性)을 가다듬는 일을 도야(陶冶)라고 한다. 도(陶)는 언덕 부(阝)와 싼다는 뜻의 포(勹), 장군(그릇의 일종) 부(缶)를 합한 글자로, 언덕에서 그릇을 만드는 모습을 나타냈다.

야(冶)는 얼음 빙(冫)과 다스릴 이(台)를 합한 글자이다. 곧 얼음이 녹아 있는 상태를 뜻한다. 여기에서 쇠나 금속을 녹인다는 뜻이 생겨났다. 야(冶)에는 '대장간'이라는 뜻도 있고, 쇠를 녹여 주조(鑄造)한다는 의미도 있다. 야공(冶工) 또는 야장(冶匠)은 대장장이를 말한다.

도야(陶冶)란 이렇듯 질그릇을 굽고 쇠를 풀무질한다는 말이다. 질그릇을 만드는 과정은 간단하지 않다. 태토(胎土)를 채취해서 불순물을 걸러 내고, 이를 반죽하여 그릇을 만든다. 그런 다음 유약을 바르고 무늬를 그려 건조시킨 뒤, 가마에 넣고 굽는다. 흙과 불이 알맞은 조화를 이루어야만 완성된 도자기가 된다. 풀무질도 마찬가지이다. 처음 원광석을 불에 넣어 쇳물을 녹여 낸다. 도가니에 쇳물을 부어 모양을 만든 뒤 담금질을 여러 차례 되풀이해야 단단한 연장이 만들어진다. 도자기나 연장이 완성되려면 그야말로 피땀과 정성이 담기지 않고는 안 된다.

사람의 삶도 이와 같다. 훌륭한 인격은 저절로 갖춰지지 않는다. 끊임없는 도야의 과정을 거쳐야 비로소 성숙한 인격을 갖출 수 있다. 견디기 힘든 고통과 시련을 거쳐 사람의 인격도 점차 완성되어 간다.

陶
冶

도야(陶冶)

피땀과 정성으로 질그릇을 굽고(위쪽) 쇠를 풀무질하는 것(아래쪽)이 도야(陶冶)이다.

남계우의 〈나비〉

나비 그림만 그린 남나비

조선 후기에 남나비라는 화가가 있었다. 그의 이름은 남계우(南啓宇, 1811 ~1890)였는데, 평생 나비 그림만 그려서 세상 사람들이 그를 남나비라고 불렀다. 그는 영의정을 지낸 남구만(南九萬, 1629~1711)의 5대손으로 훌륭한 가문 출신이었다.

16세 때 집에 날아든 나비를 10리나 뒤쫓아 동대문 밖에까지 가서 잡아 가지고 왔다는 일화가 전한다. 나비를 잡으면 책갈피에 넣어 두고, 마음이 내킬 때 꺼내서 그림을 그렸다. 실물을 유리 위에 놓고 그 위에 종이를 얹어 윤곽선을 그린 뒤 채색을 하였다. 그의 나비 그림은 원색 실물 크기로 정확하고 자세하게 그려져 있어 종류는 물론, 암수와 발생 시기까지 알아볼 수가 있을 정도였다.

현재 남아 있는 그의 나비 그림을 보면, 한 사람이 뜻을 세워 한 우물만 파는 것이 얼마나 아름다운 일인지 잘 알 수 있다. 그는 왜 평생 나비 그림만을 고집하였을까? 나비는 80 노인을 상징하는 장수의 뜻이 있고, 또 변태(變態)를 거듭하므로 성장과 발전의 의미도 담고 있다.

나비 박사로 유명한 석주명(石宙明, 1908~1950) 선생은 남계우의 나비 그림을 모아 무려 37종의 나비를 조사했다. 이 가운데 열대 지역에서만 잡히는 남방공작나비가 있어 의아해하였다. 그러다가 뒤에 마침내 우리 나라에서 남방공작나비를 잡아, 남계우의 나비 그림이 그냥 그린 것이 아님을 밝힌 일도 있다.

누구나 뜻을 세워 오랫동안 한 분야에 몰두한다면 그 분야에서 최고의 권위자가 될 수 있다. 흥미 있는 어떤 사물, 어떤 분야에 대하여 꾸준한 관심을 가지고 자료를 모으고, 정리해 보자.

남계우의 작품으로 전해지는
〈화접도(花蝶圖)〉

3 하늘과 천문

그는 이 분야에서 단연 최고이다.
두 사람이 찰떡 궁합을 과시하였어.
가요계에 혜성같이 나타난 신인.
내일 날씨가 궁금하니 관상대에 물어 보자.

分野

| 별자리를 가리키는 말, 분야(分野) |

사람들은 각자 자신의 전문 분야(專門分野)를 가지고 있다. 또 어떤 분야에나 최고의 전문가가 있게 마련이다. 이 때 '분야(分野)'란 말은 글자로 풀면 구분하여 나눈 땅이라는 뜻이다. 이 말은 고대 천문학에서 별자리를 위치에 따라 구분한 데서 나온 말이다.

옛 사람들은 하늘의 별을 관찰하면 땅 위의 길흉(吉凶)을 알 수 있다고 믿었다. 하늘과 땅이 서로 연결되어 있다고 믿는 천인감응(天人感應)의 인식을 지녔기 때문이다. 이에 따라 별자리의 이동과 변화를 살펴 인간사를 살피는 점성술(占星術)이 일찍부터 발달하였다. 사람들은 각각의 지역에 별자리를 일대일로 대응시켜 어떤 별자리는 어떤 지역에 속한다는 등의 생각을 가졌다. 전국을 균등하게 나누어 각각 별자리를 속하게 했는데, 이를 분야(分野)라고 한다.

고대 천문학자들은 태양이 지나가는 황도(黃道)상에 위치한 항성(恒星)*을 28개의 별자리로 나누어 이를 '28수(宿)'라고 하였다. 그리고 태양이 어떤 항성의 위치를 지나고 있는가를 관측하여 계절의 변화와 날짜를 알았다. 28수는 황도 360도 위에 흩어져 있는데, 이것을

항성(恒星)

천구상(天球上)에서 서로의 상대 위치를 바꾸지 않고 별자리를 구성하는 별.

다시 30도씩으로 나누어 12궁(宮)으로 하였다. 고대에는 이 12궁의 차례와 위치로 지상의 분야를 나누었다.

12궁의 명칭은 수성(壽星)·대화(大火)·석목(析木)·성기(星紀)·현효(玄枵)·취자(娵訾)·항루(降婁)·대량(大梁)·실침(實沈)·순수(鶉首)·순화(鶉火)·순미(鶉尾)이다. 이것을 다시 중국 전역으로 방위에 따라 나누어 각각의 분야를 정하였다. 예를 들어 석목(析木)은 동북방의 별자리로 연(燕)나라 지역인 유주(幽州)에 해당하는 식이다.

옛 사람들은 하늘에서 일어난 변화가 지상에 어떤 사건을 일으키거나, 반대로 지상의 어떤 사건이 천상의 별자리에 반영된다고 믿었다. 그래서 천상의 별자리 위치에 따라 지상의 지역을 나누어 놓고, 그 별자리에 변화가 일어나면, 곧 그 지역에서 발생하는 어떤 변고를 미리 알려 주는 것이라고 생각하였다. 한 예로, 동북방 석목(析木)에 혜성이 출현하면 그 지역에서 반란이 일어날 징조로 알아 대비한다든지 하는 것이 그것이다. 옛 역사책을 보면 별자리를 관측한 기록이 수도 없이 자주 나오는데, 다 이런 믿음을 반영한 것이다.

혼천시계(渾天時計)

효종 대에 송이영이 제작한 기계식 자동 시계. 그는 서양에서 도입된 자명종의 원리를 이용하여 혼천의를 제작하였는데, 이전의 수력을 이용한 자격루의는 다른 기계식 장치였다.

천상열차분야지도(天象列次分野之圖)

조선 초기에 제작한 천문도. 천문을 12분야로 나누어 전통적으로 동양 천문학에서 중요하게 생각하는 삼원(三垣)·28수를 그려 넣었다. 윗부분에 '천상열차분야지도'라고 적혀 있으며, 중간 부분은 별자리 그림, 그리고 아래에는 천문도의 제작 과정과 참가자 및 제작 연도(1395년, 태조 4)가 기록되어 있는데 권근(權近)이 지은 글이다.

칠성각(七星閣)

북두칠성(北斗七星)님께 복을 빌던 곳이다.

고전 소설 주인공의 이름과 분야

천상(天上)의 별은 각각 지상에서 맡고 있는 분야가 있다. 그래서 특별한 별의 정령을 타고난 사람은 그 분야에서 매우 탁월한 업적을 남긴다고 여겼다. 고전 소설에 등장하는 주인공의 이름에서도 그런 생각이 잘 드러난다.

〈사각전(謝角傳)〉의 주인공 사각(謝角)은 어머니의 꿈에 천상 각성(角星)의 정령이 황룡을 타고 내려오는 꿈을 꾸고 낳은 아들이라 이름을 각(角)이라 지었다. 각성(角星)은 무(武)를 관장하는 별이다. 사각은 뒤에 대장군이 되어 나라를 위기에서 구한다.

〈오선기봉(五仙奇逢)〉이라는 소설에서는 천상의 오성(五星)이 옥황상제에게 죄를 얻어 지상으로 귀양 온다. 그 중에 황씨 집안에는 전쟁과 재난을 맡고 있는 태을성(太乙星)의 정령이 내려와, 그의 이름도 황태을(黃太乙)로 짓는다.

〈장익성전(張翼星傳)〉의 주인공 장익성(張翼星)은 말할 것도 없이 28수의 하나인 익성(翼星)의 정기를 받아 태어난 인물이다.

또 규성(奎星)은 문(文)을 관장하는 별이다. 고려 때 문인 이규보(李奎報)는 규성(奎星)의 환생임을 알려[報] 주는 꿈을 꾸고 낳았다 해서 규보(奎報)라 하였다. 안중근(安重根) 의사도 어릴 때 이름이 응칠(應七)이었는데, 몸에 점 일곱 개가 북두칠성처럼 나 있어, 북두칠성의 감응(感應)으로 태어난 아이라는 뜻으로 이렇게 이름을 지었다.

이렇게 볼 때, 별자리 신앙이 우리 민족에게 얼마나 뿌리 깊은 것인지 잘 알 수 있다. 지금도 절에 가면 대웅전 뒤편으로 칠성각(七星閣)이 있다. 이 또한 인간의 화복(禍福)을 관장하는 칠성님, 즉 북두칠성님께 복을 빌던 고유 신앙이 남은 흔적이다.

|궁합(宮合)과 사주(四柱)|

음식에도 궁합(宮合)이 있다. 음식 궁합이 맞으면 서로 상승 효과를 일으켜 몸을 건강하게 하고, 음식 궁합이 맞지 않으면 오히려 독이 되는 수도 있다. 사람도 궁합이 맞는 사람과 그렇지 않은 사람이 있다. 어떤 일을 같이 해도 자꾸 충돌이 일어나는 사람이 있고, 서로 도와 멋지게 조화를 이루는 사람이 있다. 그러니 평생을 함께 할 부부의 궁합이야 어떻겠는가?

지금도 결혼을 앞둔 남녀는 점집을 찾아 궁합을 본다. 그 방법은 신랑과 신부의 사주(四柱)를 오행(五行)에 맞추어 상생(相生)과 상극(相剋)을 따져 길흉을 점치는 것이다. 사주는 사람의 태어난 년(年), 월(月), 일(日), 시(時)의 네 기둥이다. 사람은 누구나 자신의 운을 타고나는데, 이 사주 속에 일생의 길흉화복(吉凶禍福)이 담겨 있다고 생각하였다. 사주(四柱)의 네 기둥은 각각 두 글자씩이다. 그래서 사주를 글자로 풀면 팔자(八字)가 된다. 사주팔자가 좋다느니, 팔자가 늘어졌다느니 하는 말이 다 여기서 나왔다.

궁합은 나이에 따라 십이지(十二支)를 기준으로 보는 겉궁합이 있고, 오행에 따라 사주를 맞춰 보는 속궁합이 있다. 만일 궁합을 보아 사주와 오행에 살(煞)이 끼면 불길하다고 하여 결혼이 이루어지지 않는 경우도 많았다. 예를 들어, 궁합이 남토여토(男土女土)면 유자부귀(有子富貴)·개화만지(開花滿枝)라 한다. 다시 말해, 남자의 사주가 토(土)인데 여자도 토(土)이면 가지 가득 꽃이 피듯이 자식도 많고 부귀하게 산다. 이런 경우는 아주 잘 맞는 궁합이다. 반면 남토여목(男土女木)이면 단명반흉(短命半凶)·고목봉추(枯木逢秋)라고 하였다. 남자가 토(土), 여자가 목(木)이면 마른 나무가 가을을 만난 것처럼 일찍 죽고 흉한 일이 생겨난다는 것이다. 서로에게 득 될 것이 없는 결합인 셈이다.

점집에서 궁합을 보는 모습은 지금도 흔한 풍경이다.

서양 점성술의 12궁(宮) 별자리

서양의 점성술에도 12궁(宮)에 따른 궁합이 있다. 12궁은 춘분점을 기준으로 황도의 둘레를 12등분하여 매겨 놓은 별자리의 이름이다. 백양궁(白羊宮)·금우궁(金牛宮)·쌍자궁(雙子宮)·거해궁(居蟹宮)·사자궁(獅子宮)·처녀궁(處女宮)·천칭궁(天秤宮)·천갈궁(天蠍宮)·인마궁(人馬宮)·마갈궁(摩羯宮)·보병궁(寶瓶宮)·쌍어궁(雙魚宮) 등이 그것이다. 이것을 양자리·황소자리·쌍둥이자리·게자리·사자자리·처녀자리·천칭자리·전갈자리·궁수자리·염소자리·물병자리·물고기자리로 부른다.

각각의 자리마다 고대 신화에서 따온 이야기를 붙여, 생년월일에 따라 자신이 속한 별자리를 정한다. 별자리는 모두 그 때 태어난 사람의 성격과 기질, 그리고 운명을 암시하게 되고, 별자리들 사이에는 궁합이 맞는 것과 맞지 않는 것이 있다고 여긴다.

황도십이궁(黃道十二宮)

| 혜성(彗星)과 유성(流星) |

느닷없이 화려하게 등장한 신인(新人)을 보고 '혜성(彗星)같이 나타났다'고 말한다. 잠깐 반짝하다가 흔적도 없이 사라지면 '유성(流星)처럼 사라져 버렸다'고 한다. 혜성처럼 나타나서 북두칠성(北斗七星)처럼 빛나야지, 잠깐만에 유성처럼 사라져 버린다면 참 서글픈 일이 아닐 수 없다.

혜성은 빛나는 긴 꼬리를 끌며 타원이나 쌍곡선의 궤도를 운행하는 별을 말한다. 다른 별과 달리 긴 꼬리를 끌고 움직이므로 미성(尾星), 즉 꼬리별이라고도 한다. 혜(彗)는 원래 '빗자루' 또는 '쓸다'의 뜻이 있다. 글자의 윗부분은 빗자루 두 개를 의미하고 아래쪽은 손을 나타낸다. 혜(彗)는 손으로 빗자루를 잡고 있는 모습을 나타낸 글자이다. 중국에서는 빗자루 추(箒)나 쓸 소(掃)자를 써서 추성(箒星) 또는 소성(掃星)이라고 하였다.

긴 꼬리를 끌며 지나가는 혜성의 존재는 옛 사람에게는 그야말로 기이하고도 무서운 대상이었다. 혜성이 나타나면 반드시 재앙이 생기거나 나라에 불길한 일이 있을 것으로 여겨 요성(妖星), 즉 요사스

비 혜(彗)

혜성(彗星)

저녁 하늘을 가르고 지나가는 혜성의 모습(왼쪽)과 조선 시대 혜성을 관측한 관상감의 기록 (오른쪽).

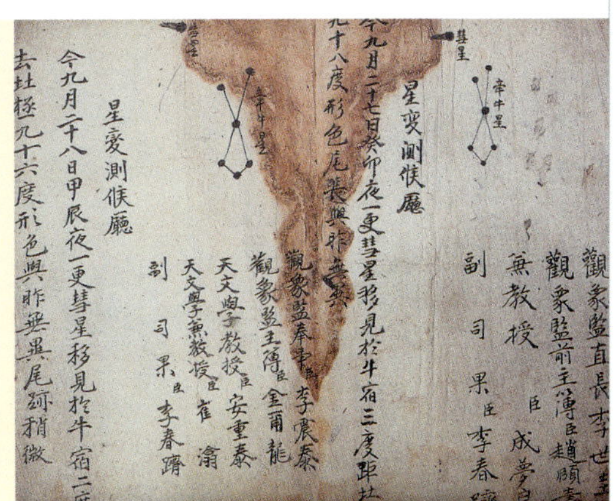

流星

유성(流星)

실제는 별이 아니라 운석이라 부르는 별똥별이다.

러운 별이라고 부르기까지 하였다. 신라 시대에 불려진 향가 중에 〈혜성가(彗星歌)〉가 있다. 혜성이 나타나 임금을 상징하는 별자리를 침범한 일이 일어나자 융천사(融天師)라는 스님에게 노래를 짓게 하였다. 융천사가 이 노래를 지어 부르자, 혜성이 사라지고 쳐들어온 왜구도 퇴각하였다.

20세기 초까지도 동서양 할 것 없이 혜성은 종말과 저주를 부르는 기분 나쁜 별이었다. 과학의 발전으로 혜성의 정체가 밝혀지자, 오늘날 혜성은 부러움과 갈채의 대상으로 바뀌었다. 반면, 유성(流星)은 별똥별이다. 실제는 별이 아니라, 지구의 대기권에 돌입한 운석(隕石)이 빠른 속도로 떨어지면서 공기의 압축과 마찰에 의해 빛을 내는 것이다.

| 관상(觀象)과 관상(觀相) |

조선 시대에 천체를 관측하던 기관은 관상감(觀象監)이었다. 지금은 중앙 기상대(中央氣象臺)와 국립 천문대(國立天文臺)로 나뉘었지만, 1980년 이전에는 중앙 관상대(中央觀象臺)라고 불렀다.

상(象)은 코끼리라는 뜻 외에, '꼴' 또는 '본받는다'는 뜻도 있다. 하지만 관상(觀象)이라 할 때는 '조짐' 또는 '징후'의 뜻으로 풀이한다. 기상(氣象)이나 성상(星象), 역상(易象)과 같은 말에서 상(象)은 겉으로 드러난 현상이 보여 주는 징조의 뜻으로 쓰인다. 그러니까 관상(觀象)은 천상(天象)을 관측(觀測)한다는 뜻이다.

고대에는 각 나라마다 하늘을 관측하고 별자리의 이동을 살피는 관상대(觀象臺) 또는 관성대(觀星臺)가 있었다. 하늘이 별자리를 통해 나라의 앞날을 미리 알려 준다고 믿었기 때문이다.

관상(觀相)은 사람의 생긴 모습, 즉 인상(人相)을 보고 성격이나 운명을 판단하는 것을 말한다. 관상(觀象)을 해서 하늘의 변화를 관찰하고, 관상(觀相)을 해서 그 사람의 미래를 살핀다. 무엇이든 살펴보고 헤아려 보면 그 안에 감춰진 의미가 드러나게 마련이다.

가장 오래 된 천문대인 첨성대(瞻星臺)

경주의 첨성대(瞻星臺)는 동양에서 가장 오래 된 천문대다. 첨(瞻)은 올려다본다는 뜻이다. 그러니까 첨성대는 '별을 올려다보는 집'이라는 뜻이다. 첨성대의 건축 구조 속에는 고대인의 우주관이 상징적으로 잘 반영되어 있다. 첨성대를 쌓은 벽돌의 숫자는 모두 366장으로, 1년의 날 수와 같다. 또 아래쪽 벽돌은 28장인데 이는 황도 위를 운행하는 항성(恒星)인 28수와 일치한다. 벽돌은 문 위쪽에서 원통형 끝까지가 12단, 아래쪽으로 12단인데 이는 일 년 12달과 24절기를 상징한다. 원통형으로 된 첨성대의 꼭대기에는 우물 정(井)자 모양의 돌을 얹었다. 천원지방(天圓地方), 즉 하늘은 둥글고 땅은 네모지다는 고대인의 우주관을 담고 있다.

첨성대

4 땅과 지리

어떻게 된 일인지 경위나 알아보게.
김정호의 대동여지도는 정말 대단해.
이 일이 성공 여부를 가늠하는 분수령이 될 것이다.
그들은 낙토를 찾아 먼 길을 떠났다.

| 경위(經緯)와 경위(涇渭) |

經緯

　어떤 사건이 일어나면 경찰은 자세한 경위(經緯)를 조사하고 경위서(經緯書)를 써서 상부에 보고한다. 경위(經緯)는 원래 실의 날줄과 씨줄을 가리키는 말이다. 옛날에는 삼베나 누에, 목화 등을 원료로 옷감을 직접 짰다. 옷감을 짜려면 베틀에 세로줄인 날줄을 고정시킨 후 북으로 씨줄을 던진다. 이 때 세로줄인 날줄을 경(經)이라 한다. 날줄은 고정된 줄이어서 변하지 않는다. 그래서 변치 않을 진리를 담은 책을 경전(經典)이라 한다.

　가로줄인 씨줄은 위(緯)이다. 씨줄은 실을 감은 북을 좌우로 왔다 갔다한다. 이 날줄과 씨줄이 서로 엇물려 한 필의 옷감이 완성된다. 날줄과 씨줄이 켜켜이 쌓여 옷감이 완성되듯 인간의 일도 복잡다단한 사정들이 쌓여 생겨난다. 그래서 일의 전개 과정을 달리 경위(經緯)로 부르게 되었다.

　둥근 지구의(地球儀)를 보면 가로선과 세로선이 그려져 있다. 이 세로선과 가로선이 만나는 지점을 숫자로 나타낼 때도 경위(經緯)라는 말을 쓴다. 경도(經度)는 세로줄로 공간을 구획하는 도수이다. 위도(緯度)는 가로로 공간을 구획한다. 우리 나라의 38선은 적도(赤道)를 중심으로 북쪽으로 38도에 해당하는 가로선이다. 이를 줄여 북위(北緯) 38도라고 말한다. 경도와 위도의 수치만 알면 지구상의 위치를 정확하게 알아 낼 수가 있다.

경위(涇渭)란 말도 있다. 경(涇)과 위(渭)는 모두 중국의 강물 이름이다. 그런데 경수(涇水)는 강물이 몹시 흐리고, 위수(渭水)는 강물이 아주 맑았다. 두 물줄기는 중간 지점에서 하나로 합쳐지는데, 두 물은 합쳐진 뒤에도 맑은 물과 흐린 물이 섞이지 않고 강 가운데 뚜렷한 경계를 그으면서 흘러갔다. 그래서 경위(涇渭)는 인품의 청탁(淸濁)이나 사물의 진위(眞僞) 또는 시비(是非)를 비유하는 말로 사용하게 되었다. 경위(涇渭)가 분명하다는 말도 여기서 나왔다.

이렇게 본다면 일의 경위를 따진다고 할 때, 경위(經緯)도 맞고 경위(涇渭)도 맞다. 옳고 그름을 따진다면 경위(涇渭), 일의 현재 상황과 위치를 따지는 것이라면 경위(經緯)라고 써야 하겠다.

경도와 위도가 그어져
있는 지구의(地球儀)

| 여론(輿論)과 여지(輿地) |

고산자(古山子) 김정호(金正浩)는 30년 넘게 전국을 답사하여 대동여지도(大東輿地圖)를 완성하였다. 왜 그냥 대동지도(大東地圖)라고 하지 않고 여(輿)자를 덧붙였을까? 여(輿)는 수레 거(車)자가 있는 데서 알 수 있듯이 '수레'라는 뜻이 있다. 혹은 수레 위의 사람이 타거나 물건을 싣는 부분만을 따로 떼어 여(輿)라고도 한다. 여기서 '사물의 토대'라는 의미가 나왔다.

여지(輿地)라는 말은 《주역》에서 "땅은 세상 만물을 그 위에 싣고 있는 큰 수레와 같다."고 한 데서 나왔다. 그러니까 여지(輿地)는 대지(大地)와 같은 뜻이다. 조선 중기에 간행된 《동국여지승람(東國輿

涇渭

輿論 — 輿地

輿地

김정호의 〈대동여지도(大東輿地圖)〉

地勝覽)》은 우리 나라 땅덩어리 위에 있는 모든 지역을 구역별로 정리해 놓은 지리서이다. 예전에는 지리서(地理書)를 모두 여지서(輿地書)로, 지도(地圖)는 으레 여지도(輿地圖)라고 불렀다.

여(輿)에는 '많다'는 뜻도 있다. 그러니까 여론(輿論)은 많은 사람들이 품고 있는 생각이다. 여망(輿望)은 많은 사람의 바람을 말한다. 중망(衆望)과 같다. 여러 사람의 의견을 모을 때 중의(衆議)를 모은다고 하는데, 여의(輿議)를 모은다고도 한다.

| 물길이 갈리는 분수령(分水嶺) |

국토의 3분의 2 이상이 산인 우리 나라는 고개가 참 많다. 험한 산이라도 길이 있어 넘어 다닐 수 있으면 고개이다. 고개는 우리말로 '재'이고, 한자로는 '령(嶺)'이다. 령(嶺)은 뫼 산(山)과 목 령(領)을 합한 글자이다. 그야말로 산의 길목인 셈이다. 고개는 이쪽과 저쪽 세계를 연결해 주기도 하지만 한편으로는 행정 구역을 나누는 경계의 역할도 하였다.

"갑오개혁은 근대사의 한 분수령이다."라고 할 때 분수령(分水嶺)은 강물이 나뉘는 경계선이 되는 고개 또는 산맥을 가리키는 말이다. 흔히 산을 경계로 물줄기가 나뉘므로 고개 령(嶺)자를 쓴다. 달리 말해 분수계(分水界) 또는 분수선(分水線)이라고 한다. 물은 높은 데서 낮은 데로 흘러간다. 흐르다가 큰 산이 앞을 막아서면 산기슭을 끼고 돌아 나간다. 강은 결코 산을 넘지 못한다.

우리 나라에는 아예 이름이 분수령(分水嶺)인 고개가 있다. 신경준(申景濬, 1712~1781)의 《산경표(山經表)》[*]에 보면 백두대간(白頭大幹) 큰 줄기가 힘차게 뻗어내려 오다가 강원도 평강현(平康縣)에 이르러 한북정맥(漢北正脈)으로 갈라져 도봉산과 삼각산으로 이어진

分水嶺

《산경표(山經表)》

우리 나라 전국에 있는 대소 산맥을 백두산(白頭山)을 중심으로 하여 표시한 분포표.

山(산)—산

뻐죽 솟은 산봉우리의 모양을 본뜬 글자이다. 세 개의 산봉우리가 있는 모습이다.

丘(구)—언덕

산봉우리가 두 개 마주 보고 서 있는 모양이다. 갑골문에서는 두 개의 낮은 언덕 모습을 본떴다.

岳(악)—큰산

산 위에 언덕[丘]을 얹은 것이다. 악(嶽)으로도 쓴다. 크고 높은 산에만 쓴다. 치악산(雉岳山), 설악산(雪嶽山) 등 '악(嶽)'자가 들어간 산은 험준한 바위산이다.

산(山)을 나타내는 한자

嶺(령)—고개

목 령(領)이 음의 구실을 한다. 산의 우두머리라 할 능선을 의미한다.

峯(봉)—산꼭대기

뽀족한 봉우리를 가리킨다. 만날 봉(夆)이 음의 역할을 한다.

巖(암)—바위, 산굴

엄할 엄(嚴)이 음의 역할을 한다. 산에 있는 엄하고 단단한 것이 바위이다.

島(도)—섬

새 조(鳥)와 산 산(山)이 결합하였다. 새가 살고 있는 산이라는 뜻에서 섬이 나왔다.

岸(안)—언덕, 낭떠러지

가운데 엄(厂)은 돌의 상형으로 뜻에 해당한다. 방패 간(干)은 음의 구실만 한다. 후에 언덕의 높음을 더하기 위해 산(山)을 더하였다.

崇(숭)—높다, 높이다

우두머리 종(宗)이 음의 역할을 한다. 산의 마루(꼭대기)는 높다는 데서 '높다', '높이다'의 의미가 나왔다.

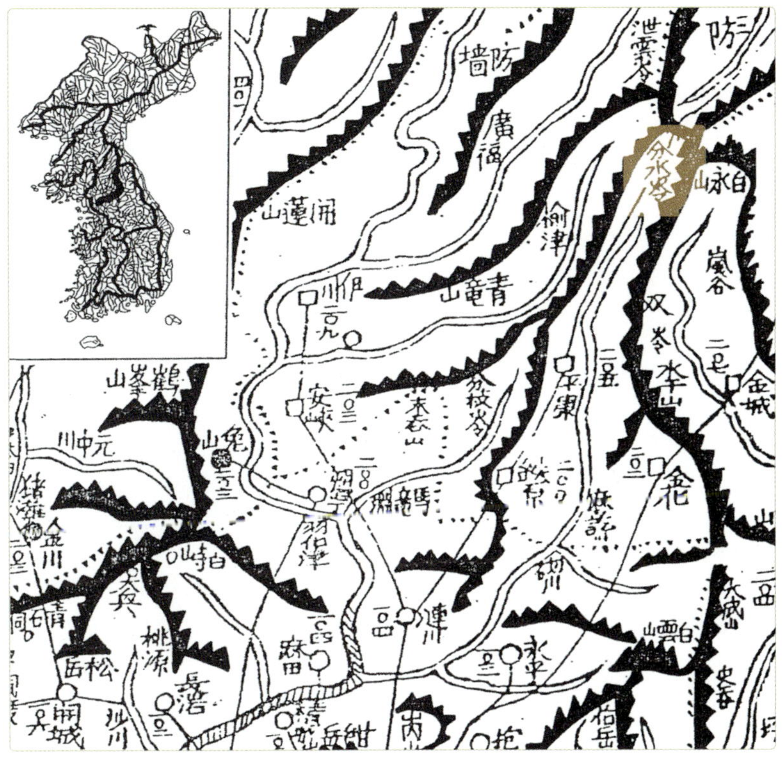

《산경표(山經表)》에 실린 한북정맥(漢北正脈)

오른쪽 윗부분에 '분수령(分水嶺)' 고개 이름이 있다.

다. 분수령은 바로 한북정맥으로 갈라지는 지점에 있는 고개 이름이다. 분수령을 만나면 물길은 새로 시작된다. 그래서 분수령은 이전과 단절되는 새로운 출발의 의미로 쓴다.

낙토(樂土)와 대동세계(大同世界)

삶에 지친 사람들은 세상 어딘가에 있을 것만 같은 이상향(理想鄉)을 꿈꾼다. 낙토(樂土)는 고대 중국 사람들이 꿈꾸던 낙원의 이름이다. 《시경(詩經)》을 보면 어렵게 기른 밭의 곡식을 큰 쥐가 인정사정 없이 먹어치우는 것을 보고, 쥐가 없는 낙토를 찾아가겠다는 노래가

樂土

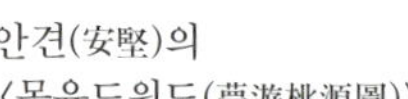

안견(安堅)의
〈몽유도원도(夢遊桃源圖)〉

1447년 안평대군(安平大君)이 도원(桃源)을 꿈꾸고 그 내용을 안견에게 설명하여 그리게 한 것이다. 도연명의 〈도화원기(桃花源記)〉와 밀접한 관계를 지니고 있다.

실려 있다. 낙토(樂土)는 말 그대로 슬픔도 분노도, 또 포학한 정치도 없는 '즐거운 땅'이다.

깊은 산 인적이 닿지 않는 곳에 실재한다고 믿은 낙원은 동천복지(洞天福地)이다. 동천(洞天)은 계곡 깊은 곳이나 동굴 속에 있는 별세계(別世界)를, 복지(福地)는 인간 세상의 재해(災害)가 미치지 않는 비옥한 땅을 뜻한다.

굶주림도 없고 전쟁도 피할 수 있는 선택받은 땅은 승지(勝地)이다. 우리 나라에는 풍수지리설의 영향으로 이런 승지(勝地)가 열 군데 있다는 전설이 오래 전부터 전해내려 왔는데, 십승지지(十勝之地)가 그 곳이다.

大同世界

　중국의 이상향은 무릉도원(武陵桃源)이 가장 널리 알려져 있다. 중국 진대(晉代)의 시인 도연명(陶淵明)은 무릉도원에 관한 내용을 담아 〈도화원기(桃花源記)〉를 지었다. 우리 나라에서는 지리산 어딘가에 있다는 청학동(靑鶴洞)이 고려 때부터 이상향으로 알려져 왔으며, 제주도에는 이어도 전설이 전해 온다.

　공자는 대도(大道)가 행해지면 천하가 공평해져서, 누구나 욕심내지 않고 공평하게 나눠 갖고, 도적도 없는 세상이 오는데, 이런 세상을 '대동(大同)'이라고 한다고 하였다. 지금도 마음을 합쳐야 할 때면 대동단결(大同團結)하자고 말하는데, 여기서 나온 말이다. 이런 세상을 대동세계(大同世界)라고 한다.

백로(白鷺) 세 마리의 의미

　백로는 머리 위쪽에 관우(冠羽), 즉 머리 깃이 있어 노사 또는 사금(絲禽)이라고도 한다. 백로 그림은 흔히 연밥 아래 서 있는 백로 한 마리를 그린다. 연밥은 한자로 연과(蓮果)이다. 아래 그림은 백로 한 마리, 즉 일로(一鷺)에 연과(蓮果)가 어우러져, 실제 의미는 일로연과(一路連科)로 읽는다. 그 의미는 한꺼번에 연달아 과거에 급제하라는 뜻이다. 간혹 연밥 대신 부용화(芙蓉花)를 그리기도 한다. 부용화의 '용화'는 중국음으로 부귀영화(富貴榮華)의 '영화'와 음이 꼭 같다. 이 경우 그림이 나타내는 의미는 일로영화(一路榮華)가 된다.

심사정의 〈노련도(鷺蓮圖)〉

백로 세 마리를 그리면 '삼사도(三思圖)'이다. 백로의 다른 이름인 노사 세 마리는 삼사인데 그 음이 삼사(三思)와 같기 때문이다. 삼사도는 세 가지를 생각한다는 뜻이다.

《공자가어(孔子家語)》에 "군자가 젊어서는 나이 들었을 때를 생각해서 배움에 힘쓰고, 늙어서는 죽을 때를 생각해서 가르침에 힘쓰며, 있을 때는 궁할 때를 생각해서 베풂에 힘쓴다."고 한, 세 가지 생각을 일깨우는 뜻이 담겨 있다.

백로 아홉 마리를 그리면 같은 원리에 의해 구사도(九思圖)가 된다. 이는 공자가 《논어》에서 말한 군자가 잊지 말고 늘 기억해야 할 아홉 가지 생각과 관련이 있다.

"보는 것은 밝기를 생각하고, 듣는 것은 총명하기를 생각하며, 낯빛은 온화할 것을 생각하고, 모습은 공손하기를 생각한다. 말은 충성스럽기를 생각하고, 일은 공경하기를 생각하며, 의심스러우면 물을 것을 생각하고, 분할 때는 어려울 때를 생각하고, 이익을 보면 의로울 것을 생각한다."

옛 사람들은 그림 하나를 그리고 감상하면서도 이런 생각을 하였다. 백로 그림은 그려진 백로의 수에 따라서 그림의 주제가 달라진다.

청나라 이고선의 〈군로도(群鷺圖)〉

청나라 임이의 〈구사도(九思圖)〉

<table>
<tr><td>후설</td><td># 왜 다시 한자인가?</td></tr>
</table>

지금까지 우리는 우리 문화 전반에 걸쳐 녹아든 한자를 살펴보았다. 이미 화석화된 한자를 통해 우리 문화를 살펴보는 과정에서, 독자들이 한자의 맛과 멋, 그리고 생활 속에 깃든 삶의 지혜를 깊이 음미할 수 있었기를 바란다.

우리가 한자를 공부하는 까닭은 한글을 버리고 과거로 되돌아가기 위해서가 아니다. 한자 공부는 우리 문화를 이해하는 데 도움을 주고 사고력을 증진시킨다.

정보화 사회는 '지구촌 한 가족'이라는 구호를 점점 더 실감나게 한다. 중국과의 교역에서도 한자의 이해는 필수적이다. 굳이 중국과의 교류가 아니더라도 한자의 바른 이해는 여러분의 표현력과 사고력을 몇 배 더 향상시켜 줄 것이다.

한자 공부의 기초는 천자문(千字文)이다. 하지만 다산 정약용 선생은 〈천자문은 읽어서는 안 된다[千字文不可讀說]〉는 글을 펼쳤다. 한자 공부는 형상이나 뜻 또는 주제별로 분류해서 익혀야 지혜의 구멍이 크게 열리게 되는데[문심혜두(文心慧寶)], 천자문은 전달하는 정보가 체계적이지 않아 배우는 사람이 혼란스럽기 짝이 없다고 하였다. 그 대신 선생은 《아학편(兒學編)》이란 아동용 한자 교과서를 만들어, 자주 쓰는 한자를 계통적으로 묶어 이해하기 쉽게 엮었다.

또 〈소학주곶서(小學珠串序)〉에서는 소년과 구슬 이야기가 나온다. 중국 촉나라 땅의 한 소년이 몇천 개의 보배로운 구슬을 주웠다. 이것을 서울로 가져가 팔려고 가슴에 품고, 옷깃에 차고, 손에도 가득 쥐고 길을 떠났다. 그러나 움직일 때마다 구슬이 떨어져, 그는 결국 길에다 다 흘려 잃어버리고 실망하여 돌아온다. 이 이야기를 들은 늙은 장사꾼은, 색깔별로 꿰미를 만들어 상자에 넣어 갔더라면 구슬을 하나도 잃지 않았을 것이라며 안타까워하였다.

한자를 모은 사전을 옥편(玉篇), 즉 구슬 묶음이라고 하는 데서도 알 수 있듯, 소년이 주운 구슬 하나하나는 한자 한 글자 한 글자를 나타낸다. 아무리 많은 글자를 배워도 그것이 체계화되지 못하면 배우는 즉시 잊게 된다. 그런 면에서 이 책은 우리 문화의 구슬들을 색깔별로 꿰미를 만들어 두 개의 상자에 나누어 담은 셈이다. 이 책을 통해 한자에 대해 흥미를 느끼고, 우리 문화 이해의 폭과 깊이를 확대할 수 있기를 기대한다.

한자는 끊임없이 의미를 만들어 내는 힘을 가지고 있다. 예를 들어 맑고 흐림을 나타내는 청탁(淸濁)과 가볍고 무거움을 뜻하는 경중(輕重), 깊고 얕음을 말하는 심천(深淺)과 두텁고 얇음을 의미하는 후박(厚薄), 길고 짧은 장단(長短)과 멀고 가까운 원근(遠近) 같은 단어를 들어 보자. 이런 단어들에서 의미가 심장(深長)하다거나, 행동이 천박(淺薄)하다거나, 생각이 천근(淺近)하며, 내용이 심원(深遠)하고, 인격이 심후(深厚)하다는 등의 새로운 말 마디가 만들어진다. 이 사이에는 물론 보이지 않는 질서가 담겨 있다.

| 간체자(簡體字)와 약체자(略體字) |

한자를 배우는 데는 여러 가지 어려움이 있다. 그 가운데 하나가 현재 중국에서 쓰고 있는 간체자이다. 중국 여행을 해 본 사람은 알겠지만, 간판뿐 아니라 책에서도 모두 간체자를 쓴다. 간체자에 익숙지 않으면 한자를 알아도 도무지 읽을 수가 없다. 중국과의 교역 때문에 한자를 배워야 한다면 차라리 처음부터 간체자를 배우는 것이 낫겠다고 말하는 사람까지 있을 정도이다. 현재 우리 나라와 대만, 홍콩에서는 정체자(正體字)를 쓰고, 일본은 약체자(略体字)를 쓰며, 중국은 간체자(簡体字)를 쓴다. 글자 모양이 나라마다 달라 혼선이 빚어지기도 한다.

1983년 5월 5일 괴한에게 납치된 중국 비행기가 우리 나라에 비상 착륙하였다. 당시만 해도 우리 나라는 중국과 국교(國交)가 전혀 없는 상태였다. 기자가 탑승객에게 어디서 왔느냐고 물었다. 그들은 한자로 써 주었다. "심양(阹阳)." 기자들이 난생 처음 보는 글자였다. 중국 심양(瀋陽)을 그네들 식으로 줄여 쓴 간체자(簡體字)였다. 이것이 우리가 처음으로 간체자와 만난 경험이었던 것 같다.

재미난 것은 정체자로 쓰면 정작 중국 사람들이 잘 읽지 못한다는 사실이다. 일본 사람들도 자신들이 쓰는 약체자 아닌 정체자를 쓰면 잘 읽지 못한다. 국보(國寶)를 일본과 중국에서는 국보(国宝)로 쓰고, 경영(經營)을 일본 사람은 경영(経営), 중국 사람은 경영(经营)이라고 쓴다. 같은 글자를 세 나라에서 어떻게 달리 쓰고 있는지 다음 예를 살펴보자.

한글　　　　 : 삼천리금수강산 홍익인간 대한민국만세!
한국 정체자 : 三千里錦繡江山 弘益人間 大韓民國萬歲!
중국 간체자 : 三千里锦锈江山 弘益人间 大韩民国万岁!
일본 약체자 : 三千里錦繡江山 弘益人間 大韓民国万歲!

이렇게 세 나라에서 쓰는 한자 글꼴이 다 다르다 보니, 배우는 사람의 입장에서는 상당히 혼란스럽다. 옛 문헌 속의 한자는 당연히 우리가 쓰는 정체자로 되어 있다. 일본에서 쓰는 약체자는 예전에도 옮거 쓰는 편리를 위해 일반적으로 쓰던 줄임체를 도입한 것이어서 정체자를 알면 대개는 읽을 수가 있다.

중국에서 쓰는 간체자는 좀 사정이 복잡하다. 간체자도 사실은 정체자에서 어떤 원리를 가지고 획수를 간략하게 한 것일 뿐, 아무 근거 없이 만든 것은 아니다. 원리를 알고 보면 간체자도 그렇게 어려운 것이 아니다. 정체자를 제대로 알고 간체자의 원리를 익히면 간체자도 쉽게 익힐 수가 있다.

하지만 오늘날 중국에서는 대학생들이 옛 문헌을 공부하기 위해 정체자를 따로 배워야만 한다. 정체자에서 간체자가 나온 것이므로, 정체자를 먼저 올바로 배우는 것이 당연히 순서상 맞다. 그런데 간체자만 배우고 보니, 원래 글자는 정작 알지 못하는 우스운 일이 벌어진 것이다.

| 한자의 앞날 |

이제 마무리할 때가 되었다. 한자의 쓰임새와 중요성은 앞으로도 점점 커져 갈 것이 틀림없다. 요즘은 초등 학교에서도 한자 공부 열풍이 불고 있다. 어린이나 어른 할 것 없이 모두 한자에 대한 관심이 부쩍 높아졌다.

한자를 알면 개념 파악이 분명해지고, 어려운 내용도 쉽게 이해할 수가 있다. 특히 어린이나 청소년들의 학습 능력 향상을 위해서는 한자에 대한 이해가 필수적이다. 제2권의 부록으로 실린 ‘시사 한자’를 보면, 한자 학습이 의미 이해를 어떻게 도와 주는지 실감할 수 있을 것이다.

학습 효과면에서뿐 아니라, 한자는 사회 생활을 위해서도 점점 꼭 필요한 도구가 되고 있다. 지난 해 대기업에서는 신입 사원을 뽑을

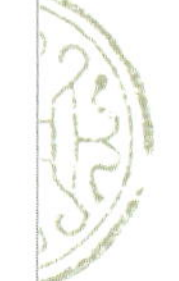

간체자(簡體字)의 제작 원리

간체자는 크게 차용(借用), 즉 빌려 쓰는 방식과 원리(原理) 활용 방식으로 만든다. 예전부터 쓰던 속자(俗字)나 지금은 쓰지 않는 옛 글자체를 빌려 오거나, 흘려 쓴 초서체(草書體)의 획을 단순화시켜서 빌려 오는 방식이 있다. 또 발음이 같은 전혀 다른 글자를 빌려 오기도 한다. 또 음양(陰陽)을 일월(日月)을 넣어 음양(阴阳)으로 고친 것이나, 눈에 물이 흐른다고 해서 눈물 루(淚)를 루(泪)로 고친 것은 뜻으로 만든 글자다. 이 밖에 소리만 빌려 온 것, 획을 아주 단순화한 것, 글자의 한 부분만을 따온 것 등의 원리로 간체자는 제작되었다.

혼글 프로그램에서 한자를 전환한 뒤, 폰트를 '신명조 간자'로 지정해 주면 정체자가 간체자로 바뀐다. 평소에 익숙한 한자들을 이런 방법으로 전환하여 정체자와 비교해 보는 습관을 들이면 간체자는 뜻밖에 쉽게 익힐 수가 있다.

간체자의 제작 원리를 각 유형에 따라 몇 글자씩 제시하면 다음과 같다.

제작 원리	예시 한자							
속자(俗字) 차용	国(國)	头(頭)	权(權)	郑(鄭)	办(辦)	丧(喪)	寿(壽)	庙(廟)
옛 글자 차용	万(萬)	众(衆)	异(異)	礼(禮)	灵(靈)	朴(樸)	卢(老)	后(後)
초서체 차용	书(書)	为(爲)	发(發)	乐(樂)	长(長)	计(計)	应(應)	兴(興)
동음자 차용	里(裏)	干(乾)	优(優)	丑(醜)	窃(竊)	药(藥)	岂(豈)	达(達)
회의(會意) 원리	阴(陰)	阳(陽)	泪(淚)	尘(塵)	笔(筆)	队(隊)	庆(慶)	伤(傷)
형성(形聲) 원리	机(機)	远(遠)	灯(燈)	邮(郵)	态(態)	达(達)	华(華)	卜(蔔)
단순화 원리	难(難)	对(對)	齿(齒)	轰(轟)	尧(堯)	权(權)	广(廣)	兰(蘭)
부분화 원리	开(開)	飞(飛)	从(從)	乡(鄕)	丽(麗)	杀(殺)	声(聲)	术(術)

때 한자 시험을 치겠노라고 공개적으로 선언한 바 있다. 기본적인 한자도 모르는 사람의 업무 능력이나 표현 능력이 그렇지 않은 사람에 비해 많은 문제가 있음을 인식하게 된 것이다.

한자는 더 이상 구시대의 낡은 유물이 아니다. 우리 생활을 더 풍요롭고 기름지게 해 줄 보물 창고이다. 열쇠는 여러분의 손에 이미 쥐어져 있다. 이제 남은 일은 굳게 잠긴 자물쇠를 활짝 열고 그 속에 있는 진귀한 보석과 알찬 양식들을 꺼내어, 요긴하게 쓰는 것뿐이다.

1. 시사 한자(時事漢字)

2. 24절기(二十四節氣)

3. 4대 명절(四大名節)

부
록

시사 한자(時事漢字)

政治·外交 정치·외교

經濟特區
경 제 특 구

경제(經濟)를 활성화시키기 위한 특별[特] 구역[區]

중국의 개방 정책(開放政策)에 따라 1979년에 지정된 수출 자유 무역항. 외자(外資, 외국 자본)를 도입하기 위해 중국의 5개 구역을 지정하였다. 이들 경제 특구 안에서는 시장 경제(市場經濟) 원리의 자본주의적 요소가 도입된다. 외국 기업이 이 곳에서 중국과 합작할 경우 세금 감면 등의 우대 조치가 적용된다.

教書
교 서

정책에 가르침[教]이 되는 글[書]

미국에서 대통령이 의회에 보내는 정치 의견서. 대통령이 수시로 의회에 연방(聯邦)의 상황에 관하여 정보를 제공하고, 적절한 법안을 의회가 심의하도록 권고하기 위하여 의회로 보내는 메시지이다. 이 말은 원래 우리 나라에서 국왕이 발표하는 문서인 교서에서 따왔다.

交涉團體
교 섭 단 체

교섭(交涉)할 수 있는 단체(團體)

국회에서 일정한 정당에 소속되어 있는 의원 개개인의 주장 혹은 소속 정당의 의견을 통합해 국회가 개회되기 전 반대당과 교섭, 의견 조정을 하기 위해 구성하는 의원 단체. 원내 교섭 단체는 소속 의원 20인 이상의 정당을 단위로 구성하는 것이 원칙이다. 이 밖에 다른 교섭 단체에 속하지 않은 20인 이상의 의원으로 별도의 교섭 단체를 구성할 수도 있다.

免責特權
면 책 특 권

책임을[責] 면하는[免] 특별한[特] 권리[權]

국회의원이 국회 안에서 직무상 행한 발언(發言)이나 표결(票決)에 관하여 국회 밖에서 민사상·형사상의 책임을 지지 않는다는 특권. 면책특권은 국회 회기 동안만 가능하므로, 자기 당의 의원을 보호하기 위하여 방탄 국회를 열어서 비판을 받기도 한다. 외교관에게도 면책특권(免責特權)이 인정된다. 원활한 외교 활동을 보장하기 위해서이다.

白濠主義
백 호 주 의

백인[白]만을 우대하는 호주[濠]의 주의(主義)

호주, 즉 오스트레일리아에서 1978년 이전까지 실시했던 이민 정책. 오스트레일리아는 중국인, 일본인, 한국인 등 유색 인종의 이민을 엄격히 제한해 왔다. 이것은 기독교 문명 사회의 배경 아래 있는 백인들의 이민만을 허용함으로써 동질적인 사회를 유지, 발전시키려는 정책이다. 그러나 아시아 각국의 반감과 노동력 부족으로 유색 인종의 이민을 허용하고 있다.

浮動票
부 동 표

떠서[浮] 움직이는[動] 표(票)

누구에게 투표할지 마음을 정하지 않은 표. 부동(浮動)은 '떠서 움직이다, 고정되어 있지 않고 움직이다'의 뜻으로, 마치 물 위에 떠 있는 것과 같이 마음의 결정을 하지 않은 것을 말한다. 부동표는 선거 때면 신문에 가장 빈번히 등장하는 단어이다. 부동표가 많다는 것은 정치가 그만큼 안정되어 있지 않다는 부정적인 의미가 된다.

不告知罪
불 고 지 죄

알려 주지[告知] 않은[不] 죄(罪)

국가 보안법의 죄를 범한 사람을 알고도 수사 기관에 알리지 않음으로써 성립되는 죄. 어머니가 자식을 고발하는 경우도 가능해 '반인권적(反人權的)'이라고 비판받고 있다. 헌법상 보장된 양심의 자유에 반할 뿐만 아니라 국민에게 '고자질'을 강요하는 비인간적 조항이기 때문이다.

不信任案
불 신 임 안

믿고[信] 맡기지[任] 않을[不] 것을 결의하는 안건[案]

불신임의 뜻을 의결하기 위한 의안. 입법 기관인 국회가 내각을 신임하지 않는다는 취지의 의사 표시. 통상 야당의 당수에 의해 제출되며 내각제의 경우에는 내각에 대한 총사퇴 요구가 이에 해당된다. 만일 의회에서 불신임안이 가결되면 내각은 총사퇴하거나 국회를 해산하여 국민의 재신임을 물어야 한다.

聽聞會
청 문 회

(증언을) 듣기 위해[聽聞] 모이는[會] 것

국정 감사 및 국정 조사 등의 중요한 안건의 심사에 필요한 경우 증인, 참고인, 감정인으로부터 증언, 진술 청취와 증거 채택을 위한 것. 위원회의 의결을 거쳐야 하며 공개가 원칙이다. 이 제도는 미의회에서 전형적으로 운영되는데 우리 국회도 1988년 8월 도입하였다.

出口調査
출 구 조 사

투표소 입구[口]에서 나오는[出] 사람을 조사(調査)하는 것

투표를 마치고 나오는 유권자들을 대상으로 투표 내용을 조사하는 것. 출구 조사 방법은 투표 시간 마감 후 바로 결과가 공포되므로 투표 결과를 가장 정확하고 신속하게 예측할 수 있다는 장점이 있다.

特惠關稅
특 혜 관 세

특별히[特] 혜택[惠]을 주는 관세(關稅)

특정 국가에 대해 관세율을 낮추거나 관세 그 자체를 폐지해서 다른 나라보다도 무역상 유리한 대우를 부여하는 제도. 가트(GATT)의 일반적 최혜국 대우의 원칙에 반하지만 세계 무역의 현실에 비춰 예외적으로 인정하고 있다.

核雨傘
핵 우 산

핵(核)을 가진 나라의 우산(雨傘) 밑으로 (영향권 아래) 들어가는 것

핵을 보유하지 않은 나라가 핵 보유국의 영향권 내에 들어가는 것을 '우산'에 비유한 말. 예를 들어 NATO(North Atlantic Treaty Organization, 북대서양 조약 기구) 가맹국들과 한국, 일본 등은 미국의 핵우산 아래 있는데, 이는 정치적, 심리적, 군사적으로 큰 효과를 지닌다.

文化大革命
문 화 대 혁 명

문화(文化)를 바꾸는 큰[大] 혁명(革命)

1966년부터 1976년까지 10년간 중국에서 모택동(毛澤東)에 의해 전개된 문화 운동. 홍위병(紅衛兵)을 앞세워 낡은 문화를 일소하기 위하여 대대적인 시위를 전개하였다. 학교를 폐쇄하고 모든 전통적인 가치와 부르주아적인 것을 공격하였다. 300만 명의 당원이 숙청되고 혼란과 부정부패를 만연시킨 채 결국 실패로 끝났다.

全方位外交
전 방 위 외 교

여러[全] 방향[方位]으로 추진하는 외교(外交)

이념을 초월하여 모든 나라와 외교 관계를 수립하는 외교 정책. 특히 일본은 일찍부터 정경 분리 원칙(政經分離原則)을 내세워 어느 나라와도 통상을 한다는 소위 '전방위 외교'를 수행하고 있다. 유사한 용어로 어떤 나라와도 특별한 관계를 원치 않는 외교 전략을 나타내는 등거리 외교가 있다. 이 용어는 냉전 체제가 존재했기 때문에 생겨난 개념이다.

最惠國待遇
최 혜 국 대 우

최고[最]의 혜택[惠]을 주는 나라[國]로 대우(待遇)하는 것

제3국에 부여하는 조건보다 두 나라 상호간에 가장 유리한 대우를 해 줄 것을 약속한 것. 최혜국 대우는 조약에 이를 부여한다는 것을 규정한 조항에 대해서만 부여되나, 통상적으로는 통상·항해·산업·거주·과세·사법상(私法上)의 권리 등에 대하여 인정된다.

犯人引渡協定
범 인 인 도 협 정

범인(犯人)을 인도(引渡)해 주는 협정

범죄자가 죄를 저지르고 입국한 경우 그 범죄자를 인도할 것을 규정하는 국가 간의 조약. 일반적으로 타국에 대한 범죄인 인도의 의무는 없기 때문에 특별히 조약을 체결하여 서로 범인 체포를 돕기로 하는 것. 보통 인터폴과 협조하여 범인을 수사하고 송환 받는다. 범인 인도 협정을 맺지 않은 나라로 도피할 경우 범인 송환에 큰 어려움을 겪게 된다.

經濟·社會 경제·사회

公示地價
공 시 지 가

땅값[地價]을 공개적으로[公] 내보이는[示] 것

건설교통부 장관이 조사 평가하여 공시한 표준지의 단위 면적(m^2)당 가격. 공시지가는 각종 토지 관련 세금의 과세 기준으로 1989년 7월부터 시행됐다. 공시지가가 산정되면 이를 기준으로 인근 토지의 개발지가가 산출된다.

金融實名制
금 융 실 명 제

금융(金融) 거래에 실명(實名)을 쓰는 제도[制]

금융 기관과 거래를 할 때 가명(假名)이나 차명(借名, 남의 이름을 빌리는 것)이 아닌 본인의 실명으로 거래해야 하는 제도. 금융 거래에 투명성을 부과하는 것을 목적으로 한다. 한국에서 금융 실명제의 필요성이 계속 제기된 이유는 정경 유착에 사용된 검은 돈 때문이었다. 금융 실명제 실시 이후 자금 이동이나 출처에 대한 조사의 위험을 가중시켜 각종 음성 거래를 위축시키는 데 기여하였다.

機會費用

기 회 비 용

일정한 생산 요소를 가지고 어떤 생산물을 생산한다는 것은 그만큼 다른 생산물의 생산을 단념하는 것을 의미한다. 그 경우 생산의 기회를 잃게 된 다른 생산물을 생산했을 때의 이익은 실제로 생산된 생산물의 비용으로 간주할 수가 있다. 이러한 비용을 기회 비용이라 한다.

多國籍企業

다 국 적 기 업

세계 기업(world enterprise)이라고도 한다. 일반적으로 수개국에 걸쳐 영업, 제조 거점을 갖고 세계적인 범위와 규모로 영업을 하는 기업. 이익 획득을 위한 장소와 기회만 있으면 어디로든지 진출한다. 세계 기업의 경우 각 지점은 모두 독립적인 이익 관리 단위로서의 성격을 가지며 이익은 각 거점의 경영 충실화를 위해 재투자되는 것이 원칙이다.

多段階販賣

다 단 계 판 매

최초의 판매자가 물품을 소비자에게 판매하기 전까지 단계적으로 판매원을 동원하는 것으로 단계별로 일정한 이윤이 붙여진다. 무점포 형태로 주로 판매원이 방문하여 상품을 파는 것이 특징이다. 그 동안 다단계 판매 형태를 놓고 미국을 비롯하여 선진국들로부터 끝없는 통상 압력을 받아 왔으며, 이미 미국의 다단계 판매 회사가 국내에 들어와 있다.

道德的解弛

도 덕 적 해 이

윤리적으로나 법적으로 최선을 다하지 않고 게을리하는 것. 빠져 나갈 구멍을 믿고 최선의 의무를 다하지 않는 것. 관에서 주도 관리하는 금융 시대에 부도가 잘 나지 않는 점을 이용해 마구잡이 대출을 하는 은행이 여기에 속한다.

代理母
대 리 모

어머니[母]를 대신하여[代理] 낳아 주는 사람

불임부부(不姙夫婦, 임신하지 못하는 부부)의 의뢰에 따라 제3의 여성에게 인공적으로 수정(受精)시키거나, 수정란을 이식하여 임신 및 출산하게 하는 방법. 대리 출산이라고도 한다. 대리로 임신·출산을 하여 주는 제3의 여성을 대리모라고 한다. 대리모에 의한 출산은 여러 가지 윤리적, 사회적 문제가 발생할 가능성이 높다.

報復關稅
보 복 관 세

보복(報復) 차원으로 매기는 관세(關稅)

보복 차원에서 매기는 관세를 말한다. 만약 특정한 어떤 나라가 자국의 상품에 대해서 용납할 수 없는 수입 장벽을 쌓는다든지, 다른 나라 상품과 달리 차별을 하게 되면 이에 대한 보복으로 매기는 관세이다.

伏地不動
복 지 부 동

땅[地]에 엎드려[伏] 움직이지[動] 아니함[不]

원래는 군대 용어로서 위급한 전시 상황에서 몸을 은폐하고 땅에 엎드려 움직이지 않는 것이다. 요즘은 단체나 어떤 조직에서 무사안일(無事安逸)에 젖어 능동적으로 움직이지 않고 소극적으로 행동하는 말로 쓰인다.

秘資金
비 자 금

숨겨 둔[秘] 자금(資金)

회계를 조작하여 조성한 부정한 돈이나, 사례금, 커미션 등을 세금 추적이 불가능하도록 특별 관리해 둔 자금을 통틀어 말한다. 비밀 적립금(秘密積立金)이라 불리는 비자금은 공식적인 기업의 재무제표(財務諸表) 감사에서도 쉽사리 드러나지 않는다. 비자금은 정치 자금(政治資金)이나 불법적인 외화 유출(外貨流出)에 쓰이기도 한다.

粉飾會計
분 식 회 계

분(粉)으로 장식하듯[飾] 꾸민 회계(會計)

분식이란 여자들이 화장을 할 때 분으로 예쁘게 얼굴을 꾸미는 것이다. 분식 회계란 실제보다 상태가 훨씬 좋게 보이도록 회계를 조작하는 것을 말한다. 곧, 기업들이 고의로 자신이 보유한 재산이나 이익을 많은 것처럼 부풀려 계산하는 회계를 가리킨다.

附加價値稅
부 가 가 치 세

제품이나 그 부품이 팔릴 때마다 과세(課稅)되는 소비세의 한 체계. 생산자, 도매업자, 소매업자, 소비자의 각 유통 단계마다 증가된 가치(부가가치)의 부분이 과세 대상이 된다. 우리 나라에서는 1977년부터 전국적으로 부가가 치세를 적용하기 시작했다.

損益分岐點
손 익 분 기 점

손해[損]와 이익[益]이 갈라지는[分岐] 지점[點]

매출액과 그 매출을 위해 소요된 모든 비용이 일치되는 점. 즉 투입된 비용 을 완전히 회수할 수 있는 매출액이 얼마인가를 나타내는 것. 손익분기점 이상의 매출을 올려야 이익이 생긴다.

全人敎育
전 인 교 육

완전한[全] 사람[人]을 만드는 교육(敎育)

인간이 지니고 있는 모든 자질(資質)을 전면적·조화적으로 육성하려는 교육. 현대의 학교 교육은 실용적인 지식 기능이나 극단적인 애국심만을 강조하는 경향이 있다. 이러한 경향에 반대하여 인간으로서 바람직한 넓은 교양과 건전한 인격 육성을 하기 위해 나타났다.

整理解雇制
정 리 해 고 제

정리하여[整理] 고용 관계를[雇] 푸는[解] 제도[制]

정리 해고란 경제적·기술적 여건의 변화에 따른 경영 여건을 개선하기 위 해 기업이 근로자를 '정리' 하는 것을 말한다. 회사측은 감량 경영을 위한 수단으로 정리 해고를 자유롭게 사용하고자 하나 노동계에서는 사회 보장 제도가 완비되지 않은 상태에서 노동자를 거리로 내모는 극단적인 생존권 박탈이라며 반발하고 있다.

土地公槪念
토 지 공 개 념

토지(土地)를 공공[公]의 것으로 인식하는 개념(槪念)

자본주의 국가에서도 이제 토지가 공공재(公共財)로 인식되게 되었다. 토 지는 모든 국민의 생활 기반이기 때문에 다른 소유권과는 달리 공공적 의 의가 크다. 그리하여 여러 나라가 이와 같이 소유권에 제한을 가하고 공적 인 의의를 부여하고 있다.

暴走族
폭　주　족

사납게[暴] 달리는[走] 무리[族]

오토바이를 몰고 교통 법규를 무시하며 달리는 무리. 안전 장치 없이 질주하여 매우 위험하다. 단속 경찰을 따돌리며 일종의 환희를 느끼는 것은 반사회적이기까지 하다. 사회적인 계몽과 단속이 함께 필요하다.

標的搜査
표　적　수　사

표적(標的)을 정해 놓고 하는 수사(搜査)

어떤 정치적인 목적으로 특정한 대상이나 인물을 정해 놓고 벌이는 수사. 편파성이 항상 문제가 되곤 한다. 정치권의 입김에 따라 정적(政敵, 정치적인 적수)을 제거하는 수단이 될 가능성이 높다.

法律 법률

假釋放
가　석　방

임시로[假] 석방(釋放)하는 것

죄를 뉘우치는 태도가 뚜렷할 때 형기 만료 전에 수형자(受刑者)를 조건부로 석방하는 제도. 우선 형의 집행을 정지하고 그 후 일정한 기간을 무사히 넘길 때에는 형의 집행이 종료한 것으로 인정한다. 무기수는 10년, 유기수는 형기의 3분의 1을 경과한 후 가석방을 할 수 있다. 가석방은 죄를 뉘우치는 사람을 일찍 사회로 되돌려 보냄으로써 수형자에게 장래의 희망을 가지도록 하는 제도이다.

拘留
구　류

잡아서[拘] 머무르게 함[留]

1일 이상 30일 미만 동안 구치소에 구치하는 것. 가장 가벼운 자유형이며 주로 경범죄에 부과한다. 구류는 형벌이므로 교도소에서 집행되는 것이 원칙이나, 예외로 경찰서의 유치장에서 집행할 수도 있다.

公訴時效
공 소 시 효

공소(公訴: 검사가 형사 사건에 관하여 법원에 재판을 청구하는 일)를 제기할 수 있는 시간적[時] 효력[效]

어떤 범죄 사건이 일정한 기간의 경과로 형벌권이 소멸하는 제도. 시간의 경과에 따라 증거를 판단하기 곤란하거나, 사회적인 관심의 약화, 피고인의 생활 안정 보장 등을 위해 마련되었다. 이 제도를 악용해 공소 시효가 만료될 때까지 도피하는 범법자도 있다. 이러한 폐단을 막기 위해 반사회, 반인륜 범죄에 대해서는 공소 시효 배제를 추진하고 있다.

國選辯護人
국 선 변 호 인

나라에서[國] 선정한[選] 변호인(辯護人)

형사 사건 피고인이 경제 사정 등으로 사선(私選)변호인을 선임할 수 없는 경우 피고인의 청구에 따라 법원이 변호인을 선정해 국비로 변론을 맡기는 제도. 피고인이 미성년자이거나 70세 이상의 노인일 경우에는 피고인이 청구가 없디라도 사선변호인이 없으면 법원이 직권으로 국선변호인을 지정토록 규정하고 있다.

禁治産者
금 치 산 자

재산[産]을 행사할[治] 권리를 금지당한[禁] 사람[者]

심신 상실자를 보호하기 위하여 법원이 법률상 본인 스스로가 재산을 관리할 능력이 없음을 인정하고 재산의 처분을 금지하는 제도. 금치산자의 일체 거래 행위는 취소할 수 있다. 금치산의 원인이 소멸하면 일정한 사람의 청구에 의하여 법원은 그 선고를 취소한다.

默秘權
묵 비 권

비밀(秘)에 대해 침묵[默]할 수 있는 권리[權]

피고인 또는 피의자가 수사 기관의 조사나 공판에 있어서 불리한 신문(訊問)에 대해 진술을 거부할 수 있는 권리. 이 권리에 대해 피의자에게 명확히 알려 주는 의무를 미란다 원칙이라고 한다. 묵비권은 고문에 의한 자백 강요를 방지하고 피의자 또는 피고인의 인권을 보호하기 위한 취지에서 나왔으며 강요된 진술은 유죄의 증거가 되지 않는다.

未必的故意
미 필 적 고 의

반드시[必] 고의(故意)성이 있지는 않음[未]

자기의 행위로 말미암아 어떤 범죄 결과가 일어날 수 있음을 알면서도 그 결과의 발생을 인정하여 받아들이는 심리 상태. 범죄 사실의 결과를 확정적인 것으로 인식하지 않고 단지 가능한 것으로 인식하고 있는 것. 이러한 경우에는 과실범(過失犯)이 아니라 고의범(故意犯)으로 처벌받는다.

補闕選擧
보 궐 선 거

빈 자리[闕]를 보충하는[補] 선거(選擧)

대통령이나 의원이 그 임기 중에 사직, 사망, 실직 등으로 자리가 빈 경우에 그 지역구에 한하여 실시하는 선거이다. 당선자는 전임자의 잔여 기간만을 재임한다. 국회의원 등에 당선되더라도 선거법을 위반했던 사실이 추후에 밝혀지면 당선이 취소되는데 대개 이 때에 보궐선거를 치르게 된다.

保釋
보 석

보증금[保]을 내고 석방됨[釋]

일정한 금액의 보증금을 납부하여 도주·기타 일정한 사유가 있을 때는 이를 몰수할 것을 전제로 피고인을 석방하는 제도. 보증금액은 여러 가지를 고려해서 피고인의 출석을 보증할 수 있는 충분한 액수를 정한다. 이를 납부할 사람은 제3자라도 무방하며 또 보증서로 대신할 수도 있다. 보석을 허락할 때는 주거 제한 등의 조건을 붙일 수 있다.

赦免
사 면

죄를 용서하여[赦] 형법을 면제함[免]

대통령의 고유 권한으로 형의 집행을 면제해 주거나 형 선고의 효력을 없애 주는 조치를 말한다. 특정 죄목에 대해 일괄적으로 처벌을 면해 주는 일반사면과 사면의 대상을 일일이 정해 취하는 특별사면 두 가지가 있다. 또, 사면복권(赦免復權)은 사면을 시켜 주고 형의 선고로 상실, 정지되었던 자격을 회복시키는 조치를 일컫는다.

前官禮遇
전 관 예 우

전직[前] 관리[官]에 대한 예우(禮遇)

판사나 검사로 재직하다가 변호사로 갓 개업한 사람이 맡은 소송에 대해 유리한 판결을 내리는 특혜. 판, 검사를 하다가 그만두면 변호사를 하게 되는데, 그만둔 판, 검사의 자리에는 후배가 자리를 차지하게 된다. 이러한 경우, 판사나 검사는 변호사의 후배가 되기 때문에 일정 기간 선배에 대한 예우를 해주는 것이 관례였다. 폐단이 많은 관례여서 점차 법으로 제한하는 추세이다.

直系尊屬
직 계 존 속

바로[直] 이어진[系] 높은[尊] 친속[屬]

직계는 증조부모, 조부모, 부모, 자녀, 손자, 증손과 같이 곧바로 이어나가는 관계를 말함. 직계 친족 중 본인부터 위의 계열에 있는 이들을 직계 존속이라 하고, 반면 자손의 계열에 있는 아들, 딸, 손자, 손녀, 증손 등은 직계 비속이라 한다.

執行猶豫
집 행 유 예

집행(執行)을 보류하는 것[猶豫]

3년 이하의 징역 또는 금고의 형을 선고할 경우에 그 정상에 참작할 만한 사유가 있으면, 일정 기간 그 형의 집행을 유예하는 제도. 만일 집행유예 기간 동안 아무런 일 없이 경과되면 형의 선고 효력을 상실한다. 여기서 유예(猶豫)는 전설상의 동물이다. 유(猶)와 예(豫)는 머뭇머뭇하기를 잘하는 원숭이와 맘보코끼리로, 유예란 단어는 여기서 유래하였다.

肖像權
초 상 권

초상(肖像)에 대한 권리[權]

본인의 얼굴이 본인 허가 없이 촬영되거나 공표되지 않을 권리. 일반적으로 대가를 지불한 촬영이나, 분명히 보도 활동으로 판명된 촬영 등은 예외로 간주한다. 함부로 남의 사진을 유포시키거나 무단 사용했을 경우, 당시자는 심각한 사생활 침해를 당하므로 이 법을 만들어 보호하고 있다. 최근에는 사망한 유명인의 초상까지 보호되어야 한다는 법이 미국에서 제정되기도 하였다.

親告罪
친 고 죄

직접[親] 고발해야[告] 성립되는 죄(罪)

피해자의 고소 또는 고발을 필요로 하는 범죄. 친고죄를 인정하는 이유는 강간죄나 강제 추행죄와 같이 기소가 오히려 본인에게 불이익을 초래할 우려를 방지하는 데에 있다. 다만 고소나 고발이 없어도 수사는 할 수 있다.

親權
친 권

어버이[親]의 권리[權]

부모가 미성년인 자식에 대하여 가지는 신분·재산상의 여러 권리와 의무를 통틀어 이르는 말. 친권자는 보호·교양(教養), 거소지정(居所指定) 등 자녀의 신분에 관한 권리 의무와 재산 관리 및 재산상 법률 행위의 동의(同意)·대리 등 자녀의 재산에 관한 권리 의무 등을 가진다. 친권은 친권자 또는 자녀의 사망, 자녀의 성년 도달로 상실된다.

被告
피 고

고소[告]를 당한[被] 사람

소송에서 소송을 당한 쪽의 당사자. 피고인의 준말이다. 소송을 제기하여 재판을 청구한 사람은 원고(原告)라 한다. 피고라 해서 무조건 범죄를 저지른 사람은 아니다. 다만 먼저 소송을 제기한 쪽이 원고가 되고, 소송을 당한 쪽이 피고가 된다.

刑罰不遡及
형 벌 불 소 급

형벌(刑罰)은 거슬러 올라가[遡] 미치지[及] 않는다[不]

법률이 제정 이전의 사실에 거슬러 올라가 적용되지 아니하는 일. 어떤 행위가 당시의 법률에 의해서는 전혀 범죄가 되지 않았던 것에 대하여, 나중에 제정된 법률에 의하여 비록 그 행위가 범죄가 된다 하더라도 형벌을 받지 않는다는 원칙이다.

科學·技術 과학·기술

假想現實
가 상 현 실

가상(假想)의 현실(現實)

일상에서 경험하기 힘든 환경을 직접 체험하지 않고서도 그 환경에 들어와 있는 것처럼 보여 주고 조작하여 현실처럼 체험할 수 있는 것. 인공 현실, 가상 세계 등으로 부르기도 한다. 가상현실 시스템에서는 가상적인 환경에서 일어나는 일을 참여자가 주로 시각으로 느끼도록 하며, 보조적으로 청각·촉각 등을 사용한다.

光纖維
광 섬 유

빛[光]을 전송하는 섬유(纖維)

빛의 전송을 목적으로 하는 섬유 모양의 관. 광학 섬유라고도 한다. 광섬유를 여러 가닥 묶어서 케이블로 만든 것을 광케이블이라고 한다. 광섬유는 외부의 전자파에 의한 간섭이나 혼신(混信)이 없고 도청이 힘들며, 소형·경량으로서 굴곡에도 강하다. 뿐만 아니라 하나의 광섬유에 많은 통신 회선을 수용할 수 있고 외부 환경의 변화에도 강하다.

放射能廢棄物
방 사 능 폐 기 물

방사능(放射能)을 담고 있어 폐기(廢棄)해야 할 물질(物質)

원자력 시설이나 방사성 물질을 다루는 작업장·실험실에서 나오는 폐기물. 그 처리에 있어서는 안정된 형태로 농축·고화(固化)하여 발열이 적어질 때까지 스테인레스 강철제 용기에 넣어서 30~50년에 이르는 장기간에 걸쳐 저장한 후에 지하 수백 미터의 깊은 지점에 매설, 처분하게 된다. 이러한 방법도 방사능에 의한 환경오염을 방지하는 근본적인 해결법이라고는 할 수 없어, 폐기물 처리 문제는 중요한 과제가 되었다.

無菌室
무 균 실

균(菌)이 없는[無] 방[室]

면역력(免疫力)이 떨어진 환자를 보호하기 위해, 특수 공기 여과 장치를 이용하여 먼지와 곰팡이를 제거하도록 특별히 고안된 병실을 말한다. 항암 치료나 방사선 치료, 백혈병 등으로 인해 면역 기능이 저하된 환자를 보호하기 위하여 필요하다.

半導體
반 도 체

절반[半]만 전도하는[導] 물체[體]

전기를 잘 전달하는 도체(導體)와 전기를 거의 전달하지 않는 절연체(絶緣體)의 중간에 위치하는 물질. 상온(常溫)에서 전기를 전도하는 성질이 도체와 절연체의 중간 정도 된다. 반도체의 발달로 모든 산업이 최첨단으로 성장할 수 있게 되었다.

反物質
반 물 질

반입자(反粒子)로만 구성된 물질(物質)

마이너스 전자에 대한 플러스 양전자, 플러스의 양 전자에 대한 마이너스 양전자 등 소립자에는 그것에 대응하는 반입자가 있다. 반입자로만 이루어진 물질을 반물질이라고 한다. 물질과 반물질이 접촉하면 엄청난 빛만을 남기고 소멸되므로, 반물질은 자연 상태에서 거의 존재하지 못한다. 과학자들은 이를 미래의 에너지원으로 기대한다.

防彈琉璃
방 탄 유 리

총탄(銃彈)을 막을 수 있는[防] 유리(琉璃)

원래 유리는 그 자체로서 어느 정도의 방탄 기능을 갖고 있다. 유리의 두께가 4cm를 넘으면 권총 총알도 뚫지 못한다. 하지만 유리가 너무 두꺼워지기 때문에 폴리에틸렌으로 된 고분자 필름을 사용한다. 이 소재를 투명하게 처리해 강화 유리 사이에 끼워 넣고 고온 · 고압 상태에서 성형해 접합시키면 방탄 성능을 가진 유리가 완성된다.

相對性理論
상 대 성 이 론

상대성(相對性)을 다룬 이론(理論)

현대 물리학의 기본이 되는 아인슈타인의 이론. 이 이론의 두 가지 요점은 빛보다 더 빠른 속도로 달릴 수 없다는 것과, 빛을 포함한 모든 것이 중력의 영향을 받는다는 것이다. 상대성 이론은 우주의 탄생과 블랙홀을 이해하는 데 꼭 필요하다고 알려져 있다.

溫室效果
온 실 효 과

대기 중의 수증기와 이산화탄소 등이 온실의 유리처럼 작용하여 지구 표면의 온도를 높게 유지하는 효과. 대기 중에 미량의 가스가 지표면에서 방출되는 적외선을 흡수하여, 우주 공간으로 방출되는 열을 다시 지구 표면으로 되돌려서 기온을 상승시키는 현상. 이러한 온실효과로 지구 온난화가 가속되어 생태 질서가 급속히 파괴되고 있다.

遠赤外線
원 적 외 선

적외선 중 파장이 긴 것을 말한다. 빛은 일반적으로 파장이 짧으면 반사가 잘 되고, 파장이 길면 물체에 도달했을 때 잘 흡수되는 성질이 있으며 침투력이 강해서 사람의 몸도 이 적외선을 쐬면 따뜻해진다. 이러한 열작용은 각종 질병의 원인이 되는 세균을 없애는 데 도움을 주고, 모세혈관을 확장시켜 혈액 순환과 세포 조직 생성에 도움을 준다. 노화 방지, 신진대사 촉진, 만성 피로 등 각종 성인병 예방에 효과가 있다.

音聲認識
음 성 인 식

음성을 기계로 식별하는 것. 공상 과학 영화에서 음성으로 기계를 작동하는 모습을 흔히 보아 왔다. 이 기술이 발전되면 키보드 같은 입력기가 필요 없이 음성으로 입력 처리할 수 있게 된다. 그러나 아직까지는 말하는 사람이 많거나 말수가 많으면 오차가 생길 수가 있다.

人工知能
인 공 지 능

인간의 지능을 모방하여 컴퓨터 프로그램으로 실현한 기술. 인간의 지능으로 할 수 있는 사고, 학습, 자기 계발 등을 컴퓨터가 할 수 있도록 하는 방법을 연구하는 컴퓨터 공학 및 정보 기술의 한 분야로서, 컴퓨터가 인간의 지능적인 행동을 모방할 수 있도록 하는 것이다.

赤潮現象
적 조 현 상

붉은[赤] 색 조수[潮水]가 나타나는 현상(現象)

해수가 플랑크톤의 폭발적인 다량 발생 때문에 적색 계통의 색깔을 띠는 현상. 발생 원인은 일사(日射)가 강하여 수온이 상승한 경우, 담수의 유입(폭우, 장마 등)으로 영양염이 크게 증가한 경우, 바람이 없는 상태가 계속되어 해수의 혼합이 저하된 경우 등이다. 늦봄부터 가을까지 수일에서 수십 일 동안 계속되며, 어패류는 아가미가 막히거나 호흡 곤란에 빠져 폐사하게 된다.

電磁波
전 자 파

전자기(電磁氣)의 파동(波動)

전자의 진동이 파동의 형태로 전파되는 현상. 가전 제품에 나오는 전자파의 유해성이 논란이 되고 있다. 대표적으로 알려진 전자파의 유해성은 암 발병률의 증가, 임산부의 유산, 기형아 출산 등이 있다. 전력선 주위에 사는 어린이의 백혈병 발병률이 타 지역에 비해 2~3배 높으며, 암의 집단 발병의 경우가 여러 번 보고되었다.

集積回路
집 적 회 로

모여서[集] 쌓인[積] 회로(回路)

많은 회로소자(回路素子)나 내부 배선을 특수한 방법으로 결합한 초소형의 전자 회로. 보통 아이씨(IC)라고 부른다. 집적회로의 발달로 전자 기기들이 초소형, 고속화, 저전력화가 가능해졌다.

超傳導
초 전 도

매우 잘[超] 전류가 전달[傳導]되는 것

어떤 종류의 금속이나 합금을 절대영도(0 K : −273.16℃) 가까이까지 냉각하였을 때, 전기 저항이 갑자기 소멸하여 전류가 아무런 장애 없이 흐르는 현상. 초전도체는 전기 저항이 없어 저항에 의한 발열·열 손실을 막을 수 있고, 세기가 큰 전류를 흘려서 강한 자기장을 만들 수 있기 때문에 초전도체를 이용한 전자석의 실용화가 연구되고 있다.

風致地區
풍 치 지 구

도시 경관, 자연 풍치, 녹지의 보전과 유지를 위해 지정한 곳. 일반 지역에 비하여 건축 행위에 대한 규제가 많다. 풍치지역은 도시 계획법에 근거하며 일제 때부터 도입됐다. 풍치지구는 서울과 경기도 등 수도권을 중심으로 지정돼 있으며 서울과 남산과 북한산 주변 등 모두 31곳, 16.6평방 킬로미터에 달하고 경기도는 약 11평방 킬로미터에 달한다.

畵像會議
화 상 회 의

서로 먼 거리에 떨어져 있는 사람들끼리 각기의 실내에 설치된 텔레비전 화면에 비친 화상 및 음향 등을 통하여 회의를 진행할 수 있도록 만든 시스템. 이 시스템은 당사자들이 서로 원거리에서 회의를 진행하고 있다는 거리감을 느끼기 쉬우므로, 비디오(화상)와 오디오(음향)의 효과적인 연출과 장치에 각별히 신경을 써야 한다.

健康·醫學　건강·의학

家庭醫
가 정 의

가족의 모든 병을 지속적으로 진료·상담하는 의사. 환자 및 그 가족과 영원한 관계를 맺어 의사가 책임을 지게 된다. 어린이, 할머니, 남자, 할아버지 등등 연령이나 성별에 구애됨이 없이 가족 모두를 의료의 대상으로 한다. 현대 의학이 고도로 전문화되고, 세분화됨에 따라 복잡하고 비인간화되어 가는 데 반해 가정의는 신뢰와 애정을 갖고 환자 위주로 진료한다.

公衆保健醫師
공 중 보 건 의 사

병역 의무 대신 3년 동안 농어촌 등 보건 의료 취약 지구에서 공중보건 업무에 종사하는 의사. 이들은 대통령령이 정하는 보건 의료 시설 및 농어촌 지역의 복지 시설에서 종사한다. 이 제도는 의료 인력이 대도시 등에 집중됨에 따라 농어촌에서의 의료 혜택의 부족함을 매우기 위해 시행되었다. 공중 보건 의사의 경험 부족, 장비 부족, 근무 의욕 부족 등이 문제점으로 지적되고 있다.

拒食症
거 식 증

음식[食]을 거부하는[拒] 증세[症]

섭식(攝食) 장애로 불리는 의학 용어. 거식증은 음식 섭취를 극단적으로 피하는 증상이며, 폭식증(暴食症)은 그 반대이다. 이 둘은 같은 뿌리에서 출발한 일종의 신경 정신 질환이다. 이들 섭식 장애 환자의 공통적인 내면 상태는 남으로부터 인정받고 싶어하는 욕망을 비롯해 무력감, 외로움, 공격성, 불안 심리 등을 나타낸다.

覺醒劑
각 성 제

깨어나[覺] 정신을 차리게 하는[醒] 약물[劑]

중추신경 및 교감신경(交感神經)을 흥분시키는 의약품. 마취제 · 최면제와는 반대로 수면을 방해하고, 혈압을 올리며, 피로감을 없앤다. 신경증 · 우울증의 치료제로서 쓰이기는 하지만, 일종의 두취감을 일으거서 습관성이 되어 만성 중독이 되면 환각을 일으켜 정신분열증에 가까운 증세가 된다. 의존성이 강하므로 규제나 단속을 법률로 정하는 등 엄격히 다루고 있다.

内視鏡
내 시 경

신체 안[内]을 보기[視] 위한 거울[鏡]

신체의 내부를 관찰하기 위한 의료 기구를 통틀어 이르는 말. 위나 식도, 자궁, 직장, 심장 등 각각 그 부위의 상태를 관찰하고 동시에 조직절제(切除), 분비물 채취 등도 할 수 있어 병의 발견 · 진단에 도움을 준다. 최근에는 유리 섬유를 이용한 기구로 관찰을 하면서 동시에 사진 촬영도 가능해졌다.

冷房病
냉 방 병

차가운 방[冷房]에 오래 있어 생긴 병(病)

여름철에 인위적인 냉방 상태에 오래 노출됨으로서 일상 생활에 지장을 초래하는 정신적 혹은 육체적인 모든 장애를 말한다. 무더운 날씨에 냉방 장치가 잘 되어 온도가 적당히 낮아진 실내에서 일할 수 있다면 일의 능률도 오르고 심신의 상태도 쾌적할 수 있지만, 지나치면 오히려 몸이 나른하고 머리가 아프며 일의 능률이 떨어지는 등 여러 가지 장애를 수반하게 된다.

水因性傳染病
수 인 성 전 염 병

물[水]로 인해서[因] 전염(傳染)되는 병(病)

물(특히 음료수)에 의해 유행을 일으키는 전염병. 물에 의한 전염병은 함께 물을 먹는 많은 사람이 일시에 발생하여, 폭발적으로 유행이 된다. 수인성 전염병은 장마나 홍수 뒤에 발병 위험이 높다. 물을 반드시 끓여 먹고 음식물을 가려 먹으면 예방할 수 있다.

成人病
성 인 병

성인(成人)이 잘 걸리는 병(病)

중년 이후에 문제 되는 병을 통틀어 이르는 말. 사망률이 높은 암, 심장병, 뇌졸중을 3대 성인병이라고 한다. 식생활(食生活) 습관과 밀접한 관련이 있으므로 식생활 개선과 함께 꾸준한 운동을 하면 발병을 줄일 수 있다. 요즘에는 아이들에게도 발생하는 일이 점차 늘어나고 있다.

植物人間
식 물 인 간

식물(植物)처럼 움직일 수 없는 인간(人間)

의식 불명인 채 장기간 계속 누워 있는 상태로 살아가고 있는 환자. 원인은 교통 사고나 뇌졸중, 일산화탄소 중독 등 다양하다. 식물인간은 동물성 기능은 발휘하지 못하지만 식물성 기능은 유지한다. 그러므로 인공호흡기를 사용하지 않으면 살 수 없는 뇌사(腦死) 상태의 환자와는 달리 아픈 감각에 반응을 보이기도 한다.

安樂死
안 락 사

편안하고 즐겁게[安樂] 맞이하는 죽음[死]

회복 불가능한 환자를 본인이나 가족의 동의하에 편안히 죽음을 맞이할 수 있도록 조치를 취하는 것. 적극적 안락사는 불치환자의 육체적 고통이 격심할 때 독물이나 기타 방법으로 빨리 죽을 수 있는 처치를 취하는 것이다. 소극적 안락사는 불치병 치료를 중지하거나 인공 호흡기를 제거하는 것이다. 안락사는 오래 전부터 찬반 양론이 있어 왔지만, 소극적 안락사는 대체로 긍정하는 추세에 있다.

藥物中毒
약 물 중 독

약물(藥物)에 중독(中毒)되는 것

약물의 오용(誤用)과 남용(濫用)으로 건강에 해로운 영향을 미치는 상태. 장기적으로 복용하게 되면 약물에 의존성이 생겨 사회적 문제를 일으키게 된다. 보통 마약, 모르핀 등이 대표적 약물이다. 사용을 중지했을 때 심한 금단 현상(禁斷現象)이 나타나며, 인간의 의지력으로는 끊기가 매우 힘들다.

有酸素運動
유 산 소 운 동

산소(酸素)가 있는[有] 운동(運動)

근육에 산소가 공급되도록 운동 시간이 비교적 길고 움직이는 동안 계속 숨을 쉬는 운동. 조깅, 에어로빅, 줄넘기 등이 대표적이다. 유산소 운동은 체내 대사를 촉진시켜 지방질을 태워 없애는 효과가 있으며 운동 기구가 없어도 일상 생활에서 간편하게 할 수 있는 이점이 있다.

人工受精
인 공 수 정

인공(人工)적으로 정자[精子]를 받는[受] 것

채취한 정자를 주입 기구를 사용하여 질(膣)을 통해 자궁이나 난관에 들여보내어 수정시키는 기술. 남성측에 원인이 있는 불임(不姙, 임신하지 못하는 것)의 치료법으로 활용되고 있다. 보통 남편의 정자를 받거나 다른 남자의 정자를 받는 경우로 나뉜다. 축산 분야에서 인공수정은 우량 품종의 유지 등에 필수적인 방법으로서 널리 실시되고 있다.

症候群
증 후 군

같은 증세[症候]를 나타내는 무리[群]

몇 가지 증후가 늘 함께 나타나지만 그 원인이 불명확하거나, 또는 한 가지가 아닌 것에 대하여 병명에 준하여 붙이는 명칭. 신드롬(syndrome)이라고도 부른다. 그 중 하나인 일반석증후군(一般席症候群)은 비좁은 비행기 좌석에서 움직이지 않고 오랫동안 앉아 있을 경우, 호흡 곤란 등이 일어나는 현상이다.

幻覺劑
환 각 제

환각(幻覺)을 일으키는 약물[劑]

환각 작용을 유발시키거나 발동시키는 작용 물질. 이와 같은 물질의 소지는 법으로 엄격하게 규제되고 있다. 이 물질을 남용 또는 극히 소량을 복용하면 지각 이상을 비롯하여 무력·무관심·의욕 상실 등의 정신 작용과 함께 정신 분열증과 같은 정신병·환각작용을 일으킨다. 특히 지각 이상에서는 비관에서 낙관으로 급변하고, 불안이나 공포에서 해방되며, 망아(忘我)와 황홀의 경지에 빠진다.

競步
경 보

걷는[步] 속도를 다투는[競] 경기

육상 종목 중의 한 가지. 한쪽 발이 땅에서 떨어지기 전에 다른 쪽 발이 땅에 닿게 하여 무릎을 편 자세로 나아간다. 두 발이 모두 지면에서 떨어지면 실격이 된다. 경기 종목은 3,000m, 5,000m, 1만m, 3만m, 5만m, 올림픽 종목으로 20km와 50km 등이 있다.

計體量
계 체 량

몸[體]의 무게[量]를 재는[計] 일

경기자가 신청해 놓은 계급의 중량인지 아닌지를 계량하는 것. 보통 프로 복싱의 경우는 시합하기 8시간 전에 체중을 재는데, 이 계체에 실패한 선수는 2시간 후에 다시 계체할 수 있다. 선수들은 중량을 맞추기 위해 일반인들이 상상할 수 없는 감량(減量)의 고통을 겪는다.

球技種目
구 기 종 목

공[球]을 다루는 기술[技]을 겨루는 종목(種目)

구기종목이란 공으로 하는 운동들을 말한다. 구체적으로는 축구, 야구, 핸드볼, 배구, 농구 등을 꼽을 수 있다. 우리 나라에서 구기종목은 오래 전부터 여러 국제 대회에서 효자 구실을 했다.

近代五種競技
근 대 오 종 경 기

근대(近代)에 만들어진 다섯 종목[五種]의 실력을 겨루는 경기[競技]

시험 방법은 5일 동안 승마 · 펜싱 · 사격 · 수영 · 크로스컨트리의 5가지 종목을 겨루게 된다. 각 종목의 정해진 계산법으로 득점을 내어 합산 성적을 겨루는 경기. 근대 올림픽에서는 1912년 제5회 대회 때부터 매회 실시되어 '만능 선수의 영광'으로서 중요한 종목이 되었다.

盜壘
도 루

성채[壘]를 훔치다[盜]

야구에서, 주자가 수비 선수의 허점을 틈타 다음 누로 달려가는 일. 준족(駿足, 걸음이 빠르고 잘 달림, 또는 그런 사람)의 선수들에게 유리하다. 도루라는 말은 '성채를 훔치다' 라는 뜻이다. 만루(滿壘)는 주자들이 모두 누에 나가 있는 경우인데, 성[壘]이 꽉 찼다는[滿] 의미이다.

沒收敗
몰 수 패

경기가 몰수(沒收)되는 패배[敗]

어떤 경기에서 상대방 팀에 명백한 과실이 있으면 그 팀의 경기를 몰수하는 것. 축구나 농구 등 여러 종목에서 가끔 볼 수 있다. 보통 판정에 불복하여 스스로 몰수패를 감수하는 경우가 있다.

無形文化財
무 형 문 화 재

형태[形]가 없는[無] 문화재(文化財)

형태로 헤아릴 수 없는 문화적 소산으로서 역사상 또는 예술상 가치가 높은 것. 음악·무용·연극·공예기술 및 놀이 등 물질적으로 보존할 수 없는 문화재 전반을 말한다. 반면, 물질적으로 보존히 가능한 문화재는 유형문화재라 일컫는다.

文化語
문 화 어

문화(文化)를 담고 있는 말[語]

해방 후 평양말을 중심으로 다듬어진 북한의 공용어. 김일성의 지시로 해방 후 북한의 수도 평양을 중심지로 하고 평양말을 기준으로 하여 주체적으로 발전한 조선 민족어의 전형으로 규정한다. 두음법칙을 인정하지 않고, 된소리가 많다. 문장도 리듬의 단위가 짧고, 장단고저의 억양을 지녀 웅변조의 느낌을 준다.

博覽會
박 람 회

널리[博] 보게 하는[覽] 모임[會]

박람회는 참가국들이 자국의 산업과 문화를 전시하여 상호 이해와 교류를 심화하기 위하여 개최한다. 여러 나라들이 참여한다 해서 만국 박람회라고도 부른다. 잘 알려진 박람회로는 우리 나라에서 열린 대전 엑스포를 들 수 있다. 여기에서 자기 부상 열차·태양열 자동차 등의 첨단 기술이 소개되었고 다양한 문화 행사가 이루어졌다.

森林浴
삼 림 욕

산 속[森林]에서 하는 목욕[浴]

신선하고 상쾌한 공기를 들이마시며 숲 속을 걷거나 머물러 있는 일. 수목이 울창한 산 속을 걸으면 누구나 상쾌한 기분이 되는데, 그 원인의 하나는 '피톤치드'라고 하는 방향성 물질이 수목에서 발산되어 인체에 건강한 작용을 하기 때문이다. 삼림욕은 해수욕, 일광욕과 함께 건강삼욕(健康三浴)이라고 불리며, 녹색 샤워라고도 한다.

音聲多重放送
음 성 다 중 방 송

음성(音聲)이 여러 겹[多重]으로 나오는 방송(放送)

텔레비전 방송의 음성에 또 다른 음성 하나를 더 추가하여 방송하는 것. 스테레오 방송이나 2개 국어 방송이 동시에 청취 가능한 시스템이다. 외화를 원어(原語)와 자국어(自國語)로 시청할 수 있어, 어학 공부 용으로 유용하다.

自責點
자 책 점

스스로[自]에게 책임[責]이 있는 점수[點]

자책점이란 투수가 자기의 임무 중에 허용한 득점(실점) 중 실책과 패스트볼에 의한 것을 제외한 점수이다. 자책점은 투수가 책임을 지지 않으면 안 될 득점을 말한다. 실책 등에 의해 진루한 누를 결정할 경우에 의심스러운 것은 투수에게 유리하도록 한다.

著作權
저 작 권

저술한 작품[著作]에 대한 권리[權]

저작권은 문학, 연극, 음악, 예술 및 기타 지적, 정신적인 작품을 포함하는 저작물의 저작자에게 자신의 저작물을 사용 또는 수익 처분하거나 타인에게 그러한 행위를 허락할 수 있는 독점적, 배타적인 권리를 말한다. 남의 허락 없이 함부로 다른 사람의 작품을 사용하면 법에 의해 처벌받을 수 있다.

前衛藝術
전 위 예 술

앞[前]에 위치한[衛] 예술(藝術)

금세기 초엽, 종래의 예술 경향에 대항해서 여러 형식의 혁신을 목표로 한 예술. 아방가르드(avant-garde) 예술이라고도 한다. 특정한 분야·유파를 가리키는 명칭은 아니다. 요즘에는 특정 유파나 운동을 가리키기보다, 급진적이고 첨단적인 예술을 가리키는 일반적인 말로도 사용하고 있다.

指名打者
지 명 타 자

특별히 지명된[指名] 타자[打者]

각 팀은 경기마다 투수를 대신하여 타격을 하는 타자를 지명할 수 있다. 지명타자는 경기 시작 전에 교환되는 타순표에 수비로 출전하지 않은 선수를 지명하게 된다. 보통 타석은 상하나 수비력이 약한 선수가 맡는다.

鬪技種目
투 기 종 목

싸우는[鬪] 기술[技]을 겨루는 종목(種目)

운동 경기 분류의 한 가지. 특별한 용구를 사용하지 않고 넘어뜨리기·들기·당기기·치기 등의 기술을 겨루는 일대일의 경기. 보통 씨름·태권도·유도·레슬링·복싱 따위의 격투 경기가 있다.

韓流
한 류

한국[韓]의 문화적 물결[流]

우리나라의 대중문화 요소가 외국에서 유행하는 현상을 일컬어 이른바 '한류(韓流)'라 한다. 1990년대 말에 한국의 대중스타들이 중국, 일본, 동남아시아 등에서 크게 인기를 끌면서 비롯되어 현재는 세계 각국에 영향을 끼치고 있다. 대중음악, 드라마, 영화 등의 한류 바람을 잘 활용하면 막대한 경제 효과를 가져올 수 있다.

24절기(二十四節氣)

 봄

봄 춘(春)은 본래 어려울 준(屯)과 풀 초(艹), 날 일(日)이 합쳐진 글자이다. 초목이 햇볕을 받아 싹트기 위해 애쓰는 모습을 나타냈다. 입춘(立春)부터 입하(立夏) 전까지의 기간이다. 기상학상으로는 3, 4, 5월에 해당하니 음력으로는 1, 2, 3월이다. 1월은 정월(正月) 혹은 맹춘(孟春), 2월은 중춘(仲春) 혹은 도월(桃月), 3월은 계춘(季春) 혹은 만춘(晚春)이라 불렀다. 봄에는 시작과 부활이라는 상징이 있다. 겨우내 잠자던 생명체들이 눈을 뜨며 농부들은 바지런히 한 해의 농사를 준비한다.

立春
입　춘

봄의 기운이 일어선다는 뜻이다. 입(入)자를 쓰지 않고 입(立)을 쓴 것은 봄의 기운이 아기처럼 '갓 일어선다'고 생각했기 때문이다. 입춘(立春)은 24절기의 시작인 동시에 봄 절기의 시작이다. 입춘이 되면 '입춘에는 크게 길하다'라는 의미의 입춘대길(立春大吉)이란 글을 써서 대문 기둥이나 대들보, 천장 등에 붙이는데 이를 입춘방(立春榜)이라 한다. 농가에서는 보리 뿌리를 뽑아 그 해 농사의 길흉(吉凶)을 미리 점쳐 보기도 했다. 양력으로는 2월 4일경이다.

雨水
우　수

겨우내 얼었던 땅이 녹아 물이 많아진다는 의미에서 붙인 이름이다. 눈과 얼음이 녹는 시기이다. 땅을 갈아야 할 이 시기의 물은 중요한 의미를 지니므로 우수(雨水)라 했다. 우수 기간에는 수달이 물고기를 잡아 늘어놓고 기러기가 북으로 날아가며 초목에 싹이 튼다고 한다. 양력으로는 2월 19일경이다.

驚蟄
경　칩

겨울잠 자던 벌레들이 놀라 깬다는 뜻이다. 이 때 비는 천둥 번개를 동반하는 경우가 많기 때문에 겨우내 잠자던 벌레들을 놀라 깨우게 한다고 생각했다. '우수 경칩에 대동강(大同江) 물이 풀린다'는 말이 있을 정도로 봄기운이 완연하다. 양력으로는 3월 6일경이다.

우리 나라의 스물네 절기(節氣)는 농사를 고려해서 만들었다. 절기를 살펴보면 절기와 실제 기후는 약 한 달 정도의 차이가 있다. 음력 1월이면 한창 겨울임에도 이미 입춘(立春)이 찾아온다. 무더위가 한창인 음력 7월에는 입추(立秋)가 있다. 이는 절기를 만들 때 실제적인 기후보다는 해의 길이를 참조했기 때문이다. 즉, 하지를 기점으로 최고로 길었던 해가 점차 줄어들기 시작하지만 더위는 한 달이 지나야 정점에 이른다. 하지만 절기는 실제 기후를 고려하기보다 해의 길이를 생각해서 만들었기 때문에 한창 여름에 가을의 시작을 알리는 입추가 있고 봄이 한창일 때 여름을 알리는 입하가 있게 되었다.

春分
춘 분

경칩 다음에는 춘분(春分)이 찾아온다. 낮과 밤의 길이가 같아진다. 이 때면 농가에서는 농사 준비에 여념이 없다. 춘분 기간에는 제비가 날아오고, 우렛소리가 들리며, 그 해 처음으로 번개가 친다고 한다. 태양의 황경(黃經)이 0°일 때이며, 양력은 3월 21일경이다.

淸明
청 명

모든 사물이 맑고[淸] 밝다[明]는 의미이다. 날씨가 매우 화창하고 좋을 때 '청명하다'라고 말하듯 아주 화창한 기후를 보여 주는 시기이다. 청명은 보통 찬 음식을 먹는다는 한식(寒食)과 겹치거나 하루 전일 때가 많다. 그래서 '청명에 죽으나 한식에 죽으나 매일반'이라는 속담이 나왔다. 양력으로는 4월 5일경이다.

穀雨
곡 우

곡식[穀]에 필요한 비[雨]가 내리는 시기라는 뜻이다. 봄절기의 마지막에 찾아온다. 곡우는 농사에 가장 중요한 절기 중 하나이다. '곡우에 가물면 땅이 석 자가 마른다'라는 속담도 있듯 곡우 즈음에 못자리를 해야 한다. 태양의 황경(黃經)이 30°에 해당할 때이며, 양력으로는 4월 20일경이다.

여름 

여름 하(夏)는 머리 혈(頁)과 천천히 걸을 쇠(夂)를 합친 글자이다. 쇠(夂)를 지(止)의 변형자로 보아, 더위 때문에 머리와 발을 모두 드러낸 모양으로 보기도 한다. 또는, 여름을 대표하는 매미의 형상으로 보기도 한다. 입하(立夏)부터 입추(立秋) 전까지의 기간이다. 기상학상으로는 6, 7, 8월에 해당하니 음력으로는 4, 5, 6월이다. 4월은 입하(立夏) 혹은 사월(巳月)이라고 하며 5월은 중하(中夏) 혹은 우월(雨月), 6월은 계하(季夏) 혹은 복월(伏月)이라 한다. 각 달의 명칭에서 보듯 여름은 지루한 빗줄기[雨月]와 무더운 날씨[伏月]가 특징이다.

立夏
입 하

여름의 기운이 일어선다는 뜻이다. 이쯤이면 사방 천지에 널린 산나물이 입맛을 돋우어 준다. 청개구리가 울고, 지렁이가 땅에서 나오는 시기이다. 농사일이 바빠지며, 해충·잡초 제거 작업 등의 일이 많아지는 때이기도 하다. 양력으로는 5월 6일경이다.

小滿
소 만

온갖 생물이 성장하여 조금씩[小] 차오른다는[滿] 뜻이다. 본격적인 여름 날씨로 접어드는 때이다. 모내기를 시작하고 보리 수확을 하는 때로, '보릿고개'를 건너 온 사람들에게는 구세주와 같이 반가운 시기이다. 소만 기간에는 씀바귀가 뻗어 나오고 냉이가 누렇게 죽어 가며 보리가 익는다고 한다. 양력으로는 5월 21일 무렵이다.

芒種
망 종

벼, 보리처럼 수염이 있는 곡식의 씨앗[芒]을 뿌리기[種]에 적당한 때라는 의미이다. 모내기와 보리 수확이 겹쳐 한 해 가운데 제일 바쁜 시기이다. 남녘 농촌에서는 '발등에 오줌 싼다'는 말이 있을 정도로 바빴다고 한다. 농사일거리가 끊이지 않아 일을 멈추는 것을 잊는다고 하여 망종(忘終)이라고도 했다. 양력으로는 6월 6일경이다.

夏至
하 지

여름이 이르렀다는 의미이다. 본격적인 여름이 시작되는 시기이다. 하지는 1년 중 낮의 길이가 가장 긴 날이다. 하지 기간에는 사슴의 뿔이 떨어지고 매미가 울기 시작한다는 말이 있다. 양력으로는 6월 22일경이다.

小暑
소 서

작은 더위라는 뜻이다. 본격적인 무더위가 시작되는 때이다. 이맘 때면 벼이삭이 나오는 데다 장마와 겹쳐 일손이 딸린다. 과일·채소류가 풍성해지고 밀과 보리가 새로 나온다. 양력으로는 7월 7일경이다.

大暑
대 서

큰 더위라는 뜻이다. 대서 이후 약 이십여 일 간이 가장 무더워서 '불볕 더위' 혹은 '찜통 더위'라 말한다. "염소 뿔이 녹는다"는 말이 있을 정도로 무더워, 밤에도 열대(熱帶) 지방의 더위처럼 기온이 높은 열대야(熱帶夜) 현상이 종종 일어난다. 이즈음의 가장 무더운 시기를 삼복(三伏) 더위라 부른다. 복(伏)은 엎드린다는 뜻이다. 많은 사람들은 복(伏)자에 개[犬]가 있으므로 이 날 개를 잡아 먹는 것이라 생각하지만, 하도 무더워 양기가 바싹 엎드려 있다는 뜻이다. 양력으로는 7월 23일경이다.

가을 　秋

가을 추(秋)는 햇볕[火]에 쬐여 고개 숙인 벼[禾]를 거두는 때라는 의미이다. 원래 갑골문을 보면 메뚜기를 그린 형상이다. 곧, 가을에 농작물에 피해를 주는 메뚜기를 잡기 위해 불[火]을 피운 모습이다. 입하(立夏)부터 입추(立秋) 전까지의 기간이다. 기상학상으로는 8, 9, 10월에 해당하니 음력으로는 7, 8, 9월이다. 7월은 매미의 달이라는 뜻으로 선월(蟬月)이라 하며, 8월은 중추(仲秋), 9월은 국월(菊月)이라 한다. 가을철로 접어들어 여기저기 풀숲에 떨어져 죽은 매미는 많은 생각을 준다.

立秋
입　추

가을 기운이 일어선다는 뜻이다. 서늘한 바람이 불고 이슬이 내리며 귀뚜라미가 울 때쯤 찾아온다. 이 때쯤이면 바쁜 농사일이 끝나고 한가히 어정대는 시기라 해서 '어정 7월'이라 부르기도 한다. 몹시 더우며, 자주 큰 장마가 진다. 입추 기간에는 서늘한 바람이 불고, 이슬이 진하게 내리며, 귀뚜라미가 운다고 한다. 양력으로는 8월 8일경이다.

處暑
처　서

더위가 가신다는 뜻이다. 이 때부터 더위가 사그라진다고 한다. '처서가 지나면 모기도 입이 비뚤어진다'는 속담처럼, 극성스러웠던 파리·모기도 자취를 감춰 간다. 처서 기간에는 매가 새를 잡아 늘어놓고, 천지가 쓸쓸해지며, 논벼가 익는다고 한다. 양력으로는 8월 23일경이다.

白露
백　로

하얀 이슬이 맺힌다는 뜻이다. 기온이 뚝 떨어져 이슬마저 차가워져 흰 빛을 띠기에 하얀 이슬이라는 명칭이 붙었다. 고되고 힘든 여름 농사를 갈무리하고 일손을 놓는 시기이다. 맑은 날이 계속되고 기온도 알맞아 온갖 열매가 여무는 데 더없이 좋다. 제비는 돌아가고 기러기가 찾아온다. 양력으로는 9월 8일경이다.

秋分
추　분

밤과 낮의 길이가 같아지는 때이다. 추분이 지나면 점차 밤이 길어지므로 가을이 왔음을 확실히 느끼게 된다. 추분 기간에는 우렛소리가 그치고, 동면할 벌레가 구멍 창을 막으며, 땅 위의 물이 마르기 시작한다고 한다. 양력으로는 9월 23일경이다.

| **寒露**
한　로 | 쌀쌀한 밤 기운에 찬[寒] 이슬[露]이 맺히는 시기이다. 이 때는 가을의 꽃 국화로 국화전과 국화술을 만들어 먹는다. 한로 기간에는 기러기가 모여들고 참새가 줄어들며, 조개가 나돌고 국화꽃이 노랗게 핀다고 한다. 양력으로는 10월 9일경이다. |

| **霜降**
상　강 | 서리[霜]가 내린다[降]는 뜻이다. 가을을 갈무리하는 겨울의 문턱에 있다. 상강 기간에는 승냥이가 산짐승을 잡고 초목이 누렇게 떨어지며, 동면하는 벌레가 모두 땅 속으로 숨는다고 한다. 양력으로는 10월 24일경이다. |

 # 겨울

겨울 동(冬)의 본래 자형에는 아래 두 점이 없다. 양쪽 끝에 매듭을 지은 실 끝을 본뜬 모양이다. 끝까지 남은 두 개의 과일이라는 주장도 있다. 곧 한 해의 끝이라는 의미에서 겨울이 나왔다는 것이다. 한편으로는 얼음이 양쪽 끝에 얼어붙은 모양으로 보기도 한다. 입동(立冬)부터 입춘(立春) 전까지의 기간이다. 기상학적으로는 12, 1, 2월이니 음력으로는 10, 11, 12월이다. 10월은 맹동(孟冬), 11월은 중동(仲冬) 혹은 자월(子月), 12월은 계동(季冬) 혹은 축월(丑月)이라 한다. 12간지를 각 달에 대응시켰는데 11월부터 그 출발점을 삼았다.

| **立冬**
입　동 | 겨울 기운이 일어선다는 뜻이다. 입동에 날씨가 따뜻하지 않으면 그 해 바람이 독하다고도 한다. 입동을 전후해 김장을 담근다. 입동 기간에는 물이 얼기 시작하고, 땅이 처음 얼며, 꿩이 드물고 조개가 잡힌다고 한다. 양력으로는 11월 8일경이다. |

| **小雪**
소　설 | 작은 눈이라는 뜻이다. 소설(小雪)부터는 살얼음이 잡히고 땅이 얼기 시작한다. 이 때면 본격적인 월동 준비를 한다. 소설 기간에는 무지개가 나타나지 않고, 하늘이 기운이 올라가고 땅의 기운은 내려가며, 천지가 얼어 생기가 막힌다고 한다. 양력으로는 11월 23일경이다. |

<table>
<tr><td><h1>大雪</h1>대 설</td><td>큰 눈이라는 뜻이다. 눈이 많이 내리는 절기이다. 이 날 눈이 많이 오면 다음 해 풍년이 들고 푸근한 겨울을 보낼 수 있다 한다. '눈은 보리의 이불이다' 라는 말이 있다. 눈이 많이 내리면 보리를 덮어 보온 역할을 하므로 겨울 피해가 적어진다. 대설 기간에는 한달새가 울지 않고, 범이 교미하여 새끼를 낳는다고 한다. 양력으로는 12월 7일경이다.</td></tr>
<tr><td><h1>冬至</h1>동 지</td><td>겨울이 지극[至]하다는 뜻이다. 겨울의 대표적 절기이다. 일 년 중 밤이 가장 긴 날이면서, 24절기 중 풍습이 가장 많기도 하다. 사람들은 붉은 팥으로 죽을 쑤어 찹쌀로 된 경단을 넣는 동지팥죽을 해 먹었다. 또 동지팥죽에는 귀신을 쫓는 영험이 있다고 생각해 붉은색을 띠는 팥죽 국물을 벽이나 문에 뿌렸다. 예전에는 '동지팥죽을 먹어야 진짜 나이를 한 살 더 먹는다'는 속담이 있을 정도로 동짓날을 '작은 설'로 여겼다. 양력으로는 12월 22일경이다.</td></tr>
<tr><td><h1>小寒</h1>소 한</td><td>'작은 추위'라는 뜻이다. '큰 추위'라는 뜻의 대한(大寒) 때가 더 추울 것 같지만 오히려 소한이 더 추운 경우가 많다. '대한이 소한 집에 놀러 갔다가 얼어 죽었다'는 속담이 있을 정도이다. 소한 기간에는 기러기가 돌아가고 까치가 집을 지으며 꿩이 운다고 한다. 양력으로는 1월 6일경이다.</td></tr>
<tr><td><h1>大寒</h1>대 한</td><td>'큰 추위' 라는 뜻이다. 하지만 실제로는 '소한의 얼음, 대한에 녹는다' 는 말처럼 소한이 대한보다 더 춥다. 이 때는 겨울을 마무리할 시기이다. 제주도에서는 이사 등의 집안 손질은 항상 대한 후 5일에서 입춘 전 3일 사이인 일 주일 동안에 한다고 한다. 양력으로는 1월 21일경이다.</td></tr>
</table>

4대 명절(四大名節)

元旦
원 단

설날은 원단(元旦)이라고 한다. 원(元)은 머리를 특히 크게 그린 사람의 옆모습을 본뜬 글자이다. '머리'라는 본뜻에서 으뜸, 처음이라는 뜻이 파생되었다. 단(旦)은 땅 위로 솟아오르는 해를 본뜬 글자로서 '아침'이라는 뜻을 지닌다. 1년 가운데 가장 으뜸 되는 아침이니 곧 정월 초하루이다. 근신하고 조심하는 날이라 해서 신일(愼日)이라고도 한다. 설날이면 아침 일찍 일어나 세수하고 새 옷을 갈아입는데, 이를 설빔이라 한다. 한자로는 단장한다는 의미의 장(粧)자를 써서 세장(歲粧)이라 한다. 설날 차례를 지낸 뒤에는 세배(歲拜)를 하고, 세배가 끝나면 덕담(德談)을 듣는다. 《동국세시기》 원일(元日) 조에 의하면 "올해는 꼭 과거에 합격하시오." "부디 승진하시오." "득남하시오." 등의 덕담을 나누었다 한다. 예전에는 여자가 직접 세배하러 다닐 수 없었다. 여종을 잘 차려 입혀 일가 친척이나 웃어른 댁에 보내 새해 인사를 전하게 했다. 이 때 인사를 다니는 여종을 문안드리는 여종이라는 의미의 문안비(問安婢)라 했다.

寒食
한 식

한식은 찬[寒] 음식을 먹는[食] 날이다. 동지(冬至)로 부터 105일째가 되는 날로, 양력으로는 4월 5일이나 6일쯤이 된다. 이 날에는 비바람이 심하여 불을 금하고 찬밥을 먹는 습관에서 유래했다는 설이 있다. 다른 하나는 개자추(介子推) 전설과 관련된다. 춘추 시대 진문공이 19년 동안 망명 생활을 할 때 개자추라는 신하가 있었는데 자신의 허벅지 살을 잘라 왕을 위해 고깃국을 끓여 주었다. 망명 생활을 끝낸 왕은 충직한 신하였던 개자추를 깜박 잊고 상을 주지 않았다. 개자추는 서운한 마음에 노모와 함께 면산에 숨어 버렸다. 후회한 진문공은 군대를 풀어 개자추를 찾았으나 그는 끝내 나오지 않았다. 산에 불을 놓아 그가 나오도록 했는데, 오히려 개자추는 어머니를 업은 채 나무를 부둥켜 안고 불에 타 죽었다. 그 후 진문공은 개자추를 애도하는 뜻에서 그 날에는 불을 쓰지 않고 찬밥을 먹게 했다는 것이다. 한식에 비가 오면 '물한식'이라고 하여 그 해에 풍년이 든다는 속설이 있다. 또 한식날 천둥이 치면 흉년이 들 뿐 아니라 나라에도 불행한 일이 생긴다고 생각했다. 이 날이 되면 각 가정에서는 제사를 지내는데, 이를 절사(節祀)라고 한다. 또 여러 가지 술과 과일을 마련하여 성묘를 하기도 한다. 보통 이 날에 조상의 묘가 훼손되었으면 잔디 떼를 다시 입히고 봉분을 다시 세우기도 한다.

端午
단 오

단오(端午)는 음력 5월 5일이다. 단(端)자는 초목이 땅 위에 곧게 돋는 모습을 형상화한 글자이다. 곧 바르다, 곧다는 의미이다. 초닷새이므로 단오(端五)라 쓰기도 한다. 일 년 중 양기(陽氣)가 가장 왕성하므로 단양(端陽)이라고도 부른다. 다른 말로는 수릿날, 중오절(重五節), 천중절(天中節)이라고도 한다. 단오의 유래는 굴원과 관련 깊다. 《어부사》로 유닝한 굴원(屈原)이 신하들의 모함에 빠진 후 신하의 지조를 보이기 위하여 멱라수(汨羅水)에 투신 자살하였는데, 그 날이 5월 5일이었다. 그 후 해마다 굴원을 위하여 제사를 지내게 되었는데, 이것이 우리 나라에 전래되어 단오가 되었다고 한다. 이 날은 초여름 무렵이고 모내기를 막 마칠 즈음이라 그 해의 풍년을 비는 기풍제(祈豊祭)를 올렸다. 여자들은 창포(菖蒲)에 머리를 감고 그네를 뛰기도 한다.

秋夕
추 석

'가을 저녁' 이란 뜻으로 '달 밝은 가을 밤'을 의미한다. 설날과 함께 우리 나라에서 가장 큰 명절이다. 중추절(仲秋節)이라고도 한다. 중추(仲秋)란 가을의 두 번째 달이란 뜻이다. 예부터 열두 달을 삼등분하여 춘하추동으로 구분한 뒤 각 계절마다 첫째 달에는 맹(孟)자를, 둘째 달에는 중(仲)을, 셋째 달에는 계(季)자를 붙인 습관에서 비롯되었다. 다른 말로는 가배(嘉俳)라고도 부른다. 음력 팔월 보름을 명절로 보내는 나라는 우리 나라밖에 없다. 중국이나 일본에서 추석은 그저 둥근 달이 뜬 날에 불과하다. 예부터 '오월농부팔월선(五月農夫八月仙)'이라 하는데, 오월의 무더위에 땀흘리며 고생하던 농부가 팔월 한가위에는 신선과 같은 복을 누린다는 뜻이다. 추석이 되면 추석빔을 입고 햅쌀밥과 송편을 빚어 조상의 산소에 성묘하고 제사를 지낸다. 서양의 명절은 먹고 즐기는 축제이지만 우리의 명절은 조상을 함께 모시는 차례(茶禮)의 명절이었다. '더도 말고 덜도 말고 늘 한가위만 같아라'라는 속담에서도 추석의 풍요로움을 느낄 수 있다.

참고자료

[일반교양 문헌]

강판권,《어느 인문학자의 나무세기》, 지성사, 2002.

구미래,《한국인의 상징 세계》, 교보문고, 1992.

김기빈,《한국의 지명 유래》, 지식산업사, 1990.

김열규,《한국의 문화 코드 열다섯 가지》, 마루, 1997.

김인호,《조선어 어원 편람》, 박이정, 2001.

김정열,《재미있는 성씨, 족보 이야기》, 해성, 2002.

김종대,《우리 문화의 상징 세계》, 다른세상, 2001.

김태정,《쉽게 찾는 우리 나물》, 현암사, 1998.

김호,《조선 과학 인물 열전》, 휴머니스트, 2003.

박숙희,《뜻도 모르고 자주 쓰는 우리말 500가지》, 서운관, 1994.

박은숙 외,《곤충의 신비를 찾아서》, 예문당, 2003.

신동원,《조선 사람의 생로병사》, 한겨레신문사, 1999.

이규태,《한국인의 밥상 문화》1 · 2, 신원문화사, 2000.

이규태,《한국인의 생활 문화》, 신원문화사, 2000.

이규태,《한국인의 주거 문화》1 · 2, 신원문화사, 2000.

이상희,《우리 꽃문화 답사기》, 1999.

이성미,《우리 옛 여인들의 멋과 지혜》, 대원사, 2002.

이태원,《현산어보를 찾아서》, 청어람미디어, 2002.

전재경,《복수와 형벌의 사회사》, 웅진출판, 1996.

정민,《한시 속의 새, 그림 속의 새》, 효형출판, 2003.

정민,《초월의 상상》, 휴머니스트, 2002.

정연식,《일상으로 본 조선 시대 이야기》1 · 2, 청년사, 2001.

조용진,《동양화 읽는 법》, 집문당, 1993.

주강현,《우리 문화의 수수께끼》, 한겨레신문사, 1996.

학생과학문고편찬회,《동물 나라》, 글사랑, 2003.

한국역사연구회,《조선 시대 사람들은 어떻게 살았을까》, 청년사, 1996.

허균,《고궁 산책》, 교보문고, 1997.

허남오,《너희가 포도청을 어찌 아느냐》, 가람기획, 2001.

하야시 미나오 지음, 이남규 옮김,《고대 중국인 이야기》, 솔, 1998.

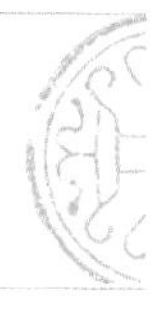

[한자 관련 문헌]

강경구,《한자에 담겨 있는 하늘 · 땅 · 사람 이야기》, 동방미디어, 1997.

강현구 편저,《한자를 알면 수능이 보인다》국어편, 한문교육, 2002.

김경일,《제대로 배우는 한자 교실》, 바다출판사, 2003.

김근,《욕망하는 천자문》, 삼인, 2003.

김언종,《한자의 뿌리》 1 · 2, 문학동네, 2001

김원중 편저,《고사 성어 백과 사전》, 을유문화사, 2003.

김용걸,《자원(字源) 자해(字解)로 익히는 한자》, 삼지원, 1998.

김용걸,《한자 자형의 세계》, 성신여자대학교출판부, 2002.

세실리아 링크비스트 지음, 김하림 · 하영삼 옮김,《한자 왕국》, 청년사, 2002.

阿辻哲次 지음, 이기형 옮김,《한자의 수수께끼》, 학민사, 1994.

안대회,《7일간의 한자 여행》, 한겨레신문사, 1999.

이규갑,《한자가 궁금하다》, 학민사, 2000.

이진오,《한자 속에 담긴 우리 문화 이야기》, 청아출판사, 1999.

이충구 편저,《한자 부수 해설》, 전통문화연구회, 1998.

임종욱,《고사 성어 대사전》, 고려원, 1996.

전광진,《뿌리를 찾는 한자 2355》, 조선일보사, 2000.

정민 · 박수밀,《한문의 이해》, 한양대학교출판부, 2002.

정석원 외,《한글 세대를 위한 시사 한자》, 삼성, 1994.

정석원,《재미있는 한자 여행》 1 · 2, 김영사, 1995.

정춘수,《한자 오디세이》, 부키, 2003.

하영삼,《문화로 읽는 한자》, 동방미디어, 1997.

한자능력검정시험연구원,《EBS 한자능력검정시험》, 엑스파일, 2001.

牟作武 저,《중국 문자의 기원(中國文字的起源)》, 상해인민출판사, 2000.

謝光輝 주편,《상용 한자 도해(常用漢字圖解)》, 북경대학출판사, 1996.

紀德裕 편저,《한자습취(漢字拾趣)》, 복단대학출판사, 2002.

師村妙石 편저,《고전 문자 자전(古典文字字典)》, 東方書店, 1990.

加藤常賢 저,《한자의 기원》, 角川書店, 1970.

외 기타 도록 자료.

이 책에 쓰인 도판 소장처

강세황의 〈자화상〉 - 국립중앙박물관 소장
강희언의 〈사인시음〉 - 개인 소장
김득신의 〈강변회음〉 - 간송미술관 소장
김은호의 〈죽림칠현도〉- 개인 소장
김정호의 〈대동여지도〉 - 서울대학교 규장각
　　　　　　　　　　한국학연구원 소장
김정희 초상 - 개인 소장
김홍도의 〈게와 갈대〉 - 간송미술관 소장
김홍도의 〈기로세련계도〉- 개인 소장
김홍도의 〈나비를 희롱하는 고양이〉 - 간송미술관 소장
김홍도의 〈새참〉 - 국립중앙박물관 소장
김홍도의 〈서당〉 - 국립중앙박물관 소장
김홍도의 〈송하취생도〉 - 고려대학교 박물관 소장
김홍도의 〈자리짜기〉 - 국립중앙박물관 소장
김홍도의 〈표피도〉 - 북한 역사박물관 소장
남계우의 〈나비〉 - 국립중앙박물관 소장
남계우의 〈화접도〉 - 순천대학교 박물관 소장
남태제 초상 - 일본 덴리대학교 소장
낭세녕의 〈시치미를 매단 흰매〉
- 중국 국립고궁박물원 소장
〈능행도〉 - 국립중앙박물관 소장
물시계 - 궁중유물전시관
박필건 초상 - 모스크바 오리엔탈 박물관 소장
백산봉기기록화 - 독립기념관 소장
신사임당의 〈가지〉- 국립중앙박물관 소장
신사임당의 〈오이〉 - 국립중앙박물관 소장
신씨의 〈서과자원〉- 간송미술관 소장
신윤복의 〈월하정인도〉 - 간송미술관 소장
심사정의 〈노련도〉 - 서울대학교 박물관 소장
안견의 〈몽유도원도〉 - 일본 덴리대학교 참고관 소장
영조대왕 초상 - 창덕궁 소장

오창석의 〈등만〉 - 천진인민미술출판사 소장
오창석의 〈호로도〉 - 중국 중앙공예미술학원 소장
윤덕희의 〈독서하는 여인〉 - 서울대학교 박물관 소장
이덕수 초상 - 일본 덴리대학교 소장
이덕형 초상 - 일본 덴리대학교 소장
이재관의 〈오수도〉 - 호암미술관 소장
이징의 〈쌍로도〉 - 간송미술관 소장
이항복 초상 - 서울대학교 박물관 소장
작가 미상의 〈미인도〉 - 해남 윤씨 종가 소장
작가 미상의 〈미인도〉 - 개인 소장
장승업의 〈닭과 맨드라미〉- 서울대학교 박물관 소장
정유점의 〈포도〉 - 호림미술관 소장
정홍래의 〈해응도〉 - 국립중앙박물관 소장
제백석의 〈배추와 버섯〉 - 중국 서비홍기념관 소장
조속의 〈금궤도〉 -국립중앙박물관 소장
최북의 〈순무를 갉아먹는 쥐〉 - 간송미술관 소장
〈평생도〉 중 '삼일유가' - 국립중앙박물관 소장
〈평생도〉 중 '소과응시' - 국립중앙박물관 소장
〈흑구도〉 -국립중앙박물관 소장

· 정민

한자 교과서의 새로운 대안을 보여 주자며 의기투합해서 작업을 시작한 것이 벌써 2년 전이다. 한자는 우리 문화의 곳간을 여는 열쇠다. 철통같이 잠긴 자물쇠를 열어, 곳간 속 진귀한 보물과 풍성한 양식을 함께 나누었으면 싶다. 그동안 끊임없이 다그치고 독려하고 야단했다. 그래도 막상 손을 털고 나니, 흐뭇함보다 아쉬움이 더 크다. 지난 2년간 함께 고생들이 참 많았다.

· 박수밀

기왕에 손을 댄 이상 우리의 한자 문화사를 이야기하고 싶었다. 그러나 화석화된 문자를 통해 살아 있는 우리 문화를 끄집어내는 일이 각오로만 될 일은 아니었다. 집필을 하는 동안 스트레스로 인해 머리에 쥐가 난다는 느낌의 정체를 실감해야 했다. 그러나 우리는 해냈다. 끝내 놓고 보니 지난 시간이 주마등과 같다. 큰 짐을 내려놓은 듯 홀가분하다. 고생한 만큼 좋은 평가를 받았으면 좋겠다.

· 박동욱

교과서 집필을 맡은 지난 2년간 내게 적잖은 변화의 시기였다. 이 기간에 나는 결혼을 했고 강단에 처음 섰으며, 원고에 끊임없이 시달려야 했다. 그동안 나는 빚쟁이처럼 마음이 가난했다. 그러나 끝나지 않을 시련이나 버티지 못할 무게란 없는 법이다. 절망 속에 하루하루를 보내던 이등병 시절을 견디게 해 준 화장실 낙서가 생각난다. "피하지 못하면 즐겨라" 이제 다 끝났다. 나는 한 뼘쯤 자란 느낌이다.

· 강민경

모든 것이 협력하여 선을 이룬다는 말을 실감했다. 집필진과 편집진, 디자인팀 등이 혼연일체가 되어 뿌듯한 두 권의 책이 나왔다. 이 책을 읽는 독자들은 한자의 맛과 생활 언어의 재미를 듬뿍 만끽할 수 있을 것이다. 공들인 수고만큼 많은 독자들에게 사랑을 받았으면 좋겠다. 모든 것에 기쁘고 감사하다.

살아있는 한자 교과서 2권

2 문화와 한자

1판 1쇄 발행일 2004년 7월 26일
2판 1쇄 발행일 2011년 5월 23일
2판 6쇄 발행일 2026년 2월 9일

지은이 정민 박수밀 박동욱 강민경

발행인 김학원
발행처 (주)휴머니스트출판그룹
출판등록 제313-2007-000007호(2007년 1월 5일)
주소 (03991) 서울시 마포구 동교로23길 76(연남동)
전화 02-335-4422 **팩스** 02-334-3427
저자·독자 서비스 humanist@humanistbooks.com
홈페이지 www.humanistbooks.com
유튜브 youtube.com/user/humanistma
인스타그램 @humanist_insta

편집주간 황서현 **편집** 이재민 김혜경 **교정** 박환일 신영숙
일러스트 안정아 **사진** 권태균 **표지 디자인** 김태형 **본문 디자인** 이준용 **그래픽** 김준희
용지 화인페이퍼 **인쇄** 청아디앤피 **제본** 민성사

ⓒ 정민 박수밀 박동욱 강민경, 2004

ISBN 978-89-5862-009-9 03700